Rhetorik und Ästhetik der Evidenz

neue rhetorik
new rhetoric

———
Herausgegeben von
Joachim Knape, Olaf Kramer und Dietmar Till

Band 30

Rhetorik und Ästhetik der Evidenz

Herausgegeben von
Olaf Kramer, Carmen Lipphardt und Michael Pelzer

DE GRUYTER

Die Bände 1 bis 29 der Reihe sind im Weidler Buchverlag Berlin erschienen.

ISBN 978-3-11-077678-2
e-ISBN (PDF) 978-3-11-056339-9
e-ISBN (EPUB) 978-3-11-056068-8

Library of Congress Control Number: 2019949908

Bibliografische Information der Deutschen Nationalbibliothek
Die Deutsche Nationalbibliothek verzeichnet diese Publikation in der Deutschen Nationalbibliografie; detaillierte bibliografische Daten sind im Internet über http://dnb.dnb.de abrufbar.

© 2021 Walter de Gruyter GmbH, Berlin/Boston
Dieser Band ist text- und seitenidentisch mit der 2020 erschienenen gebundenen Ausgabe.
Druck und Bindung: CPI books GmbH, Leck

www.degruyter.com

Vorwort

Wir ringen um Anschaulichkeit, erst was uns unmittelbar vor Augen steht, ist uns einsichtig und wird für uns evident. Woher kommt unsere Faszination für Evidenz, in welcher rhetorischen Tradition steht sie, wie prägt sie unser Denken? Die Idee für den vorliegenden Band – wie auch für die eng verbundene Aufsatzsammlung *Medien der Anschaulichkeit* – geht auf die internationale Konferenz *Rhetorik der Evidenz* zurück, die 2014 in Heidelberg stattfand. Angestoßen wurde diese intensive Auseinandersetzung mit dem Evidenz-Phänomen durch das *Jugend präsentiert* Projekt, und hier insbesondere durch die Arbeit unserer Forschungsstelle Präsentationskompetenz am Tübinger Seminar für Allgemeine Rhetorik.

Im Mittelpunkt unserer Forschung steht die Rolle von Präsentationen in der Wissenskommunikation – sei es im wissenschaftlichen Diskurs, im Schul- und Bildungsbereich oder in der Kommunikation für eine breitere Öffentlichkeit. Im Zuge der Beschäftigung mit diesen Bereichen wird rasch deutlich: Während Evidenz in der Antike vorranging als sprachliches Phänomen wahrgenommen wurde, wird sie – nicht zuletzt auch im Zeichen der Digitalisierung und medialer Weiterentwicklungen – inzwischen vor allem auch visuell durch Fotos, Filme und Präsentationsmedien hergestellt. Zugleich haben die Felder der Anschaulichkeit und Evidenz über den engeren Rahmen der Rhetorik hinaus in vielfältigen weiteren Disziplinen großes Forschungsinteresse geweckt. Aufbauend auf diesen Entwicklungen ergibt sich die Herausforderung, traditionelle rhetorische Zugänge zu Aspekten der Evidenz für heutige Kommunikations- und Wissenschaftskontexte neu fruchtbar zu machen. Das aber konnte nur in intensivem Austausch zwischen Spezialisten verschiedenster Disziplinen gelingen – und daher sind wir für die anregende, offene und gewinnbringende Zusammenarbeit mit allen Kolleginnen und Kollegen sowie Unterstützerinnen und Unterstützern, die zu unserer Heidelberger Konferenz wie auch diesem Band beigetragen haben, überaus dankbar.

Die Veröffentlichung des Bandes wäre insbesondere ohne die großzügige und fortdauernde Förderung der *Klaus Tschira Stiftung* (Heidelberg) nicht denkbar gewesen. Mein herzlicher Dank gilt daher der Klaus Tschira Stiftung – und ganz besonders ihrer Geschäftsführerin Beate Spiegel – für ihre anhaltende Unterstützung und ihr großes Vertrauen in unser Projekt. Zudem danke ich dem gesamten Team unserer Forschungsstelle sowie unseren Kolleginnen und Kollegen von Wissenschaft im Dialog für ihre engagierte und wertvolle Arbeit.

Vor allem aber gilt mein Dank meinen beiden Mitherausgebern Carmen Lipphardt und Michael Pelzer. Carmen Lipphardt hat die Planung und Organisation der Heidelberger Evidenz-Konferenz übernommen und ohne sie wäre das mutige Projekt nicht möglich gewesen. Michael Pelzer hat maßgeblich am gesamten Redaktionsprozess dieses Bandes mitgewirkt und einen Großteil der kommunikativen und organisatorischen Arbeit bei der Vorbereitung des Buches für die Veröffentlichung übernommen. Die formale Vereinheitlichung der Beiträge hat Lukas Beck eifrig unterstützt.

Zu guter Letzt möchte ich mich herzlich bei allen Autorinnen und Autoren bedanken, die ihre Gedanken und Texte zu diesem Band beigetragen haben – die Zusammenarbeit war ein Vergnügen.

Tübingen, im Herbst 2019   Olaf Kramer

Inhalt

Vorwort —— V

Abkürzungsverzeichnis —— IX

Olaf Kramer und Michael Pelzer
Rhetorik und Ästhetik der Evidenz – Einleitung —— 1

Teil I: Rhetorische Perspektiven

Joachim Knape
Das Fernrohr. Evidenz in der Rhetorik mit Blick auf Brechts *Galileo* —— 17

Marc Petersdorff
Eine geliehene Evidenz: Zum Begriff des *éthos* bei Aristoteles —— 45

Birgitta Fuchs
Vico über rhetorische und szientifische Evidenz —— 67

Olaf Kramer
Narrative Evidenz —— 83

Teil II: Ästhetik der Anschaulichkeit

Bernhard Asmuth
Anschaulichkeit und Spannung als Leitbegriffe sprachkünstlerischer Attraktivität. Ihre Entstehung um 1770 —— 101

Jessica Güsken
Beispiele geben. Zur Problematik einer unumgänglichen Praxis im Diskurs der Ästhetik (1750–1850) —— 129

Anna Kurz
„Die Verwandlung der Kunstfigur in einen Menschen" – Literarische Evidenz in Christa Wolfs Roman *Stadt der Engel oder The Overcoat of Dr. Freud* (2010) —— 155

Sarah Bärtschi und Fabienne Kilchör
Wie veranschaulicht man ein Corpus? Alexander von Humboldts Schriften als Paradigma bildlicher Evidenz —— 171

Stephanie Heimgartner
Ästhetische Evidenz als Konzept für die Literaturwissenschaft? —— 199

Autorinnen und Autoren —— 215

Sachregister —— 217

Personenregister —— 221

Abkürzungsverzeichnis

Antike Quellenverweise werden unter Nutzung der folgenden Abkürzungen verzeichnet. Für spezifische Zitate und Übersetzungen verwendete Ausgaben sind im jeweiligen Literaturverzeichnis des betreffenden Beitrages angegeben.

Arist. EN = Aristoteles: Nikomachische Ethik.
Arist. Metaph. = Aristoteles: Metaphysik.
Arist. MM = Aristoteles: Magna Moralia.
Arist. Poet. = Aristoteles: Poetik.
Arist. Pol. = Aristoteles: Politik.
Arist. Rhet. = Aristototeles: Rhetorik.
Auct. ad. Her. = Auctor ad Herennium: Rhetorica ad Herennium.
Cic. Brut. = Cicero, Marcus Tullius: Brutus.
Cic. De or. = Cicero, Marcus Tullius: De oratore.
Cic. Inv, = Cicero, Marcus Tullius: De inventione.
Cic. Top. = Cicero, Marcus Tullius: Topica.
Hor. Ars = Horaz: Ars poetica.
Plat. Phaidr. = Platon: Phaidros.
Ps.-Long. Subl. = Pseudo-Longinus: De sublimitate.
Quint. = Quintilianus, Marcus Fabius: Ausbildung des Redners.

Olaf Kramer und Michael Pelzer
Rhetorik und Ästhetik der Evidenz – Einleitung

Anschaulichkeit gilt als ein Qualitätsmerkmal für wissenschaftliche Erkenntnisse, journalistische Texte, Reden und Präsentationen in beinah allen Fachgebieten. Das Streben nach anschaulicher Darstellung durchdringt zunehmend weite Bereiche von Medien, Kultur, Wirtschaft und Bildung sowie unterschiedlichste wissenschaftliche Disziplinen.[1] Vor diesem Hintergrund scheint eine aktualisierende Beschäftigung mit dem Phänomen der Evidenz aus Sicht der Rhetorik sinnvoll, liegen die Wurzeln des Anschaulichkeitskonzepts doch in der antiken Rhetorik: Eben diesem Projekt widmet sich der vorliegende Band – und fokussiert sich dabei insbesondere auf sprachlich-ästhetische Aspekte sowie grundlegende theoretische Verortungen des Problems.[2]

Im Zentrum steht die Frage, mit welchen Mitteln Anschaulichkeit auf effektive Weise erzeugt werden kann – und welche Rolle Evidenz in der erfolgreichen Vermittlung von Botschaften sowie der Aktivierung der Adressaten einnimmt. In der Zusammenführung rhetorischer, historischer und literaturwissenschaftlicher Überlegungen rund um den Zusammenhang zwischen Anschaulichkeit, Ästhetik und Narrativität bieten die nachfolgend versammelten Aufsätze eine aktualisierende Auseinandersetzung mit der Rhetorik und Ästhetik der Evidenz.

1 Dimensionen der Evidenz

Evidenz ist nicht allein aus dem Blickwinkel der Rhetorik von Interesse, sondern in verschiedenen wissenschaftlichen Disziplinen ein wichtiges Thema: von der antiken Forderung nach einer anschaulichen Sprache bei Aristoteles über den Wettstreit von Rhetorik und Ästhetik im 18. Jahrhundert bis hin zu aktuellen

---

1 Vgl. etwa bereits Chandler, James; Davidson, Arnold I.; Harootunian, Harry D.: Introduction. In: Chandler, James; Davidson, Arnold I.; Harootunian, Harry D. (Hrsg.): Questions of Evidence. Proof, Practice, and Persuasion across the Disciplines. Chicago 1994, 1–10.
2 Den weiteren Verknüpfungen und multidisziplinären Ansatzpunkten des Evidenzphänomens widmet sich die eng mit dem vorliegenden Band verbundene Aufsatzsammlung *Medien der Anschaulichkeit*, die weiterführende Betrachtungen zur Praxis der Evidenz in den Bereichen Schule, Wissenschaft und Medien bündelt sowie medientheoretische und -praktische Überlegungen zur bildlichen und medialen Seite der Evidenz vertieft.

https://doi.org/10.1515/9783110563399-001

Überlegungen zum Erzeugen von Evidenz in Schule und Wissenschaft. Das Streben nach Anschaulichkeit und sinnlicher Evidenz prägt die aktuelle Präsentationskultur in den Naturwissenschaften – und ist längst auch auf Wirtschaft, Schule und die Geisteswissenschaften übergegangen. Evidenz ist überdies eine Technik der Massenmedien zur Vermittlung von Informationen und Emotionen. Auch Kunst und Literatur lassen sich als ein Ringen um sinnliche Evidenz verstehen, nehmen immer neue Anläufe, um Evidenz zu erreichen.

Evidenz kann also als ein kulturell etabliertes Darstellungsverfahren mit hoher Wirksamkeit gelten, dessen Bedeutungsfacetten so vielfältig sind wie die Kontexte seiner Anwendung: Leser mit wissenschaftstheoretischem Hintergrund könnten hier insbesondere die epistemische Dimension von Evidenz in den Vordergrund rücken, d. h. Möglichkeiten, Evidenz für eine Hypothese zu sammeln. Rechtsexperten könnten im Sinn haben, Beweise an einem Tatort zu sammeln oder überzeugende Darstellungen vor Gericht zu geben. Pädagogen und Kommunikatoren fragen vielleicht nach visuellen Mitteln, um komplexe Themen und Forschungsergebnisse für ihre Adressaten zugänglich zu machen – oder nach Möglichkeiten, ein breites Publikum anzusprechen. Schließlich könnten Rhetoriker und Literaturwissenschaftler Techniken vor Augen haben, die lebendige Schilderungen und detailliert beschreibende Passagen in Reden und literarischen Texten erschaffen – vielleicht auch Aristoteles oder Cicero und deren Theorien von *enérgeia*[3] bzw. *evidentia*[4]. Wir sind daher mit einer grundlegenden Frage der Definition konfrontiert: Worüber genau reden wir und worauf beziehen wir uns, wenn wir hier von ‚Evidenz' sprechen?

2 Zur Stellung der Evidenz in der Rhetorik

Um einen ersten Zugang zu dieser Frage zu erhalten, wollen wir an dieser Stelle auf ein Kinderbuch blicken – und zwar ein ziemlich altes: das sogenannte *Orbis pictus* bzw. (im deutschen Paralleltitel) *Die sichtbare Welt*. Es handelt sich um ein illustriertes Lehrbuch, das 1658 erstmals vom tschechischen Pädagogen und Theologen Johann Amos Comenius herausgegeben wurde und als das erste Bilderbuch speziell für Kinder gilt. Als solches war es sehr erfolgreich und verbreitete sich rasch in verschiedenen Ausgaben und Übersetzungen in ganz Europa. In eben diesem Buch gibt es einen für unseren Zusammenhang

---

[3] Arist. Rhet. 1410b 6–1413b 2.
[4] Cic. Academici Libri 2 (= Lucullus), 17; siehe auch Quint. VIII, 3, 61–63.

aufschlussreichen, mit einem Kupferstich illustrierten Abschnitt, der den „Red-Künsten" gewidmet ist:

Abb. 1: Die „Red-Künste"; aus Comenius, Johann Amos: Orbis Sensualium Pictus. Hoc est, Omnium fundamentalium in Mundo Rerum & in Vita Actionum Pictura & Nomenclatura. Die sichtbare Welt/ Das ist/ Aller vornemsten Welt-Dinge und Lebens-Verrichtungen Vorbildung und Benahmung. Nürnberg: Michael Endter 1658, 202.

Die Abbildung zeigt allegorische Darstellungen von Grammatik (1), Rhetorik (5), Poetik (12) und Musik (13) – und die zugehörige Annotation führt ergänzend aus: „*Rhetorica*, 5 pingit 6 quasi rudem *formam* 7 Sermonis Oratoriis *pigmentis*, 8 ut sunt *Figurae* [...]"[5] („Die Redekunst malt gleichsam die grobe Form der Rede mit

---

5 Comenius, Johann Amos: Orbis Sensualium Pictus. Hoc est, Omnium fundamentalium in Mundo Rerum & in Vita Actionum Pictura & Nomenclatura. Die sichtbare Welt/ Das ist/ Aller vornemsten Welt-Dinge und Lebens-Verrichtungen Vorbildung und Benahmung. Nürnberg: Michael Endter 1658, 202f; Hervorhebungen im Original.

oratorischen Farben, wie etwa den [rhetorischen] Figuren [...]"[6]). Wenn wir uns die Illustration genauer ansehen, stellen wir fest, dass die Frau, die für die Rhetorik steht (5), tatsächlich beim Zeichnen eines Bildes dargestellt wird. Comenius, so könnte man schließen, scheint die Rhetorik hier insbesondere auf den stilistischen Begriff der Evidenz ausgerichtet zu haben, oder – um das lateinische Wort *evidentia* zu verwenden – auf Techniken, die Rednerinnen und Redner nutzen können, um ihrem Publikum (wie Quintilian es ausdrückte) „gewissermaßen in Worten ein Gesamtbild der Dinge abzuzeichnen"[7]. Hierin liegt eine erste systematische Dimension der Evidenz: Evidenz ist, im Sinne von *evidentia*, ein Stilmittel, das die Phantasie und Vorstellungskraft anspricht. Nach Comenius stellt diese Technik eines detailliert-anschaulichen Stils, der für die Adressaten Bilder mit Sprache ‚malt', zwar nur einen von zahlreichen Stileffekten dar – doch er rückt sie, wie wir gesehen haben, als ein wesentliches Merkmal der Rhetorik in den Mittelpunkt.[8]

In Abgrenzung hierzu befassen sich zwar auch die meisten anderen alten Rhetorikbücher mit dem Thema der Evidenz, doch kaum eines identifizierte sie – wie in Comenius' Darstellung geschehen – als ein zentrales Prinzip der Rhetorik. Parallel hierzu besteht auch heute noch eine Tendenz, die Bedeutung der Evidenz zu unterschätzen: So behandeln moderne Einführungen in die Rhetorik Evidenz überwiegend als eine stilistische Qualität der Sprache, die wenig theoretische Resonanz hat. Vor diesem Hintergrund wird sich der erste Teil des vorliegenden Sammelbandes bewusst der Untersuchung der rhetoriktheoretischen Bedeutung von Evidenz widmen, um das hier weiterhin bestehende Forschungsdesiderat zu adressieren.

3 Deskriptive und dynamische Evidenz

Das Wort *evidentia* ist eine lateinische Übersetzung, die von Cicero in seinem Dialog *Lucullus* für das griechische Wort *enárgeia* eingeführt wurde,[9] was

---

6 Zum besseren Verständnis verwenden wir hier eine eigene Übersetzung.
7 Quint. VIII, 3, 63; Übers. hier und im Folgenden zitiert nach Quintilianus, Marcus Fabius: Ausbildung des Redners. Hrsg. u. übers. v. Helmut Rahn. Zweiter Teil: Buch VII–XII. 2. Aufl. Darmstadt 1988.
8 Vgl. hierzu auch die enge Verbindung zwischen *evidentia* und dem Konzept der *perspicuitas*, siehe etwa Asmuth, Bernhard: Perspicuitas. In: Ueding, Gert (Hrsg.): Historisches Wörterbuch der Rhetorik. Bd. 6. Tübingen 2003, 814–874, hier insb. 814–16.
9 Cic. Academici Libri 2 (= Lucullus), 17.

„Klarheit" oder „Deutlichkeit" bedeutet und auf die offenbar zutage liegende Sichtbarkeit einer Sache verweist. Cicero versuchte, sich an diese Etymologie zu halten, als er das Substantiv *evidentia* aus dem lateinischen Verb *evideri* („ausleuchten" oder „durchscheinen") bildete. Laut Cicero sollte der Redner seinen Standpunkt deutlich machen, indem er ihn so präsentiert, als würde das Publikum etwas mit eigenen Augen beobachten. So betrachtete Cicero Evidenz als ein Stilkonzept, das den verbalen Ausdruck regelt und ein hohes Überzeugungspotenzial hat: „Denn es macht großen Eindruck, bei einer Sache zu verweilen, die Dinge anschaulich auszumalen und fast so vor Augen zu führen, als trügen sie sich wirklich zu."[10] Die zentrale linguistische Technik, die Cicero hier im Sinn hatte, ist die der *Beschreibung* – und darauf aufbauend können wir die systematische Form der Evidenz im Sinne von Ciceros Konzept der *evidentia* als *deskriptive Evidenz* definieren.

Die Mehrdeutigkeit des Wortes ‚Evidenz' ist jedoch nicht nur ein modernes Phänomen: Schon Cicero hatte damit zu tun. Wie bereits erwähnt, entwickelte er sein Konzept der *evidentia* speziell auf der Grundlage des griechischen Wortes *enárgeia*, ein Wort, das Aristoteles in seiner Rhetorik eigentlich gar nicht verwendete, zumindest soweit wir das beurteilen können (die lautlich-graphemische Ähnlichkeit zwischen den Wörtern *enérgeia* und *enárgeia* könnte hier im Laufe der Jahrhunderte zu verschiedenen Fällen von Fehllesungen und Vermischungen geführt haben).[11] Klar ist jedenfalls, dass sich Aristoteles primär auf Techniken des lebendig-energischen Schreibens konzentrierte, und daher im Kern auf *enérgeia* Bezug nahm (und nicht auf das Konzept des detaillierten Beschreibens, das dem Begriff der *enárgeia* innewohnt): Für Aristoteles war es von größter Bedeutung, dass die Redner Sprache so verwenden, dass sie eine dynamische Entwicklung darlegt. Nach dieser Haltung können wir hier eine zweite systematische Form von Evidenz identifizieren: die *dynamische Evidenz*.

Tatsächlich schlug Rüdiger Campe vor, zwei verschiedene Traditionen des Sprachgebrauchs zu unterscheiden, die sich mit Bezug auf die Trennung zwischen *enérgeia* und *enárgeia* beobachten lassen: Er differenzierte dahingehend zwischen einem „repräsentationslogisch-statischen"[12] römischen

---

10 Cic. De or. III, 202; Übers. zitiert nach Cicero, Marcus Tullius: De oratore. Über den Redner. Übers. u. hrsg. v. Harald Merklin. 5. Aufl. Stuttgart 2003.
11 Vgl. etwa (für die teils verschwommene Rezeption der Begriffe in der Renaissance) Plett, Heinrich F.: Rhetorik der Affekte. Englische Wirkungsästhetik im Zeitalter der Renaissance. Tübingen 1975, 184–193.
12 Campe, Rüdiger: Affekt und Ausdruck. Zur Umwandlung der literarischen Rede im 17. und 18. Jahrhundert. Tübingen 1990, 230, Anmerkung 22.

Sprachgebrauch und einem „ontologisch-dynamischen"[13] Sprachkonzept bei Aristoteles – aber diese verallgemeinernde Unterscheidung erscheint etwas weit gefasst.

Was wir sagen können, ist, dass sich sowohl Cicero als auch Quintilian – im Gegensatz zu Aristoteles' früherer Auseinandersetzung mit dem Thema – insbesondere auf *deskriptive Evidenz* konzentrierten: Sie legten besonderen Wert auf die Bedeutung von Details und die Notwendigkeit, die Dinge sorgfältig zu beschreiben. Um ein besseres Verständnis davon zu erlangen, was genau dies bedeutet, ist es hilfreich, einige Beispiele für deskriptive Evidenz zu betrachten, die Quintilian zitiert; so etwa das folgende:

> Eine Art [der Veranschaulichung] besteht also darin, gewissermaßen in Worten ein Gesamtbild der Dinge abzuzeichnen, so [etwa] das: „Auf die Zehen plötzlich sich reckend standen die beiden", und die weitere Schilderung, die uns die Erscheinung der Boxer, wie sie zum Schlagwechsel ansetzen, so sichtbar macht, daß sie auch den Zuschauern nicht deutlicher gewesen sein könnte.[14]

Wie dieses Beispiel zeigt, kann deskriptive Evidenz auf sehr effiziente Weise erreicht werden: Die Bedeutung von Details für die Schaffung beschreibender Beweise zu betonen, bedeutet nicht unbedingt zugleich, dass ein Redner so viele Details wie möglich ausführlich behandeln muss. Vielmehr scheinen die Qualität und Angemessenheit der präsentierten Details wichtiger zu sein als ihre Quantität bzw. der Grad ihrer Ausarbeitung. Solange ein Autor die *richtigen* Details identifiziert, d. h. die Details, die in der Lage sind, die Phantasie des Publikums in geeigneter Weise anzuregen, kann deskriptive Evidenz vergleichsweise effizient erreicht werden.

Ein weiteres Beispiel, das Quintilian in Rückgriff auf die Beschreibung eines üppigen Gastmahls bei Cicero anführt, kombiniert dann deskriptive und dynamische Evidenz, d. h. sowohl Aufmerksamkeit für Details als auch dynamische Bewegung, und zeigt, wie eng die beiden Konzepte letztlich verbunden sind:

> Ich meinte es zu sehen, wie die einen hereinkamen, andere aber hinausgingen, manche vom Wein schwankten, manche vom gestrigen Zechen noch gähnten. Der Boden war unsauber, von Weinlachen schmierig, bedeckt mit den verwelkten Kränzen und den Gräten der Fische.[15]

---

13 Ebd.
14 Quint. VIII, 3, 63.
15 Quint. VIII, 3, 66.

Hier können wir erneut feststellen, dass Appelle an die Vorstellungskraft der Adressaten nicht unbedingt viel Aufwand erfordern: Deskriptive und dynamische Evidenz können mit sparsamen Mitteln erreicht werden, solange der Autor eine klare Strategie hat, um sein Publikum anzusprechen. Darüber hinaus erfahren wir, dass Aufmerksamkeit für Details und dynamische Repräsentation in der Tat sehr gut zusammenpassen, wie auch Quintilian selbst verdeutlichte:

> So wächst auch das Gefühl des Jammers bei der Einnahme von Städten. Zweifellos nämlich erfaßt derjenige, der sagt, die Gemeinde sei erobert worden, alles, was nur ein solcher Schicksalsschlag enthält, jedoch dringt es wie eine knappe Nachricht zu wenig tief ein in unser Gefühl. Wenn du dagegen das entfaltest, was alles das eine Wort enthielt, dann wird das Flammenmeer erscheinen, das sich über die Häuser und Tempel ergossen hat, das Krachen der einstürzenden Dächer und das aus den so verschiedenen Lärmen entstehende Getöse, das ungewisse Fliehen der einen, die letzte Umarmung, in der andere an den Ihren hängen, das Weinen der Kinder und Frauen und die unseligerweise bis zu diesem Tag vom Schicksal bewahrten Greise; dann die Plünderung der geweihten und ungeweihten Stätten, die Beute, die die Eroberer wegschleppen, deren Umhereilen, um sie einzutreiben, die Gefangenen, die jeder Sieger in Ketten vor sich hertreibt, die Mutter, die versucht, wenigstens ihr eigenes Kind festzuhalten, und wo es sich um größeren Beuteanteil handelt, der Wettstreit unter den Siegern.[16]

Es ist diese Art von Dynamik, die Aristoteles im Sinn hatte, als er das hier unter *dynamischer Evidenz* gefasste Konzept betonte und *enérgeia* ausdrücklich mit Bewegung (*kínēsis*) verband.[17] Er ermutigte die Redner, Dinge in „Aktivität"[18] zu zeigen, und betrachtete *enérgeia* als eine verbale Technik der Vergegenwärtigung und Aktualisierung: denn man müsse „die Dinge eher als welche ansehen, die getan werden, als welche, die bevorstehen."[19]

Sowohl dynamische als auch deskriptive Evidenz befassen sich, wie hierin anklingt, mit Appellen an die Imagination, d. h. mit der Wichtigkeit, die Vorstellungskraft der Adressaten anzusprechen – und dies geschieht auf sprachlicher Ebene insbesondere mit den genannten Mitteln deskriptiver und dynamischer Evidenz sowie deren ästhetischen Techniken. Evidenz appelliert also an die Vorstellungskraft eines Publikums, aber Vorstellungskraft ist auch auf der Seite der (Evidenz evozierenden) Kommunikatoren gefragt, um zu erkennen, was für andere anschaulich sein könnte.[20] Schon Kant sah diesen Punkt, wie Ludwig Jäger

---

16 Quint. VIII, 3, 67–69.
17 Vgl. Arist. Rhet. 1412a.
18 Arist. Rhet. 1410b 36.
19 Arist. Rhet. 1410b 34f.
20 Siehe im weiteren Kontext auch die Einsichten bzgl. Empathie und *perspective taking*, insbesondere im Feld der Kognitionswissenschaften, vgl. etwa De Vignemon, Frédérique; Singer,

in seinem Beitrag zu *Listen der Evidenz* darlegte, völlig klar: Mit Kant ist Evidenz eng verbunden mit einem allgemeinen „Verfahren der Einbildungskraft"[21], das Konzepte überhaupt erst verstehbar und kommunikabel macht;[22] und ohne sie wären Verständnis und Wissen sehr begrenzt.

4 Übersicht der Beiträge

Wie eingangs erwähnt, bietet der vorliegende Band eine theoretische Hinführung sowie rhetorische und literaturwissenschaftliche Annäherungen im traditionellen Bereich sprachlich-linguistischer Evidenzphänomene: Der erste Teil des Bandes widmet sich hierbei rhetorischen Perspektiven der Evidenz, darunter insbesondere theoretische und historische Aspekte sowie erkenntnistheoretische und wissenssoziologische Überlegungen. Die hierbei begründete Verknüpfung von Evidenz, Ästhetik und Narrativität spiegelt sich im zweiten Teil des Bandes in verstärkt literaturwissenschaftlich-ästhetisch geprägten Zugängen wider.

Teil 1: Rhetorische Perspektiven

Im ersten Aufsatz des Bandes – *Das Fernrohr. Evidenz in der Rhetorik mit Blick auf Brechts Galileo* – skizziert **Joachim Knape** grundlegende rhetorische Dimensionen von Evidenz. Dabei betont er, wie wichtig es ist, die verwendeten Methoden der Evidenzialisierung stets klar herauszustellen und in einen kommunikativ-rhetorischen Rahmen einzubetten, der die Verknüpfung mit akzeptierten Orientierungsvorgängen erlaubt.

Anschließend hieran untersucht **Marc Petersdorff** das Konzept der Evidenz vor dem Hintergrund der aristotelischen Rhetorik als Bedingung und Effekt der Selbstdarstellung des Redners in der Rede: In seinem Beitrag *Eine geliehene Evidenz. Zum Begriff des éthos bei Aristoteles* blickt er speziell auf die Bündelung der zentralen Aspekte der Charakterformung, Performanz und Fiktion im Begriff des

---

Tania: The Empathic Brain: How, When and Why? In: Trends in Cognitive Sciences 10.10 (2006), 435–441.
21 Kant, Immanuel: Kritik der reinen Vernunft. Hrsg. v. Raymund Schmidt. Hamburg 1956, B 189.
22 Vgl. Jäger, Ludwig: Schauplätze der Evidenz: Evidenzverfahren und kulturelle Semantik. Eine Skizze. In: Cuntz, Michael; Nitsche, Barbara; Otto, Isabell; Spaniol, Marc (Hrsg.): Listen der Evidenz. Köln 2006, 37–52; hier: 43.

aristotelischen *êthos* – und liefert eine explorative Diskussion der zugehörigen Kernstellen des aristotelischen Textkorpus. Auf dieser Grundlage geht der Beitrag auch der Frage nach, wie die Zuhörer einer Rede durch strategisch eingesetzte Freundschaftsmechanismen des *êthos* selbst zu Evidenz-Lieferanten werden – und inwieweit der Begriff des *êthos* in Aristoteles' *Rhetorik* bereits als evidenzerschaffendes Verfahren ausgelegt werden kann.

Ausgehend von diesem vertiefenden Blick in die antike rhetorische Theorietradition wenden wir uns der Evidenzfrage im Spannungsfeld des neuzeitlichen Rationalismus zu: **Birgitta Fuchs** stellt dabei in ihrem Beitrag *Vico über rhetorische und szientifische Evidenz* den italienischen Rhetorikprofessor Giambattista Vico in den Mittelpunkt und untersucht, wie dieser (herausgefordert durch die kritische Methode Descartes') im Anschluss an die aristotelische Rhetorik nicht nur die Argumentationslogik, sondern auch die ästhetischen Momente der rhetorischen Theorietradition herausarbeitete, um den vermeintlichen Gegensatz von Topik und Kritik durch eine systematische Verbindung ästhetisch-rhetorischer und rationaler Erkenntnisformen aufzulösen. Fuchs betont, dass Vico die Vorteile der kritischen Methode durchaus anerkannte, zugleich aber auch deutlich machte, dass die Komplexität konkreter Handlungssituationen (etwa in politischen oder juristischen Kontexten) nur in ergänzendem Rückgriff auf die weltdeutenden und handlungsorientierenden, weitgehend auf sinnlicher Evidenz beruhenden Leistungen von Ästhetik und Rhetorik fassbar ist. In der Auseinandersetzung mit dieser grundlegenden Frage zeichnet der Beitrag die erkenntnis-, bildungs- und kulturanthropologischen Linien nach, die Vico in wesentlicher Weise vorprägte. Der Blick auf Vico wird so zu einem Paradigma der (seit dem *rhetorical turn* erneut verstärken) Rehabilitierung der erkenntnistheoretischen und handlungsorientierenden Leistungen rhetorisch-humanistischen Denkens.

In seinem Beitrag über *Narrative Evidenz* thematisiert **Olaf Kramer** insbesondere den Zusammenhang zwischen lebendiger Sprache und Narrativität: Er kehrt zu den übergreifenden Techniken der detaillierten Beschreibung (*enárgeia*) und der belebend-dynamischen Schilderung (*enérgeia*) zurück und zeigt, dass in verbalen Texten Evidenz oft durch die Entwicklung einer Erzählung gelenkt wird. Kramer beleuchtet hierbei auch vertiefend, wie narrative Elemente dazu beitragen können, sprachliche Texte lebendiger und überzeugender zu gestalten und was Redner von Schriftstellern lernen können.

Teil 2: Ästhetik der Anschaulichkeit

Als Einstieg in den zweiten Teil des Bandes, der sich – auf der Basis der vorangehenden rhetorisch-theoretischen Grundlegungen – insbesondere ästhetischen Aspekten der Anschaulichkeit zuwendet, bietet **Bernhard Asmuth** mit seinem Beitrag *Anschaulichkeit und Spannung als Leitbegriffe sprachkünstlerischer Attraktivität* nicht nur einen Blick auf die Geschichte des Begriffs der Anschaulichkeit, sondern auch einen Vorschlag zur Differenzierung ihrer grundlegender Bedeutungs- und Erzeugungsvarianten. Hierbei wird insbesondere deutlich, dass sich die Bedeutungsvielfalt des Anschaulichkeitsbegriffs nicht in der Übersetzung der rhetorischen *evidentia* erschöpft, sondern in vielfacher Hinsicht über diesen hinausgeht. Aufbauend auf einer entsprechenden Bedeutungsanalyse, die verschiedene Bedeutungsvarianten und deren Vorgaben aus Antike und Renaissance erkundet, weitet der Beitrag den Blick auf Überlegungen zum Nachbarbegriff der *Spannung* aus – mit besonderem Bezug auf den Bedeutungsrahmen erzählerischer Attraktivität, aber auch außerliterarischer Bedeutungsfacetten.

Als Mittel der Evidenzherstellung nehmen nicht zuletzt auch Beispiele seit jeher eine besondere Stellung ein, der sich **Jessica Güsken** in ihrem Beitrag *Beispiele geben. Zur Problematik einer unumgänglichen Praxis im Diskurs der Ästhetik (1750–1850)* annähert: Sie schildert, wie sich die Technik der Verwendung von Beispielen in den ersten systematischen Entwürfen der Ästhetik als eine unverzichtbare, zugleich aber nur bedingt legitimierte Praxis der Evidenzerzeugung etablierte. Entlang einer schlaglichtartigen Beleuchtung der Diskussion des Beispielgebens bei Baumgarten, Mendelssohn, Lessing und Rosenkranz zeichnet Güsken nach, wie die für das Feld Ästhetik prägende Infragestellung rein begrifflich-theoretischer Reflexion (und die damit verbundene Sonderstellung des Beispiels) den Umgang mit Beispielen innerhalb der ästhetischen Disziplin zu einer stetig neu hinterfragten Herausforderung machte. Das Beispielgeben erscheint so als wichtige Methode der Evidenzherstellung innerhalb ästhetischer Theoriebildung – wird zugleich aber auch zu einer Reibungsfläche für den an begrifflicher und systemischer Klarheit orientierten Wissensdiskurs der Disziplin.

Vom Beispielgeben als Mittel der Evidenz kommen wir zu einem konkreten Fallbeispiel für evidente Sprache in der Literatur: In ihrem Aufsatz *„Die Verwandlung der Kunstfigur in einen Menschen" – Literarische Evidenz in Christa Wolfs Roman Stadt der Engel* blickt **Anna Kurz** auf sprachliche Mittel der Evidenz im Werk der Prosaschriftstellerin Christa Wolf. Am Beispiel konkreter Textauszüge aus dem genannten Roman zeichnet der Beitrag nach, wie Christa Wolf ihren fiktiven Romanwelten durch eine anschauliche und gefühlsbetonte Sprache Lebendigkeit verleiht – und Botschaften durch Bilder veranschaulicht, bzw. das bildliche

Verstehen der Leser aktiviert. Kurz verknüpft hierbei eine Analyse auf der Ebene der rhetorischen und literarischen Gestaltung mit Beobachtungen zu Christa Wolfs schriftstellerischem Selbstverständnis sowie ihren essayistisch fassbaren Aussagen zur Bedeutung und Funktion von Literatur – und betont, dass insbesondere Wolfs aufklärerisches Ziel und ihre bildhafte Sprache ihrem Gesamtwerk poetische Qualität verleihen.

Im Anschluss an diese Fallanalyse widmen sich **Sarah Bärtschi** und **Fabienne Kilchör** der Frage, wie sich übergreifende Entwicklungen und Zusammenhänge im Werk eines Autors anschaulich erschließen, darstellen und vermitteln lassen: Am Beispiel des Corpus der unselbständig erschienenen Schriften Alexander von Humboldts (1769–1859), die zu dessen Lebzeiten in über 700 periodischen Publikationsorganen erschienen sind, wenden Bärtschi und Kilchör die Methode des *distant reading* sowie Techniken der Datenvisualisierung an – und diskutieren, inwiefern *Alexander von Humboldts Schriften als Paradigma bildlicher Evidenz* betrachtet werden können. Dabei zeigen sie einerseits Techniken und Mittel auf, um die Komplexität von Humboldts ebenso umfangreichem wie heterogenem publizistischen Werk möglichst zugänglich und informativ zu erfassen und aufzubereiten. Anderseits diskutiert der Beitrag aber auch, welche zusätzlichen Informationen aus entsprechenden Visualisierungen eines Textcorpus hervorgehen können, was diese kommunikativ und rhetorisch leisten, und inwiefern sie neue Erkenntnisse zu Humboldts interdisziplinärem Forschungsstil generieren können.

Im letzten Beitrag des Bandes fragt **Stephanie Heimgartner** abschließend, inwieweit *Ästhetische Evidenz als Konzept für die Literaturwissenschaft* in übergreifender Perspektive fruchtbar gemacht werden kann: Im Rückgriff auf Baumgarten beschreibt sie, wie mit dem Begriff der ästhetischen Evidenz ein Terminus der antiken Rhetorik Einzug in das Gebiet der Ästhetik hielt. Hierbei liefert sie eine knappe historische Semantik des Evidenzbegriffs, dessen Entwicklung sie ausgehend von der antiken Philosophie und Rhetorik bis hin zu neueren Beiträgen aus den Geisteswissenschaften verfolgt. Im Hintergrund steht bei alledem die Frage nach der Validität des Konzepts der ästhetischen Evidenz für die aktuelle und zukünftige Forschung: Heimgartner prüft den Terminus und die dahinter liegenden Konzepte im Hinblick auf deren kultur- und literaturwissenschaftliche Nutzbarkeit – und zeichnet nach, wie Evidenztechniken als erfahrungsbasierte, aber dennoch stets subjektive Methoden disziplinär nutzbar gemacht werden können.

5 Ausblick

Wie die Beiträge dieses Bandes aufzeigen, blickt die Beschäftigung mit dem Thema der Evidenz nicht nur auf eine reiche Tradition zurück – sie bleibt aus rhetorischer wie ästhetisch-literaturwissenschaftlicher Perspektive auch bis heute höchst relevant. Wir hoffen daher, dass der Band dazu beitragen kann, weitere Forschungen auf dem Gebiet der Evidenz anzuregen und eine Grundlage für eine ergiebige Diskussion zu schaffen. Wie unsere Beiträgerinnen und Beiträger verdeutlichen, bietet gerade auch die Verknüpfung rhetorischer, historischer und literaturwissenschaftlich-ästhetischer Facetten einen vielversprechenden und breit gefächerten Zugang, den es – gemäß den sich ständig veränderten kulturellen und gesellschaftlichen Rahmenbedingungen – stetig weiterzuentwickeln gilt: So sind mit dem Wandel ästhetischer Urteilskriterien in Kunst und Literatur auch die konkreten Techniken der Evidenzerzeugung in diesen Bereichen einer ständigen Entwicklung unterworfen – und rhetorische Überlegungen müssen stets fall- und kontextspezifisch differenzierte Antworten auf die Frage finden, wie die erfolgreiche Konstruktion von Evidenz erreicht werden kann.

Zudem geht die Relevanz des Evidenzbegriffs in den medial-kommunikativen Anwendungsbezügen der heutigen Wissensgesellschaft in ihrer Vielfalt gewiss noch weit über den hier grundlegend umrissenen Rahmen hinaus: Wie eingangs dieser Einleitung mit Blick auf die Vielfalt der Bedeutungsfacetten von Evidenz angeschnitten, ist die Erforschung des Evidenzphänomens eine hochrelevante Aufgabe für ein breites Spektrum an Wissensbereichen und Anwendungsgebieten, und ein sehr produktives Thema für den interdisziplinären Austausch. Es gilt daher, die im Rahmen dieses Sammelbandes angestellten Überlegungen im traditionellen Bereich rhetorischer und literaturwissenschaftlicher Forschung mit konkreten Anwendungsperspektiven zu verbinden: So kann durch die Erforschung der Bedeutung von Evidenz in den Naturwissenschaften wie auch in Bildung, Kunst, Medien und Kultur eine interdisziplinäre Diskussion darüber angeregt werden, wie Wissen lebendig vermittelt werden kann und welche sprachlichen (und visuellen) Techniken es für die Präsentation und Repräsentation von Evidenz in Wissenschaft und Gesellschaft gibt.

Literatur

Aristoteles: Rhetorik. Übers. u. erl. v. Christof Rapp. 2 Halbbände. Berlin 2002 (= Aristoteles, Werke in deutscher Übersetzung 4.1–4.2).

Asmuth, Bernhard: Perspicuitas. In: Ueding, Gert (Hrsg.): Historisches Wörterbuch der Rhetorik. Bd. 6. Tübingen 2003, 814–874.

Campe, Rüdiger: Affekt und Ausdruck. Zur Umwandlung der literarischen Rede im 17. und 18. Jahrhundert. Tübingen 1990.

Cicero, Marcus Tullius: De oratore. Über den Redner. Übers. u. hrsg. v. Harald Merklin. 5. Aufl. Stuttgart 2003.

Cicero, Marcus Tullius: Hortensius, Lucullus, Academici libri. Hrsg. u. übers. v. Laila Straume-Zimmermann. München 1997.

Chandler, James; Davidson, Arnold I.; Harootunian, Harry D.: Introduction. In: Chandler, James; Davidson, Arnold I.; Harootunian, Harry D. (Hrsg.): Questions of Evidence. Proof, Practice, and Persuasion across the Disciplines. Chicago 1994, 1–10.

Comenius, Johann Amos: Orbis Sensualium Pictus. Hoc est, Omnium fundamentalium in Mundo Rerum & in Vita Actionum Pictura & Nomenclatura. Die sichtbare Welt/ Das ist/ Aller vornemsten Welt-Dinge und Lebens-Verrichtungen Vorbildung und Benahmung. Nürnberg: Michael Endter 1658.

De Vignemon, Frédérique; Singer, Tania: The Empathic Brain: How, When and Why? In: Trends in Cognitive Sciences 10.10 (2006), 435–441.

Jäger, Ludwig: Schauplätze der Evidenz: Evidenzverfahren und kulturelle Semantik. Eine Skizze. In: Cuntz, Michael; Nitsche, Barbara; Otto, Isabell; Spaniol, Marc (Hrsg.): Listen der Evidenz. Köln 2006, 37–52.

Kant, Immanuel: Kritik der reinen Vernunft. Hrsg. v. Raymund Schmidt. Hamburg 1956.

Plett, Heinrich F.: Rhetorik der Affekte. Englische Wirkungsästhetik im Zeitalter der Renaissance. Tübingen 1975.

Quintilianus, Marcus Fabius: Ausbildung des Redners. Zwölf Bücher, zwei Teile. Hrsg. u. übers. v. Helmut Rahn. 2. Aufl. Darmstadt 1988 (= Texte zur Forschung 2–3).

Teil I: **Rhetorische Perspektiven**

Joachim Knape
Das Fernrohr.
Evidenz in der Rhetorik
mit Blick auf Brechts *Galileo*

> Ein Dichter macht aus Lösungen Rätsel
> Karl Kraus
> Ein Orator macht aus Rätseln Lösungen
> J.K.

Am 22. November 1963 hatte der amerikanische Präsident John F. Kennedy bei seinem Besuch in Dallas eine Rede im Gepäck, die er vor geladenen Gästen des Dallas Citizens Council halten wollte. Doch dazu kam es bekanntlich nicht mehr. Die Rede wurde etwa ein halbes Jahr später als *The Unspoken Speech* veröffentlicht. Kennedys Thema ist der Zusammenhang zwischen Amerikas Führungsrolle und den Bildungsanstrengungen des Landes („[the] link between leadership and learning"). Dieser Zusammenhang ist für den Präsidenten nicht nur essentiell auf der Ebene von Einzelgemeinden: „Er ist noch viel unentbehrlicher in der Weltpolitik. [...] Amerikas Führungsrolle muss angeleitet werden", schreiben Kennedy und sein unbekannter Redenschreiber, „vom Licht der Bildung und Vernunft – oder aber jene, die *rhetoric* mit Realität und das Plausible mit dem Möglichen vermengen, werden ansonsten öffentlichen Einfluss gewinnen mit ihren scheinbar rasch umsetzbaren und einfachen Lösungen für alle Probleme der Welt".[1]

Präsident Kennedy spricht hier einige Punkte an, die auch mich bei meinen folgenden Überlegungen beschäftigen werden: Politische Führung, also Fragen von Macht und Einfluss, im Zusammenhang mit Wissen, Wissenschaft und Bildung; sodann die Fragen von Plausibilität und Possibilität im Zusammenhang eines angeblichen Gegensatzes von Rhetorik und Realität. Dies nehme ich zum Ausgangspunkt meiner Überlegungen zur Evidenz in der Rhetorik, die im ersten Teil dieses Aufsatzes mit zwei allgemeinen theoretischen Positionsbestimmungen beginnen. Dabei geht es insbesondere um zwei theoretische Re-Integrationen. In einem zweiten Teil spreche ich dann über die Theorie der rhetorischen Evidenz im engeren Sinn.

---

[1] „This link between leadership and learning is not only essential at the community level. It is even more indispensable in world affairs. [...] America's leadership must be guided by the lights of learning and reason – or else those who confuse rhetoric with reality and the plausible with the possible will gain the popular ascendancy with their seemingly swift and simple solutions to every world problem." (Kennedy, John F.: The Unspoken Speech of John F. Kennedy at Dallas November 22, 1963. El Paso, TX 1964, 1–2).

https://doi.org/10.1515/9783110563399-002

1 Zwei theoretische Re-Integrationen

Beginnen möchte ich bei dem angeblichen Gegensatz von Rhetorik und Realität, weil er für die Rhetoriktheorie und meine folgenden Überlegungen relevant ist: Für Kennedy ist *rhetoric* in seinem *Unspoken Speech* etwas, das offenbar ohne Realitätsgehalt existiert, ja, geradezu das Gegenteil von Realität darstellt. Damit schieben er und sein unbekannter Redenschreiber *rhetoric* auf die theoretischen Ebenen von reinem Sprachspiel und Fiktion, die sich mit irrealen Möglichkeiten im virtuellen Raum von *possible worlds* beschäftigen. Das heißt offenbar: Es gibt einerseits die irreale *rhetoric*, andererseits aber auch eine nicht-rhetorische politische Kommunikation, und nur diese hat es mit Realitäten zu tun. Letztlich schließt sich Kennedy damit einem in der nachantiken westlichen Kultur verbreiteten Vorurteil an, das in der Ansicht kulminiert, unter Rhetorik sei inhaltsleeres Wortgeklingel zu verstehen.

An dieser Stelle möchte ich die erste theoretische Reintegration vornehmen: Ich möchte die Rhetorik gegenüber solchen Positionen wieder in die Realität reintegrieren. Rhetorik ist nicht als Phänomen einer Meta- oder Spielebene zu abstrahieren, sondern als Bestandteil der Ebene ernstzunehmender, sozial verbindlicher Tatsachen. Diese abstrakte Ebenenunterscheidung hat bereits Aristoteles vorgenommen.[2] Er definiert eine Ebene der semiotischen Simulation, die er Mimesis nennt, und zu der er eine Theorie verfasst: seine *Poetik*. Heute ordnen wir die darin diskutierte Poetologie dem wissenschaftlichen Bereich der Ästhetik zu. Die entsprechende Theorie hat es hier nach Aristoteles mit „Simulation von Handlungen" (*mímēsis práxeōs*)[3] zu tun.

Aristoteles hat ein zweites Werk geschrieben: seine *Rhetorik*. Was ist hier der Gegenstand der Theorie? Thema ist nicht die Virtualität oder Simulation kommunikativer Praktiken, sondern genau das Gegensteil: eine bestimmte Art des kommunikativen Handelns in der politischen Realität, nämlich das sozial wirksame Überzeugen. Rhetorik ist also nicht Kommunikation schlechthin, sondern nur jene Kommunikation, die Menschen lenken und steuern will. *Psychagōgía*, Seelenleitung sei die Rhetorik, sagt Platon treffend.[4]

Rhetorik verhandelt immer ‚Wahrheit', so heißt es schon in der antiken Theorie. Wir können mit einem (dem römischen Politiker Pontius Pilatus in den

---

[2] Barthes, Roland: Die alte Rhetorik. In: Barthes, Roland: Das semiologische Abenteuer. Frankfurt/Main 1988, 15–101; hier: 24–25 (frz. Orig.: L'ancienne rhétorique. Aide-mémoire, Communications 16 [1970], 172–223, bzw. L'aventure sémiologique. Paris 1985).
[3] Arist. Poet. 6.
[4] Plat. Phaidr. 261a.

Mund gelegten) ironischen Satz fragen: *quid sit veritas?* Was heißt hier Wahrheit? Im Theorierahmen der Rhetorik geht es Aristoteles wie Cicero bei der Wahrheit nicht ums Philosophieren, sondern um die faktische und konkrete Lebenswelt der Polis oder des römischen Forums,[5] wo es unter anderem um das Konkrete und Nützliche (das *symphéron*)[6] im Sozialzusammenhang geht. „Deswegen schlüpft die Rhetorik auch in die Form der politischen Wissenschaft", weshalb sie, ähnlich wie die Dialektik, auch „als politische Wissenschaft bezeichnet wird", so Aristoteles.[7] Nach Aristoteles ist die Rhetorik „für die Durchsetzung des Wahren und Gerechten (d. h. dafür, dass dies in der öffentlichen Verhandlung nicht unterliegt) nützlich."[8] In der „Lebenswelt"[9] brauchen wir die Rhetorik, um gerechten Anliegen „zur faktischen Durchsetzung in der öffentlichen Domäne zu verhelfen".[10]

Daher interpretiert auch der deutsche Philosoph Martin Heidegger die ‚Rhetorik' nicht als eine auf ästhetische Produkte bezogene Theorie, sondern als

---

5 Zur Polis-Gebundenheit der Rhetorik bei Aristoteles siehe Aristoteles: Rhetorik. Übers. u. erl. v. Christof Rapp. 2 Halbbände. Berlin 2002, Kommentar im 2. Halbband, 127ff. u. 171ff.
6 Vgl. Arist. Rhet. I, 5–6.
7 Arist. Rhet. 1356a 27; hier und im Folgenden zitiert nach Aristoteles: Rhetorik. Übers. u. erl. v. Christof Rapp. 2 Halbbände. Berlin 2002.
8 Aristoteles: Rhetorik. Kommentar von Christof Rapp im 2. Halbband, 82; siehe auch 89, 91. „Das Adjektiv *alēthés* [wahr] charakterisiert einen Sachverhalt als *wirklich so seiend*, wie er gesehen oder dargestellt wird, und kann, wie besonders *alēthinós* [wahr, richtig], den Sinn von *eigentlich, echt* gewinnen." (Bultmann, Rudolf: Der griechische und hellenistische Sprachgebrauch von *alḗtheia*. In: Kittel, Gerhard (Hrsg.): Theologisches Wörterbuch zum Neuen Testament. Bd. 1. Stuttgart 1933, 239–251; hier: 239).
9 Husserl, Edmund: Die Krisis der europäischen Wissenschaften und die transzendentale Phänomenologie: Eine Einleitung in die phänomenologische Philosophie. Dordrecht 1962, §§ 33–34; Schütz, Alfred: „Das Problem der Personalität in der Sozialwelt" [1936]. Auszugsweise zitiert in Chung-Chi Yu: Transzendenz und Lebenswelt im Spätwerk von Alfred Schütz. Diss. Bochum 1996, 84–88; Schütz, Alfred: Über die Mannigfaltigen Wirklichkeiten [1945]. In: Schütz, Alfred: Das Problem der sozialen Wirklichkeit. Übers. v. Benita Luckmann u. Richard Grathoff. Den Haag 1971, 237–298; hier: 257 (engl. Orig.: On Multiple Realities, Philosophy and Phenomenological Research 5 [1945] 533–576).
10 Aristoteles: Rhetorik. Kommentar von Christof Rapp im 2. Halbband, 91. Der auch von Aristoteles (Rhet. 1402a) zitierte sophistische Slogan, „die schwächere Rede (*lógos*) zur stärkeren machen" (Protagoras: Fragment 80 B 6. In: Diels, Hermann: Die Fragmente der Vorsokratiker. Griech. u. dt. Hrsg. v. Walther Kranz. Bd. 2. 10. Aufl. Berlin 1960) wird von Cicero übernommen, wenn er berichtet, die Sophisten hätten versprochen zu lehren, „wie man durch Beredsamkeit die schwächere Sache [*causa inferior*] – dies waren ihre eigenen Worte – zur stärkeren [*superior*] machen könne" (Cic. Brut. 30; Übers. zitiert nach Cicero, Marcus Tullis: Brutus. Hrsg. u. übers. v. Bernard Kytzler. München, Zürich 1990).

"erste systematische Hermeneutik der Alltäglichkeit des Miteinanderseins"[11]. Heidegger sieht hier eine Bezugsmöglichkeit für sein auf das „existenziale Fundament" des Menschen gerichtetes Erkenntnisinteresse, jenes Fundament, das sich wesentlich in den kommunikativen Grundfähigkeiten Hören, Reden und Schweigen niederschlägt sowie in ihren praktischen Korrelaten Auslegen, Verstehen, Mitteilen usw.[12] Für ihn steht in seiner Aristoteles-Vorlesung von 1924 fest:

> Die [aristotelische] Rhetorik ist nichts anderes als die Auslegung des konkreten Daseins, die Hermeneutik des Daseins selbst [meine Hervorhebung, J.K.]. Das ist der von Aristoteles beabsichtigte Sinn der Rhetorik. Das Sprechen in der Weise des Sprechens-in-der-Rede: in der Volksversammlung, vor Gericht, bei feierlichen Gelegenheiten – diese Möglichkeiten des Sprechens sind [nur] bestimmte exponierte Fälle des gewöhnlichen Sprechens, wie es im Dasein selbst spricht. Bei der Interpretation der ‚Rhetorik' wird man das Augenmerk darauf zu richten haben, wie darin schon Grundmöglichkeiten des Sprechens des Daseins expliziert werden.[13]

Auch nach römischer Theorie sind die Oratoren auf die Tatsächlichkeit der Lebenswelt und damit auf den Standardstatus der Kommunikation festgelegt. Sie sind in ihren Auftritten „Ausführende der Wahrheit selbst" (veritatis ipsius actores) und werden in dieser Hinsicht den lizenzkommunikativ agierenden Schauspielern gegenübergestellt, „die doch nur Simulatoren der Wahrheit sind, eben Schauspieler" (imitatores autem veritatis, histriones).[14] Spiel und Mimesis (Simulation), die nach Austin und Searle keine echten Sprechakte gewährleisten,[15] sind nicht Sache des Orators. Er kann sie höchstens für bestimmte Momente instrumentalisieren. Ciceros Orator ist als actor veritatis als jemand zu verstehen, der mit ‚wahren' Sachverhalten, mit Tatsachen umgeht, der mit und im Lebenswahren und Tatsächlichen handelt. Damit ist der rhetorische Fall auf den standardkommunikativen Status festgelegt, und man kann sagen, dass kommunikative Eigentlichkeit das Fundament der Rhetorik ist und uneigentliche

---

11 Heidegger, Martin: Sein und Zeit [1927]. 15., an Hand der Gesamtausgabe durchgesehene Auflage mit den Randbemerkungen aus dem Handexemplar des Autors im Anhang. Tübingen 1979, 138.
12 Ebd.
13 Heidegger, Martin: Grundbegriffe der aristotelischen Philosophie [1924]. Hrsg. v. Mark Michalski. Frankfurt/Main 2002, § 13, 110.
14 Cic. De or. I, 214; eigene Übersetzung, J. K.
15 Knape, Joachim: Rhetorik der Künste. In: Fix, Ulla; Gardt, Andrea; Knape, Joachim (Hrsg.): Rhetorik und Stilistik. Ein internationales Handbuch historischer und systematischer Forschung. 1. Halbband. Berlin, New York 2008, 894–927; hier: 899–900.

Phänomene der Lizenzkommunikation nur ab und an in Dienst genommen werden.[16]

Wenn wir also in der theoretischen Abstraktion zwei Ebenen bei den menschlichen Handlungen unterscheiden: einerseits die Ebene der faktualen Praxis (Realität) und andererseits die Ebene der fingierenden Praxis (Simulation) – was für die wissenschaftliche Analyse sinnvoll scheint –, dann bleiben immer noch viele Fragen offen, die hier nicht verhandelt werden können. Aber eine Frage ist für das Evidenz-Thema besonders wichtig. Es ist die Frage, womit wir Menschen es auf der Ebene der Realität zu tun haben, wenn wir agieren und interagieren.

Der deutsche Philosoph Hans Blumenberg versucht 1971 in seinem Essay *Anthropologische Annäherung an die Aktualität der Rhetorik*, einige Antworten zu finden, die mit Rhetorik und Evidenz zusammenhängen.[17] Danach besteht das größte Problem des Menschen im Umgang mit der Umwelt und ihren Realitäten darin, dass wir nicht mehr im Einklang mit der Natur leben können wie die Tiere, denn wir haben zwar Selbstreflexivität gewonnen, aber zugleich zu viele Instinkte verloren. Daher wird der Mensch „definiert durch das, was ihm fehlt"; er ist „das von der Natur im Stich gelassene Mängelwesen".[18] Als einzige biologische Spezies stehen wir mit unserem Bewusstsein in einer gewissen (nicht in einer totalen) Distanz zu der uns umgebenden Welt.[19] Der Mensch ist in einem gewissen Sinn „der Zuschauer des Universums in der Mitte der Welt *oder* der aus dem Paradies vertriebene Exzentriker auf dem Stäubchen Erde, das nichts bedeutet."[20] Da wir Menschen in vielerlei Hinsicht nicht mehr festgelegt, zu wenig instinktgeleitet sind und immer wieder gezwungen werden, selbst Wege im Gestrüpp der Welt zu finden, sind wir sehr stark abhängig von unseren Erkenntnismöglichkeiten. Wir suchen zwanghaft nach dem, was wir für *wahr* halten können, um in der Gesellschaft *gut* zu leben, oder auch nur, um zu überleben. Am Ende stellen wir immer wieder fest, dass es um unser Erkenntnisvermögen nicht gut bestellt ist,

---

16 Zu den Unterschieden zwischen Standard- und Sonder- bzw. Lizenzkommunikation siehe Knape: Rhetorik der Künste, 898–906; Bauer, Matthias; Knape, Joachim; Koch, Peter; Winkler, Susanne: Dimensionen der Ambiguität. In: Ambiguität (2010), 7–75; hier: 9; Knape, Joachim: Modern Rhetoric in Culture, Arts, and Media. 13 Essays. Berlin, Boston 2013, 14–15.
17 Blumenberg, Hans: Anthropologische Annäherung an die Aktualität der Rhetorik. In: Blumenberg, Hans: Wirklichkeiten in denen wir leben. Aufsätze und eine Rede. Stuttgart 1981, 104–136 (ital. Erstveröff. in: Il Verri [Mailand] 35/6 [1971], 49–72).
18 Blumenberg: Anthropologische Annäherung, 104.
19 Vgl. Klein, Rebekka A.: „Auf Distanz zur Natur". Eine Beschreibung des Menschen. In: Klein, Rebekka A. (Hrsg.): Auf Distanz zur Natur. Philosophische und theologische Perspektiven in Hans Blumenbergs Anthropologie. Würzburg 2009, 9–19.
20 Blumenberg: Anthropologische Annäherung, 104.

weil wir mit unserem Bewusstsein keineswegs zu natürlicher oder gar definitiver Evidenz gelangen. Wir müssen also von einer „Theorie des Menschen" ausgehen, so Blumenberg, nach der der Mensch „außerhalb der Idealität, verlassen von der Evidenz" dasteht.[21] Evidenz wird hier als eine Art Lebewesen-Natur-Tuning verstanden, das uns helfen könnte, uns zu orientieren und richtig zu leben. Die Möglichkeit *ursprünglicher Evidenz* (im Sinne von unmittelbarer Seinsbeziehung oder gar unvermittelter, sprachloser Seinserkenntnis) ist uns aber abhandengekommen.

Was ist Blumenbergs Schlussfolgerung aus der Feststellung dieses „Mangels an vorgegebenen, präparierten Einpassungsstrukturen und Regulationen für einen Zusammenhang"[22] im Kosmos und des damit verbundenen Evidenzmangels? Für ihn ist die Antwort klar: „Alles, was diesseits der Evidenz übrig bleibt, ist Rhetorik."[23] Und „Rhetorik schafft [modellstiftende, mustergebende] Institutionen, wo Evidenzen fehlen."[24] Was ist damit gemeint?

Es geht – wie gesagt – um die Frage, wie wir Menschen richtig leben können und wie wir unter dieser Voraussetzung erkennen können, was gut ist. Wie können wir die Fragen nach dem Richtigen in der Welt klären, wie verhält es sich mit dem menschlichen Verstehen und Erkennen? Die platonische Philosophie ging noch davon aus, so Blumenberg, dass sich der Mensch auf einen „‚substantiellen' Fundus an Regulationen"[25] des Lebens verlassen kann. Der „Satz des platonischen SOKRATES, Tugend sei Wissen, macht die Evidenz anstelle der Institution zur Norm des Verhaltens."[26] Solch eine „Philosophie der absoluten Ziele legitimierte nicht die Theorie der Mittel, sondern verdrängte und erstickte sie", weil diese Ethik „von der Evidenz des Guten ausgeht".[27] Die vormoderne Philosophie gründet also im Mainstream auf der Annahme, dass es so etwas wie eine *ursprüngliche Evidenz* oder „reine Evidenz" als „absolute Selbstbegründung"[28] gibt, dass wir Menschen also in der Lage sind, jenseits des sozialen Diskurses zu sozial relevanten Erkenntnissen zu kommen, etwa durch „reine Empfindung" im Moment einer „Evidenz im Augenblick", so Manfred Sommer.[29] Diese Ansicht „läßt

---

21 Blumenberg: Anthropologische Annäherung, 107.
22 Ebd., 108.
23 Ebd., 111.
24 Ebd., 110.
25 Ebd., 108.
26 Ebd., 106.
27 Ebd., 107.
28 Ebd., 109.
29 Sommer, Manfred: Evidenz im Augenblick. Eine Phänomenologie der reinen Empfindung. Frankfurt/Main 1987; vgl. die Idee einer „Punctum-Evidenz" bei Barthes, Roland: Die helle

keinen Raum für die Rhetorik als Theorie und Praxis der Beeinflussung von Verhalten unter der Voraussetzung, daß Evidenz des Guten nicht verfügbar ist [wie wir es heute sehen]."[30]

Vielleicht mit der Ausnahme von Heidegger sieht das moderne philosophische Denken die ursprüngliche Evidenz nicht mehr als Erkenntnismöglichkeit vor. Daher möchte Blumenberg die Rhetorik an ihre Stelle setzen. Er möchte die Rhetorik philosophisch als Ersatz für Evidenz rehabilitieren und als Erkenntnismethode installieren. „Evidenzmangel und Handlungszwang sind die Voraussetzungen der rhetorischen Situation."[31] Die Rhetorik lässt den Menschen in dieser Situation „mit seinem Mangel an Wahrheit fertig werden"[32]. Sie „ist die angestrengte Herstellung derjenigen Übereinstimmungen, die anstelle des ‚substantiellen' Fundus an Regulationen treten müssen, damit Handeln möglich wird"[33]. Und:

> Weil der Besitz der [ungefilterten] Wahrheit unerschwinglich ist, muss die traditionelle Dichotomie von Wahrheit und Wirkung zugunsten der Einsicht aufgelöst werden, dass Wahrheit nur provisorisch, nur im jeweils erreichten, durch Rhetorik „bewirkten" Konsens zu haben ist. Und das heißt, dass es einen erkennenden und vor allem handelnden Zugang zur Wirklichkeit nur über den Umweg des rhetorischen Konsenses gibt.[34]

Blumenberg zitiert zustimmend die *Nikomachische Ethik* des Aristoteles, wenn er sagt: „Wovon alle überzeugt sind, das nennen wir ‚wirklich'"[35]. Vor diesem Hintergrund gibt es für Blumenberg „diesseits der Evidenz", also auf Seiten des erkennenden Menschen (der gegenüber der Welt in Distanz steht) nur noch die Rhetorik: Die Rhetorik ist heute, sagt Blumenberg, die „Alternative" zur „Evidenz, die man *nicht* oder noch nicht, jedenfalls hier und jetzt nicht, haben kann".[36]

Kammer. Bemerkung zur Photographie. Übers. v. Dietrich Leube. Frankfurt/Main 1985, 34ff. u. 59–70 (frz. Orig.: La chambre claire. Note sur la photographie, Paris 1980); dazu Jäger, Ludwig: Indexikalität und Evidenz. Skizze zum Verhältnis von referentieller und inferentieller Bezugnahme. In: Wenzel, Horst; Jäger, Ludwig (Hrsg.): Deixis und Evidenz. Freiburg/Br., Wien, Berlin 2008, 289–315; hier: 305ff.
30 Blumenberg: Anthropologische Annäherung, 107.
31 Ebd., 117.
32 Ebd., 105.
33 Ebd., 108.
34 Höfner, Markus: Leben als Reden. Rhetorik, Ethik und die Frage nach dem Menschen bei Hans Blumenberg und Martin Heidegger. In: Klein, Rebekka A. (Hrsg.): Auf Distanz zur Natur. Philosophische und theologische Perspektiven in Hans Blumenbergs Anthropologie. Würzburg 2009, 23–41; hier: 27.
35 Arist. EN 1173a 1; Blumenberg: Anthropologische Annäherung, 108.
36 Blumenberg: Anthropologische Annäherung, 111–112.

So, wie Präsident Kennedy einen begrifflichen Gegensatz von Rhetorik und Realität aufgebaut hat, so baut Blumenberg einen begrifflichen Gegensatz von Evidenz und Rhetorik auf. Und auch in diesem zweiten Fall möchte ich eine Reintegration vornehmen, dergestalt, dass ich die Evidenz wieder in die Rhetorik integrieren möchte. Ich habe hier von einem *begrifflichen* Gegensatz gesprochen, weil der genannte Gegensatz natürlich etwas mit der Interpretation des Wortes *Evidenz* zu tun hat. Das Wort ist im Englischen wie im Deutschen mehrdeutig, und wir können es nur zu einem klaren Terminus machen, wenn wir es aus dem jeweiligen Theorieumfeld heraus definieren und dann attributiv markieren. So übersetzt Blumenbergs amerikanischer Übersetzer das im deutschen Text immer allein stehende Wort „Evidenz" meist mit dem markierten englischen Ausdruck *definitive evidence*.[37]

Ich möchte im Folgenden zwei markierte Ausdrücke gegenüberstellen, um den von Blumenberg thematisierten Gegensatz aufzuheben. Ich möchte nicht länger vom Konzept der *ursprünglichen, direkten Evidenz* im philosophischen Sinn sprechen (verstanden als direkter, quasi-intuitiver Erlebens- oder Bewusstseinszugang zum Dasein), sondern vom Konzept einer *sozialkommunikativ produzierten Evidenz*. Diese ist seit der Antike unter den Termini *enárgeia* oder *evidentia* Bestandteil der rhetorischen Theorie.[38] In diesem Theorierahmen wird die kommunikativ produzierte „Evidenz als ein *Verfahrensresultat*" angesehen, das sich „auf intermediale bzw. diskursive Prozeduren stützen muss", so der Linguist Ludwig Jäger.[39] Diese Prozeduren „operieren gleichsam als *Evidenzverfahren*, als Verfahren, die dem Umstand Rechnung tragen, dass semantische Evidenz als apodiktische Selbstevidenz [im Sinne Husserls oder Blumenbergs][40] nicht mehr zu haben ist."[41] Die kommunikativen „Evidenzverfahren bringen insofern als mediale Prozeduren gleichsam *Schauplätze der Evidenz* hervor, Aushandlungsbühnen, auf denen die kulturelle Semantik ihre Sinnzuschreibungen prozediert bzw. in ihren verschiedenen dispositiven Formaten Sinn unter den

---

37 Vgl. Blumenberg, Hans: An Anthropological Approach to the Contemporary Significance of Rhetoric. In: Baynes, Kenneth; Bohman, James; McCarthy, Thomas (Hrsg.): After Philosophy. End or Transition? Cambridge, MA, London 1987, 429–458.
38 Vgl. Knape, Joachim: Was ist Rhetorik? Bibliogr. erg. Ausg. Stuttgart 2012, 19.
39 Jäger, Ludwig: Schauplätze der Evidenz: Evidenzverfahren und kulturelle Semantik. Eine Skizze. In: Cuntz, Michael; Nitsche, Barbara; Otto, Isabell; Spaniol, Marc (Hrsg.): Die Listen der Evidenz. Köln 2006, 37–52; hier: 43.
40 Siehe dazu Jäger: Indexikalität und Evidenz, 311.
41 Jäger: Schauplätze der Evidenz, 42.

Bedingungen von Rhetoriken der Evidenz inszeniert."[42] Solche „Aushandlungsbühnen" sind der Rhetorik seit der Antike vertraut. Zu ihnen zählt unter anderem auch das Theater als „moralische Anstalt" (Schiller).

Evidenz findet hier strukturell gesehen immer als Deixis (Zeigehandlung) statt, die Lebendigkeit und Deutlichkeit ins Spiel bringt. *Subiectio sub oculos*, sagt Quintilian: Etwas wird vor Augen gestellt. Es wird nicht als bereits geschehen berichtet (*non gesta indicatur*), sondern im gegenwärtigen Moment so vorgeführt (*ostenditur*), wie es geschehen ist oder geschehen sein könnte (Quint. IX, 2, 40). Für die Beurteilung der evidenzerzeugenden Deixis sind zwei Komponenten besonders wichtig: Erstens die Referenzqualität des Gezeigten (fiktiv oder faktisch) und zweitens die argumentative Einbettung (Qualität der Verknüpfung mit argumentativen Plausibilisierungsstrategien). In diesem Rahmen wird die Evidenz zum Bestandteil eines kommunikativen Vorgangs, bei dem (im Hegel'schen Sinn) dem Adressaten eine dialektische Bewegung von der Abstraktion hin zur Anschauung (sensuelle Evidenz) und dann in entgegengesetzter Richtung von der Anschauung hin zur Abstraktion abverlangt wird. Der rhetorisch aktive Kommunikator (der Orator) erzeugt diese Bewegung durch sein kommunikatives Handeln in der Hoffnung, dass ihm der Adressat bei dieser Bewegung kognitiv und gegebenenfalls auch emotional folgt.[43] Die Philosophin Catherine Z. Elgin hält diese Hoffnung für berechtigt.[44]

2 Bertolt Brechts *Galileo* und die Rhetorik der Evidenz

Damit komme ich zum zweiten Hauptteil meines Beitrags, in dem ich einen berühmten Fall unter rhetorischer Perspektive diskutieren möchte. Es geht um Galileo Galilei (Abb. 1), den wohl berühmtesten Physiker der frühen Neuzeit. Sein Fall versetzt die westliche Welt seit dem Jahr 1600 immer wieder in Erregung,

---

42 Jäger: Schauplätze der Evidenz, 43 unter Bezug auf Holert, Tom: Evidenz-Effekte. Überzeugungsarbeit in der visuellen Kultur der Gegenwart. In: Bickenbach, Matthias; Fliethmann, Axel (Hrsg.): Korrespondenzen. Visuelle Kulturen zwischen Früher Neuzeit und Gegenwart. Köln 2002, 198–225; hier: 208.
43 Zum Zusammenhang von Pathos und Evidenz siehe Knape, Joachim: Rhetorischer Pathosbegriff und literarische Pathosnarrative. In: Zumbusch, Cornelia (Hrsg.): Pathos. Zur Geschichte einer problematischen Kategorie. Berlin 2010, 25–44; hier: 43.
44 Vgl. Elgin, Catherine Z.: Die kognitiven Funktionen der Fiktion. In: Burri, Alex; Huemer, Wolfgang (Hrsg.): Kunst denken. Paderborn 2007, 77–90.

zuletzt mit einer Entschuldigung des römischen Papstes aus dem Jahr 1992, bei der er das Verhalten der damaligen kirchlichen Inquisition zurücknahm. Aber auch mitten im Zweiten Weltkrieg sah der deutsche Dramatiker Bertolt Brecht Anlass, über den Fall Galilei nachzudenken. In den politischen Verhältnissen seiner Zeit sah Brecht die in dieser Causa steckende Fragen nach der richtigen wissenschaftlichen Erkenntnis, nach der Freiheit des Denkens sowie nach dem Verhältnis von Macht und Wissen durch die politischen Verhältnisse der Zeit bis 1945 aufgeworfen. Darf der Wissenschaftler neutral sein, sich angesichts der schrecklichen Verhältnisse in der Welt in den Elfenbeinturm zurückziehen, darf er sich der Macht beugen? Brecht möchte sich zu diesen Fragen klar positionieren, mit seinen Mitteln rhetorisch intervenieren, und er möchte dabei auch Evidenz für uns herstellen. So, wie ich es tue, wenn ich im Zusammenhang dieser Ausführungen auf Brecht zurückgreife.

Vergegenwärtigen wir uns hier nun zunächst einen Ausschnitt aus einer Szene des Galilei-Dramas. Der Philosoph spricht als erster:

Bertolt Brecht: *Leben des Galilei*. Schauspiel (Fassung 1955/56)[45]
Bild 4: Haus des Galilei in Florenz, 1610
Galileo Galilei, Physiker
Der Philosoph, Hofgelehrter aus Florenz
Der Mathematiker, Hofgelehrter aus Florenz
Federzoni, Galileis Linsenschleifer und Mitarbeiter
Andrea, Schüler
Cosmo, Großherzog Cosmo de Medici, ein Junge von neun Jahren
Der Hofmarschall, Höfling
Zwei Hofdamen

DER PHILOSOPH ... Herr Galilei, bevor wir Ihr berühmtes Rohr applizieren, möchten wir um das Vergnügen eines Disputs bitten. Thema: Können solche Planeten [die Jupitertrabanten] existieren?

DER MATHEMATIKER Gewiß, gewiß. – Es ist Ihnen natürlich bekannt, daß nach der Ansicht der Alten Sterne nicht möglich sind, die um einen anderen Mittelpunkt als die Erde kreisen, noch solche Sterne, die im Himmel keine Stütze haben?

GALILEI Ja.

DER PHILOSOPH Und, ganz absehend von der Möglichkeit solcher Sterne, die der Mathematiker *er verbeugt sich gegen den Mathematiker* zu bezweifeln scheint, möchte ich in aller Bescheidenheit als Philosoph die Frage aufwerfen: sind solche Sterne nötig? Aristotelis divini universum[46] ...

---

45 In: Brecht, Bertolt: Werke. Hrsg. v. Werner Hecht. Bd. 5: Stücke 5. Bearb. v. Bärbel Schrader u. Günther Klotz. Berlin, Weimar, Frankfurt/Main 1988, 187–289; hier: 215–224.
46 „Das Weltbild des göttlichen Aristoteles" (eigene Übersetzung, J. K.).

Abb. 1: Galileo Galilei, ein Teleskop haltend. Portrait von Justus Sustermans (1636), als gemeinfrei gekennzeichnet: https://commons.wikimedia.org/wiki/File:Justus_Sustermans_-_Portrait_of_Galileo_Galilei,_1636.jpg (29.08.2019).

GALILEI [*unterbricht:*] Sollten wir nicht in der Umgangssprache fortfahren? Mein Kollege, Herr Federzoni, versteht Latein nicht.

DER PHILOSOPH Ist es von Wichtigkeit, daß er uns versteht?

GALILEI Ja.

DER PHILOSOPH Entschuldigen Sie mich. Ich dachte, er ist Ihr Linsenschleifer.

ANDREA Herr Federzoni ist ein Linsenschleifer und ein Gelehrter.

DER PHILOSOPH Danke, mein Kind. Wenn Herr Federzoni darauf besteht ...

GALILEI [*unterbricht:*] Ich bestehe darauf.

DER PHILOSOPH Das Argument wird an Glanz verlieren, aber es ist Ihr Haus. – Das Weltbild des göttlichen Aristoteles mit seinen mystisch musizierenden Sphären und kristallenen Gewölben und den Kreisläufen seiner Himmelskörper und dem Schiefenwinkel der Sonnenbahn und den Geheimnissen der Satellitentafeln und dem Sternenreichtum des Katalogs der südlichen Halbkugel und der erleuchteten Konstruktion des celestialen Globus ist ein Gebäude von solcher Ordnung und Schönheit, daß wir wohl zögern sollten, diese Harmonie zu stören.

GALILEI [*zum Fürsten:*] Wie, wenn Eure Hoheit die sowohl unmöglichen als auch unnötigen Sterne nun durch dieses Fernrohr wahrnehmen würden?

DER MATHEMATIKER Man könnte versucht sein zu antworten, daß Ihr Rohr, etwas zeigend, was nicht sein kann, ein nicht sehr verläßliches Rohr sein müßte, nicht?

GALILEI Was meinen Sie damit?

[...]

DER MATHEMATIKER Wenn man sicher wäre, daß Sie sich nicht noch mehr erregten, könnte man sagen, daß, was in Ihrem Rohr ist und was am Himmel ist, zweierlei sein kann.

[...]

FEDERZONI [*zu Galilei:*] Sie denken, wir malten die Mediceischen Sterne auf die Linse!

GALILEI [*zu den Gelehrten:*] Sie werfen mir Betrug vor?

[...]

GALILEI Werden die Herren nun also durchschauen oder nicht?

DER PHILOSOPH Sicher, sicher.

DER MATHEMATIKER Sicher.

Pause. [Niemand geht zum Fernrohr.]

[...]

ANDREA Sie sind dumm. *Er reißt sich los und läuft weg.*

DER PHILOSOPH Bedauernswertes Kind.

DER HOFMARSCHALL Eure Hoheit, meine Herren, darf ich daran erinnern, daß der Staatsball in dreiviertel Stunden beginnt?

DER MATHEMATIKER Warum einen Eiertanz aufführen? Früher oder später wird Herr Galilei sich doch noch mit den Tatsachen befreunden müssen. Seine Jupiterplaneten würden die Sphärenschale durchstoßen. Es ist ganz einfach.

FEDERZONI Sie werden sich wundern: es gibt keine Sphärenschale.

DER PHILOSOPH Jedes Schulbuch wird Ihnen sagen, daß es sie gibt, mein guter Mann.

FEDERZONI Dann her mit neuen Schulbüchern.

DER PHILOSOPH Eure Hoheit, mein verehrter Kollege und ich stützen uns auf die Autorität keines Geringeren als des göttlichen Aristoteles selber.

[...]

GALILEI ... Der Mann hatte kein Fernrohr.

DER MATHEMATIKER Allerdings nicht, allerdings nicht.

[...]

GALILEI Die Wahrheit ist das Kind der Zeit, nicht der Autorität. [Meine Herren,] Unsere Unwissenheit ist unendlich [...]! Ich habe das unvorstellbare Glück gehabt, ein neues Instrument in die Hand zu bekommen, mit dem man ein Zipfelchen des Universums etwas, nicht viel, näher besehen kann. Benützen Sie es.

DER PHILOSOPH [*Er und der Mathematiker treten zwischen den Fürsten und Galilei:*] Eure Hoheit, meine Damen und Herren, ich frage mich nur, wohin dies alles führen soll.

[...]

GALILEI Eure Hoheit! Mein Werk in dem Großen Arsenal von Venedig brachte mich täglich zusammen mit Zeichnern, Bauleuten und Instrumentenmachern. [Viel weniger talentierten Männern als Herr Federzoni hier.] Diese Leute haben mich manchen neuen Weg gelehrt. [Ich habe keine Probleme mit solchen Männern.] Unbelesen, verlassen sie sich auf das Zeugnis ihrer fünf Sinne, furchtlos zumeist, wohin dies Zeugnis sie führen wird ...

DER PHILOSOPH Oho! ... Nach allem, was wir hier gehört haben, zweifle ich nicht länger, daß Herr Galilei in den Schiffswerften Bewunderer finden wird.

DER HOFMARSCHALL [*sich zum Fürsten verneigend:*] Eure Hoheit, zu meiner Bestürzung stelle ich fest, daß sich die außerordentlich belehrende Unterhaltung ein wenig ausgedehnt hat.

In der „possible world"[47] oder besser: der simulierten Welt dieser dramatischen Szene geht es um die Frage, was „Tatsachen" sind. Allen Beteiligten ist klar, dass es eines Beweises bedarf, um von einer Tatsache im wissenschaftlichen Sinn zu sprechen. Dieser Beweis muss sich unter anderem auf etwas stützen, das wir *testimoniale (bezeugende) Evidenz* nennen können. Diese Art Evidenz ist der Kern

---

47 Zum *possible world*-Ansatz siehe Kripke, Saul A.: Naming and Necessity. Überarb. u. erw. Aufl. Oxford 1980; Surkamp, Carola: Narratologie und possible-worlds theory: Narrative Texte als alternative Welten. In: Nünning, Ansgar; Nünning, Vera (Hrsg.): Neue Ansätze in der Erzähltheorie. Trier 2002, 153–183.

jeder *szientifischen Evidenz*. Doch was ist ein wissenschaftliches „Zeugnis" (in der englischen Fassung steht dafür *evidence*), wie Galilei es in unserer Szene nennt? Zwei unversöhnliche Meinungen prallen aufeinander: einerseits das geltende Konzept humanistisch-philologischer *Schriftevidenz*, andererseits das Konzept reiner *Beobachtungsevidenz*. Für die einen gründet testimoniale Evidenz nur auf Schriftautoritäten, für die anderen nur auf empirischer Beobachtung der außerliterarischen Welt.

Der Philosoph wünscht gleich zu Beginn einen „Disput", Galilei aber sofort und ausschließlich ein „Schauen".

Der Philosoph schwärmt von der Himmelsarchitektur einer Harmonie mit „mystisch musizierenden Sphären"; Galilei weist schlicht und einfach darauf hin, dass man die in Frage stehenden Sterne „durch dieses Fernrohr wahrnehmen" könnte.

Der Philosoph stellt das Instrument in Frage, unterstellt gar einen Betrug; die andere Seite insistiert beharrlich: „Werden die Herren nun also durchschauen oder nicht?"

Der Philosoph verweist auf die Autorität des Aristoteles, die zum Schulbuchwissen gehöre; die andere Seite stellt nur lapidar fest: „Der Mann hatte kein Fernrohr."

Der Philosoph bezweifelt, dass die Beobachtung der Welt zu etwas Sinnvollem führt; Galilei sagt, dass Handwerker dies ganz anders sehen und sich auf ihre Sinne verlassen und wissen, wohin diese Art Evidenz, „wohin dies Zeugnis führen wird", nämlich zum Umsturz der Verhältnisse, was Galilei hier freilich nicht ausspricht.

Und genau dies ist der kritische Punkt. Man muss aussprechen, wozu der eigene Weg der Evidenzialisierung dient, und man muss der Evidenz einen sinnvollen Rahmen geben, um sie kommunikativ-rhetorisch in einen akzeptierten Orientierungsvorgang zu integrieren. Ja, Evidenz wird erst eigentlich zur Evidenz und bekommt überhaupt erst eigentlich ihren Sinn im Rahmen einer Plausibilisierungsstrategie. Dass in unserer Szene beide Seiten ihre argumentative Strategie nicht offenlegen können, ist eine andere Frage. Die einen agieren affirmativ, die anderen revolutionär. Da dies nicht explizit ausgesprochen wird, müssen wir es als Beobachter der Szene inferieren.

Etwa zwanzig Jahre nach der Entstehung von Brechts *Galilei* wird Thomas S. Kuhn in seinem berühmt gewordenen Buch *The Structure of Scientific Revolutions* (1962)[48] deutlich machen, dass sich die wissenschaftliche Methodologie – und damit auch die Ansichten über Evidenz – nicht kontinuierlich entwickeln. Für

---

48 Kuhn, Thomas S.: The Structure of Scientific Revolutions. Chicago u.a. 1962.

Kuhn ist klar, dass auch in der Wissenschaft jedes neue Paradigma auf Widerstand stößt, weil sich die Forschergemeinschaft die neuen kognitiven Strukturen erst aneignen muss. Dabei spaltet sie sich in zwei Lager, und es kommt letztlich zu einer Art Revolution, die die alten Paradigmen verdrängt. In solchen Auseinandersetzungen braucht Wissenschaft die Rhetorik, denn Rhetorik ist kommunikative Widerstandsüberwindung.

Brechts Galilei aber meint naiv, auf Rhetorik verzichten zu können. Er argumentiert nicht, sondern stellt nur eine Methodenbehauptung auf (Empirie reicht aus!), an die er monoton wiederholend dieselbe Handlungsanweisung knüpft: Schaut hin und beobachtet selbst (vgl. Abb. 2)! Das aber misslingt, weil er in der symbolisierten Dreierkonstellation von Macht (Herzog), etablierter Wissenschaft (Philosoph, Mathematiker) und neuer Wissenschaft (Galilei) seine Behauptungen nicht plausibilisiert. Der Philosoph entwirft seine ideale, harmonistisch-pythagoräische Kosmos-Theorie und fordert: „Gründe, Herr Galilei, Gründe!"[49]. Wie ist die Reaktion? Was setzt Galilei hier dagegen? Keine neue Theorie, sondern die Herleitung seiner Beobachtungsmethodik aus den Evidenzvorstellungen der Handwerker. Mit dem Systemtheoretiker Niklas Luhmann kann man angesichts dessen fragen: „Signalisieren diese Erfahrungsgehalte" von einfachen Handwerkern im „sozialen Kontext" der gegebenen szenischen Konstellation den akzeptablen „gesamtgesellschaftlichen Bezug"?[50] Wir können die Haltung der Schulgelehrten vielleicht doch verstehen. Luhmann schreibt:

> Die Art, wie die innergesellschaftliche Umwelt die Selektionsweise der Ideenevolution beeinflußt, soll mit den Begriffen *Plausibilität* und *Evidenz* festgehalten werden. Plausibel sind Festlegungen der Semantik dort, wo sie ohne weitere Begründung einleuchten und man erwarten kann, daß sie auch anderen einleuchten. Evidenz ist verstärkte Plausibilität. Sie ist gegeben, wenn auch der Ausschluß von Alternativen miteinleuchtet. Soweit der soziale Kontext für Plausibilität und Evidenz nicht näher spezifiziert wird (also nicht ausdifferenziert ist), signalisieren diese Erfahrungsgehalte gesamtgesellschaftlichen Bezug.[51]

Und: „In dem Maße, als Ideenevolution auf Plausibilitäten und Evidenzen angewiesen ist, ist sie in ihrer Selektionsfunktion nicht souverän, dafür in der gesellschaftlichen Relevanz ihrer Resultate aber auch stärker abgesichert."[52] Diese soziale Absicherung haben in unserer Szene aber nur der etablierte Philosoph und der Mathematiker (als namenlose soziale Institutionen), nicht Galilei.

---

49 Brecht: Leben des Galilei, 220.
50 Luhmann, Niklas: Gesellschaftsstruktur und Semantik. Studien zur Wissenssoziologie der modernen Gesellschaft. Bd. 1. Frankfurt/Main 1980, 49.
51 Ebd., 49–50.
52 Ebd., 50.

Abb. 2: Galileo zeigt dem Dogen von Venedig die Verwendung des Teleskops. Freske von Giuseppe Bertini (1858), als gemeinfrei gekennzeichnet: https://commons.wikimedia.org/wiki/File:Bertini_fresco_of_Galileo_Galilei_and_Doge_of_Venice.jpg (29.08.2019).

Galilei hätte einer rhetorischen Überzeugungsstrategie bedurft, die sein neues Evidenzverständnis plausibilisiert. Was heißt das? In seinem *Versuch über Plausibilität* baut Lutz Koch 2002 insofern einen Gegensatz zwischen Evidenz und Plausibilität auf, als er apodiktisch feststellt: „Gewißheit und Evidenz findet man in aller Regel nur in den mathematischen Disziplinen"[53]. Daher brauchen wir Plausibilität, und zwar in konsenspflichtigen Fragen (in Diskussionen über

---

[53] Koch, Lutz: Versuch über Plausibilität. In: Dörpinghaus, Andreas; Helmer, Karl (Hrsg.): Rhetorik, Argumentation, Geltung. Würzburg 2002, 193–204; hier: 193.

soziale Normen, über Zukunftsentscheidungen etc.), um „die Überzeugungskraft, den argumentativen Wert oder schlicht den ‚Wahrheitswert' von Behauptungen und Meinungen zu charakterisieren"[54]. Plausibilität heißt wörtlich übersetzt soviel wie ‚Beifallswürdigkeit' (lat. *plausus* = der Beifall). Plausibilität ist auf Publikumszustimmung ausgerichtet, verlangt rhetorische Intervention.[55] Dies fügt sich gut zur aristotelischen Rhetorikdefinition, nach der die analytische rhetorische Kompetenz (*dynamis*) darin besteht, in allen Kommunikationslagen zu erkennen, was das Glaubwürdige bzw. Überzeugende (*pithanon*) ist: „Es sei also die Rhetorik eine Fähigkeit, bei jeder Sache das möglicherweise Überzeugende zu betrachten" (Arist. Rhet. 1355b 26). Plausibel ist vor diesem Hintergrund das Wahrscheinliche, das nach Immanuel Kant eine Form von Wahrheit ist, allerdings begründet „durch unzureichende Gründe"[56]. Koch findet schließlich zu folgender Definition:

> Plausibel ist also, was weder widersprüchlich und absurd noch offenkundig ist, ganz zu schweigen von dem, was gezählt, gewogen und gemessen werden kann. Will man im positiven Sinne weiter ermitteln, so ist es gut, sich daran zu erinnern, daß von Plausibilität wohl nur dort die Rede sein kann, wo es ums Handeln geht, das der Beratung und Überlegung bedarf und generell von der Art alles dessen ist, was sich auch anders verhalten kann, wie Aristoteles sagt. Woran soll man sich hier halten, wenn nicht an das, „was sich meistens so verhält" [Arist. Rhet. 1357a 27 u. 31] [...].[57]

Man kann verstehen, dass der Mathematiker und der Philosoph sich im Recht fühlen. Galilei hätte in unserer Szene daran denken müssen, dass er entgegen dem *consensus omnium* ein in der bisherigen Geschichte der Wissenschaft meist fraglos akzeptiertes Paradigma methodischen Handelns einfach übergeht, nicht mehr *Schriftevidenz* diskutieren, sondern nur noch schauen will. Galilei hätte argumentieren müssen, um sein neues Untersuchungsmodell als sinnvoll erscheinen zu lassen, egal wie der Versuch am Ende ausgegangen wäre. Wir erinnern uns an Aristoteles: „Wovon alle überzeugt sind, das nennen wir ‚wirklich'"[58]. Von Galileis Evidenz-Ansatz waren eben nicht alle überzeugt.

Es gab zwei Momente im Gespräch, in denen Galilei rhetorisch hätte aktiv werden können und müssen. Erstens, als der Philosoph die für ihn keineswegs absurde, sondern von der Theorie her naheliegende Frage stellt: „Sind solche

---

54 Koch: Versuch über Plausibilität, 194.
55 Vgl. ebd.
56 Kant, Immanuel: Kritik der reinen Vernunft. Hrsg. v. Wilhelm Weischedel. Bd. 1. 2. Aufl. Frankfurt/Main 1968, 349.
57 Koch: Versuch über Plausibilität, 199.
58 Arist. EN 1173a 1; Übers. zitiert nach Blumenberg: Anthropologische Annäherung, 108.

Sterne nötig", die „ein Gebäude von solcher Ordnung und Schönheit", mithin eine klassische Theorie von solcher „Harmonie" zerstören würden? Es war im Kern die Frage nach der besseren Theorie, die unter Fachleuten immer diskutiert werden muss.[59] In einer Antwort auf diese Frage hätte Galilei seine Forderung nach Beobachtungsevidenz in einen argumentativen Begründungsrahmen (in eine neue plausible Theorie) einbetten müssen.[60] Doch wiederum fordert er nur begründungslos zum Hinschauen auf.

Zweitens hätte Galilei die Chance gehabt, einen argumentativen Rahmen aufbauen zu können, als die Gelehrten indirekt den Vorwurf erhoben haben, die Jupitermonde seien auf die Linse des Fernrohrs doch wohl nur aufgemalt. Wie reagiert Galilei? Nur moralische Empörung: „Sie werfen mir Betrug vor?" Zum Glück erfolgt eine Unterbrechung. Viel besser wäre es gewesen, hier in aller Ruhe über das Nutzenargument zu sprechen. Er hätte sagen können, dass das Fernrohr die oberitalienischen Seefahrerstädte bei Seegefechten und auf Handelsfahrten überlegen macht; davon ist erst später im Drama die Rede. Das Instrument funktioniert in solchen Fällen! Solch ein praktisches Argument hätte sofort die Aufmerksamkeit und das Interesse der Vertreter der Macht gefunden, und Galilei hätte dann unmittelbar einen ganz anderen Plausibilisierungszusammenhang aufbauen können. Doch in unserer Szene geschieht nichts dergleichen.

3 Rhetorische Evidenz in der Lebenswelt

In der literarischen Welt Bertolt Brechts scheitert Galilei, weil er wissenschaftstheoretisch naiv glaubt, seine Auffassung von szientischer Evidenz sei selbstevident. Die intrinsische (also dramaineterne) Analyse des Kommunikationsgeschehens in der Szene und ihr historischer Hintergrund machen klar, dass der Charakter und die Qualität der Evidenz immer dann zu klären sind, wenn kein Konsens darüber herrscht, wie sich Evidenz produzieren lässt oder wie sie produziert werden *muss*, um als solche anerkannt zu werden. Selbstevidenz braucht immer eine Rahmentheorie.

Noch ein weiterer Aspekt: Man könnte darüber erstaunt sein, dass im historischen wie im theatralischen Galilei-Drama das Fernrohr zu einem entscheidenden Konfliktpunkt geworden ist. Doch der Streit um dieses Instrument verweist

---

59 Vgl. Knape, Joachim: Schönes im Wahren? In: Attempto. Forum der Universität Tübingen, Juni 2013. Tübingen 2013, 14–15.
60 Diese Theorie hätte auch zum Problem der religiös motivierten Tabuisierung von Neugier und Forscherdrang (*experientia*) Stellung nehmen müssen.

auf die entscheidende Problematik der kulturell produzierten Evidenz. Es ist der Streit um die Frage, ob es in dieser Welt nicht besser bei unseren unvermittelten körperlichen, intuitiven, spontanen Evidenzen – mit all ihren Mängeln – bleiben sollte. ‚Technisch' hergestellte Evidenz setzt Verfahrenskonsens voraus, denn sie gibt Raum für Manipulation; wir haben ja vom Betrugsvorwurf gehört.[61] „Sichtbarmachung"[62] des für uns nicht mehr natürlich Greifbaren bringt unvermeidlich Entfremdungserfahrungen mit sich. Jede aus der Rhetoriktheorie stammende „Attitüde des *retour au réel* muß sich daher viel mehr als mit der Realität, die sie verspricht, mit der Erklärung der Illusionen, Blendwerke, Verführungen abgeben, die dabei zu erledigen sind."[63] Prinzipiell hat die Rhetorik bezüglich des kommunikativen Instrumentalismus freilich von Anfang an eine klare theoretische Position eingenommen. Die Theorie der rhetorischen Mittel ist eine Instrumententheorie. *Sub specie artis rhetoricae* betrachten Rhetoriker jeden sprachlichen Text, jedes andere Mittel der Kommunikation prinzipiell als ein Gerät. Kommunikation braucht Instrumente, vor allem das Instrument Sprache oder genauer gesagt: Text.

In unserer Szene etwa entsteht Unmut darüber, dass der Philosoph das hermetische Instrument Latein bevorzugt, während Galilei die Gerätschaften der Handwerker (also auch ihre Volkssprache) bevorzugt. Wir können Evidenz mit sehr verschiedenen Mitteln produzieren, manche Gruppen aber bevorzugen ausdrücklich nur ganz bestimmte Mittel. Technisch kann Evidenz in der sprachlichen Kommunikation narrativ, dramatisch oder sonst wie hervorgebracht werden, um nur einige textuelle Zeigemöglichkeiten zu nennen.[64] Allerdings war Quintilian der Ansicht, dass man es nicht zu weit treiben dürfe:

> Ich kann es doch nicht billigen, daß man, wie ich gelesen und auch einmal miterlebt habe, ein Bild der Tat auf Holz oder Leinwand darstellt, durch dessen Schrecklichkeit der Richter in Erregung gebracht werden soll; denn wie schwach muß es mit der Redegabe eines

---

61 Vgl. Kuhn, Thomas S.: The Road since Structure. Philosophical Essays, 1970–1993, with an Autobiographical Interview. Hrsg. v. James Conant u. John Haugeland. Chicago, London 2000.
62 Balke, Friedrich: Sichtbarmachung. In: Bartz, Christian; Jäger, Ludwig; Krause, Marcus; Linz, Erika (Hrsg.): Handbuch der Mediologie. Signaturen des Medialen. München, Paderborn 2012, 253–264; vgl. auch Flussers Theorie der Technocodes, weiterführend dazu Knape, Joachim: Die kodierte Welt. Bild, Schrift und Technobild bei Vilém Flusser. In: Knape, Joachim; Riethmüller, Hermann-Arndt (Hrsg.): Perspektiven der Buch- und Kommunikationskultur. Tübingen 2000, 1–18.
63 Blumenberg: Anthropologische Annäherung, 133.
64 Eine Aufzählung solcher technischer Möglichkeiten findet sich bei Lanham, Richard A.: A Handlist of Rhetorical Terms. 2. Aufl. Berkeley, Los Angeles, Oxford 1991, 64 (unter dem Stichwort ‚*Enargia*').

Prozeßredners bestellt sein, wenn er glaubt, so ein stummes Bild werde beredter für ihn sprechen als seine eigene Rede?[65]

Verlassen wir in unserer Analyse die Welt des Galilei-Dramas und betreten nun abschließend gedanklich noch eine andere Ebene, die Ebene der extrinsisch perspektivierten Analyse. Es geht jetzt um die Schnittstelle von Text und Umwelt. Hier nehmen wir Bertolt Brecht als außerhalb des Dramas stehenden, rhetorisch handelnden Orator in den Blick, als jemanden, der für uns nicht nur eine fiktive Welt im Drama aufbauen will, sondern seine Adressaten auch beeinflussen möchte.

1933, als sich der Tag der Verurteilung Galileis zum 300. Mal jährte, beginnt Brecht Quellenstudien zu betreiben und findet in der monumentalen Galilei-Monographie von Emil Wohlwill aus dem Jahr 1909 unter anderem Informationen über die zeitgenössischen Gegner der sensationellen Entdeckung der Jupiter-Monde durch Galilei.[66] Das hat Brecht inspiriert. Es war „die Gegnerschaft der Schulgelehrten", schreibt Wohlwill,

> der Männer, die nicht zu sehen brauchten, um zu erkennen und denen die Clavius und Magini aufhörten Autoritäten zu sein, als auch sie nicht mehr leugneten, was mit der Autorität des Aristoteles nicht zu vereinen war. Für sie blieb die Beobachtung der vielen, wie zuvor die der wenigen – Trug der Gläser. In dieser Überzeugung hatte Giulio Libri, der Philosoph von Pisa, bis an sein Ende bei der Weigerung beharrt, die Mediceischen Sterne zu sehen. „Vielleicht," schrieb Galilei auf die Nachricht von seinem Tode, „wird er sie sehen, wenn er gen Himmel fährt." In gleicher Hartnäckigkeit hatte in Padua Cremonini allen Aufforderungen widerstanden, sich des Fernrohrs zu bedienen, um an Mond und Sternen als wahr zu erkennen, was er für unmöglich erklärte. Und dabei blieb er standhaft auch in den folgenden Jahren. Das hinderte ihn nicht, allen Zeugnissen der übrigen zum Trotz zu behaupten, daß niemand außer Galilei gesehen habe, was er beschrieb.[67]

Über diese Kollegen klagt Galilei 1610 in einem Brief an den deutschen, ebenfalls berühmten Astronomen Johannes Kepler: „So haben sie die Augen gegen das Licht der Wahrheit verstopft", und „diese Art von Menschen glaubt, die

---

65 Quint. VI, 1, 32; Übers. leicht verändert nach Quintilianus, Marcus Fabius: Ausbildung des Redners. Hrsg. u. übers. v. Helmut Rahn. Erster Teil: Buch I–VI. 2. Aufl. Darmstadt 1988.
66 Siehe den Kommentar in Brecht, Bertolt: Werke. Hrsg. v. Werner Hecht. Bd. 5: Stücke 5. Bearb. v. Bärbel Schrader u. Günther Klotz. Berlin, Weimar, Frankfurt/Main 1988, 339; vgl. auch 332ff.
67 Brief Gualdos an Galilei vom 29. Juli 1611 (Le Opere di Galileo Galilei, Edizione Nazionale sotto gli Auspicii di Sua Maestà il Re d'Italia. Bd. 11. Firenze 1901, 165; Übers. nach Wohlwill, Emil: Galilei und sein Kampf für die copernicanische Lehre. Bd. 1: Bis zur Verurteilung der copernicanischen Lehre durch die römischen Kongregationen. Wiesbaden 1987, 335).

Philosophie sei ein Buch wie die Aeneide und die Odysse, das Wahre aber sei nicht in der Welt oder in der Natur zu suchen, sondern in der Vergleichung der Texte (das sind ihre eigenen Worte)."⁶⁸

Als Brecht dies liest, steht er vor der Aufgabe, die Abstraktheit dieser Informationen über historische Verhältnisse und über das von Galilei im zitierten Brief angesprochene methodische Grundproblem der modernen Wissenschaft für seine kommunikativen Zwecke zu transformieren, um theatralische Evidenz herzustellen. Wie kann man diese historischen Äußerungen über das szientifische Empirie-Postulat, das hier gegen das ältere, philologisch-humanistische Postulat eines Traditionsbeweises aus autoritativen Quellen gestellt wird, kommunikativ so vermitteln, dass die Adressaten die Problematik erkennen und – im besten Gelingensfall – auch noch zu jenen Botschafts-Abduktionen und -Inferenzen kommen, die Brecht vorschweben?

Als professioneller Dramatiker entscheidet sich Brecht für seine eigenen kommunikativen Mittel, die ich unter dem Begriff der *poetischen Evidenz* subsumieren möchte. Ihrer kommunikativen Funktion nach könnte man diese Art von Evidenz einem Typus zuordnen, den ich *illustrative Evidenz* nenne, weil diese Evidenzialisierung die kommunikative Funktion hat, durch visuelle oder erzählte Konkretion ein vorgetragenes oder implizites Argument auszuleuchten oder anschaulich zu machen.⁶⁹ In diesem Sinne ziehe ich selbst im Rahmen dieses Beitrages das Brecht-Drama heran, um illustrative Evidenz zu schaffen.

Wenn ich vor Gericht Klage zu führen habe, so Quintilian, dann ist es höchst wirkungsvoll einen *effet du réel* zu erzeugen, wie es Tom Holert nennt,⁷⁰ also alles so zu schildern, als hätte man es vor Augen (*in oculis*). „Daraus ergibt sich die *enárgeia*, die Cicero *illustratio* (Ins-Licht-Rücken) und *evidentia* (Anschaulichkeit) nennt, die nicht mehr in erster Linie zu reden, sondern vielmehr das Geschehen anschaulich vorzuführen scheint, und ihr folgen die Gefühlswirkungen so, als wären wir bei den Vorgängen selbst zugegen."⁷¹

> Die rhetorische Theorie versteht unter *evidentia* gewöhnlich eine literarische Veranschaulichung, also ein besonders imaginationsanregendes Textverfahren. Die konkrete Evidenz

---

68 Brief Galileis vom 19. August 1610 (Le Opere di Galileo Galilei. Edizione Nazionale sotto gli Auspicii di Sua Maestà il Re d'Italia. Bd. 10. Firenze 1900, 423; Übers. nach Wohlwill: Galilei, Bd. 1, 335); siehe auch Brecht: Werke, Bd. 5, 391.
69 Vgl. Holert: Evidenz-Effekte, 198–225.
70 Vgl. ebd., 205–213.
71 Quint. VI, 2, 32; Übers. leicht verändert nach Quintilianus: Ausbildung des Redners. Hrsg. u. übers. v. Helmut Rahn; siehe auch Zanker, Graham: Enargeia in the Ancient Criticism of Poetry. Rheinisches Museum für Philologie N. F. 124 (1981) H. 3/4, 297–311.

geht da weiter. Quintilian empfiehlt sie im sechsten Buch seiner *Institutio oratoria* bei der Erörterung des Redeschlusses wie folgt: „Nicht allein durch Reden aber (*dicendo*), sondern auch durch bestimmte Handlungen (*faciendo*) rühren wir zu Tränen". Allein schon durch den Anblick eines bedeutungsvollen Gegenstandes, so der Kern von Quintilians Evidenztheorie, entfaltet sich neuerlich ein ganzes Geschehen im Bewusstsein, generieren die Betrachter in ihrer Imagination noch einmal das Bild eines Ereignisses.[72]

Quintilian sieht in dem Fall der berühmten *oratio funebris* des Marc Anton nach Caesars Ermordung das schlagendste Beispiel:

> Auch können wir erleben, daß die Ankläger ein blutiges Schwert, Knochensplitter, die aus den Wunden stammen, und mit Blut überströmte Kleidungsstücke vorzeigen und daß man Wunden enthüllt oder durch Schläge mißhandelte Leiber entblößt. All das macht meistens gewaltigen Eindruck; denn es führt ja den Menschen die Tat gleichsam leibhaftig vor Augen. Hat doch z. B. C. Caesars Purpurtoga, die dem Leichenzug vorangetragen wurde, das römische Volk zum Rasen gebracht. Es wußte, daß Caesar erschlagen war, wußte, daß es sein Leichnam selbst war, den man auf der Bahre trug – und doch machte das bluttriefende Gewand das Bild der Bluttat so gegenwärtig (*ita repraesentavit imaginem*), daß es so war, als sei Caesar nicht erschlagen worden, sondern als geschehe es gerade eben erst.[73]

Bei der illustrativen Evidenz geht es also nicht mehr um einen Beweis, weil die Tatsachen bekannt sind, sondern darum, in einem Argumentationszusammenhang noch etwas sinnlich Verstärkendes ins Spiel zu bringen, etwa um Emotionen aufzuwiegeln.[74]

Schon Platon hatte zwei kommunikative Elementarpraktiken unterschieden, die sich bei Evidenzialisierungen verbinden müssen. Bei ihm heißen sie *diḗgēsis* und *mímēsis*.[75] Wir können bei unseren Überlegungen vom inneren, notwendigen Zusammenhang von *Argumentieren* und *Demonstrieren* sprechen. Andere sprechen von *telling* und *showing* (Henry James), *description* und *dramatism* (Kenneth Burke) oder *Sagen* und *Zeigen* (Sibylle Peters).[76]

---

72 Knape: Was ist Rhetorik, 19.
73 Quint. VI, 1, 30–31; Übers. leicht verändert nach Quintilianus: Ausbildung des Redners. Hrsg. u. übers. v. Helmut Rahn.
74 Vgl. Knape: Rhetorischer Pathosbegriff, 43–44.
75 Vgl. Knape, Joachim: Poetik und Rhetorik in Deutschland 1300–1700. Wiesbaden 2006, 107.
76 James, Henry: The Art of the Novel. Critical Prefaces. Chicago, London 2011 [1934]; Burke, Kenneth: Dramatism. In: Thayer, Lee (Hrsg.): Communication: Concepts and Perspectives. Washington, D.C. 1967, 327–360; hier: 341; Peters, Sibylle: Über Ablenkung in der Präsentation von Wissen. Freier Vortrag, Lichtbild-Vortrag und Powerpoint-Präsentation – ein Vergleich. In: Schnettler, Bernt; Knoblauch, Hubert (Hrsg.): Powerpoint-Präsentationen. Neue Formen der gesellschaftlichen Kommunikation von Wissen. Konstanz 2007, 37–52.

Besäßen wir einen genauen historischen Bericht darüber, dass sich unsere Galilei-Szene tatsächlich so ähnlich abgespielt hat, hätte Brecht versuchen können, eine historisch-rekonstruktive szenische Evidenz herzustellen. In der Terminologie des modernen Dokumentarfilms könnte man dann von einem *reenactment* sprechen (also vom Nachspielen einer historisch beglaubigten Szene). Da solche genauen Informationen aber nicht vorliegen, musste Brecht zur reinen Fiktion greifen und eine historische Szene simulieren (im Sinne der aristotelischen *mímēsis*). Brecht tat sich zwischen 1944 und 1947 mit dem bekannten britischen Schauspieler und Regisseur Charles Laughton zusammen, um über Jahre hinweg eine poetisch einprägsame Szene für eine Broadway-Inszenierung des Stoffes zu entwickeln (Abb. 3).

Abb. 3: Bertolt Brecht und Charles Laughton. USA, 1947. Fotografie von Ruth Berlau.

Rhetoriktheoretisch betrachtet, haben wir es mit folgendem Vorgang zu tun: Die Abstraktionen seiner Quelle transformiert Brecht in die konkreten Simulationen einer Szene (poetische Evidenz als Methode), die beim Adressaten wiederum zu Abstraktionen führen sollen, etwa indem der Adressat eine Botschaft abstrahiert (z. B. zur Frage, was eigentlich wissenschaftliche Tatsachen sind oder welche Regeln für das Verhalten von Wissenschaftlern gelten sollen). Damit wird die poetische Evidenzherstellung (als ästhetischer Faktor) in einen rhetorischen

Handlungsrahmen gestellt. Brecht selbst spricht vom *epischen Theater* – das wir in unserem Zusammenhang vielleicht besser *rhetorisches Theater* nennen sollten – und meint damit, dass diese Art Kunst die reine Illusion durchbrechen und immer wieder einen rhetorischen Faktor aktivieren soll, um Menschen ideologisch zu beeinflussen. Die Evidenz unserer Szene ist für Brecht eingebettet in den argumentativen Makro-Frame seiner marxistisch inspirierten politischen Agitation, die das Ziel hat, ein szientisches, nicht-spekulatives Weltbild zu etablieren. Damit würden die Bedingungen und Erwartungen der Lizenzkommunikation (wie sie für die Kunst gelten) systematisch in den Rahmen der Standardkommunikation der Lebenswelt rückgeführt.[77]

Seit dem Beginn der so genannten Kunstperiode im 18. Jahrhundert und dem Auftreten der *l'art pour l'art*-Ideologie hat sich das Konzept der *Autonomie* des Kunstwerks entwickelt. Brechts Ästhetik steht im Gegensatz zu spontanen *performance*-Konzepten, die sich in diesem Zusammenhang entwickelt haben und nach denen sich die Bedeutung und der Sinn eines Kunstwerks erst im Moment der *performance* entfaltet. Botschaften der Kunst sind damit ein Phänomen der situativ gebundenen *emergence*.[78] Auf die Literatur übertragen heißt das, dass Dichter nur für sich schreiben und uns dann ihre Texte nur als Anregungen für unser ganz individuelles Spielen überlassen. So führen uns die Literatur und das Theater vielleicht, wie jede andere Kunstform, ganz vom Autor abgelöst, zu einem ursprünglichen Seinserlebnis.

Das sieht Brecht völlig anders, und er markiert damit seinen rhetorischen Ansatz. Er glaubt an gesteuerte Evidenz, daran, dass er seine poetischen Mittel in einen rhetorischen Handlungsrahmen stellen kann, und dass sein Publikum seine auktorialen Botschaften abzuleiten in der Lage ist – im Sinne der genannten Transformation von theatralischer Evidenz zu gedanklicher Abstraktion.[79] Wenn das so wäre, dann läge hier (also auch auf Brechts Theater) tatsächlich nicht nur ein Beispiel für ästhetisch kalkulierte, sondern auch für rhetorische Kommunikation vor.

---

77 Zu Standard- und Sonder- oder Lizenzkommunikation siehe wiederum Anmerkung 15.
78 Siehe Knape, Joachim: Das Kunstgespräch. In: Knape, Joachim (Hrsg.): Kunstgespräche. Zur diskursiven Konstitution von Kunst. Baden-Baden 2012, 11–62; hier: 17.
79 Vgl. Knape, Joachim: Zur Theorie der Spielfilmrhetorik mit Blick auf Fritz Langs „M". In: Bareither, Christoph; Büttner, Urs (Hrsg.): Fritz Lang: „M – Eine Stadt sucht einen Mörder". Texte und Kontexte. Würzburg 2010, 15–32; hier: 24–27.

Literatur

Aristoteles: Rhetorik. Übers. u. erl. v. Christof Rapp. 2 Halbbände. Berlin 2002 (= Aristoteles, Werke in deutscher Übersetzung 4.1–4.2).

Balke, Friedrich: Sichtbarmachung. In: Bartz, Christian; Jäger, Ludwig; Krause, Marcus; Linz, Erika (Hrsg.): Handbuch der Mediologie. Signaturen des Medialen. München, Paderborn 2012, 253–264.

Barthes, Roland: Die alte Rhetorik. In: Barthes, Roland: Das semiologische Abenteuer. Frankfurt/Main 1988, 15–101 (frz. Orig.: L'ancienne rhétorique. Aide-mémoire, Communications 16 [1970], 172–223, bzw. L'aventure sémiologique. Paris 1985).

Barthes, Roland: Die helle Kammer. Bemerkung zur Photographie. Übers. v. Dietrich Leube. Frankfurt/Main 1985 (frz. Orig.: La chambre claire. Note sur la photographie, Paris 1980).

Bauer, Matthias; Knape, Joachim; Koch, Peter; Winkler, Susanne: Dimensionen der Ambiguität. In: Ambiguität (2010), 7–75 (= Zeitschrift für Literaturwissenschaften und Linguistik 40/158).

Blumenberg, Hans: An Anthropological Approach to the Contemporary Significance of Rhetoric. In: Baynes, Kenneth; Bohman, James; McCarthy, Thomas (Hrsg.): After Philosophy. End or Transition? Cambridge, MA, London 1987.

Blumenberg, Hans: Anthropologische Annäherung an die Aktualität der Rhetorik. In: Blumenberg, Hans: Wirklichkeiten in denen wir leben. Aufsätze und eine Rede. Stuttgart 1981, 104–136 (ital. Erstveröff. in: Il Verri [Mailand] 35/6 [1971], 49–72).

Brecht, Bertolt: Leben des Galilei. Schauspiel (Fassung 1955/56). In: Brecht, Bertolt: Werke. Hrsg. v. Werner Hecht. Bd. 5: Stücke 5. Bearb. v. Bärbel Schrader u. Günther Klotz. Berlin, Weimar, Frankfurt/Main 1988, 187–289.

Brecht, Bertolt: Werke. Hrsg. v. Werner Hecht. Bd. 5: Stücke 5. Bearb. v. Bärbel Schrader u. Günther Klotz. Berlin, Weimar, Frankfurt/Main 1988.

Bultmann, Rudolf: Der griechische und hellenistische Sprachgebrauch von *alḗtheia*. In: Kittel, Gerhard (Hrsg.): Theologisches Wörterbuch zum Neuen Testament. Bd. 1. Stuttgart 1933, 239–251.

Burke, Kenneth: Dramatism. In: Thayer, Lee (Hrsg.): Communication: Concepts and Perspectives. Washington, D.C. 1967, 327–360.

Cicero, Marcus Tullius: Brutus. Hrsg. u. übers. v. Bernard Kytzler. München, Zürich 1990 (= Sammlung Tusculum).

Cicero, Marcus Tullius: De oratore. Über den Redner. Übers. u. hrsg. v. Harald Merklin. 2. Aufl. Stuttgart 1981.

Diels, Hermann: Die Fragmente der Vorsokratiker. Griech. u. dt. Hrsg. v. Walther Kranz. 3 Bde. 10. Aufl. Berlin 1960–1961.

Elgin, Catherine Z.: Die kognitiven Funktionen der Fiktion. In: Burri, Alex; Huemer, Wolfgang (Hrsg.): Kunst denken. Paderborn 2007, 77–90.

Heidegger, Martin: Grundbegriffe der aristotelischen Philosophie [1924]. Hrsg. v. Mark Michalski. Frankfurt/Main 2002 (= Martin Heidegger. Gesamtausg. II. Abt. Vorlesungen 1919–1944, Bd. 18).

Heidegger, Martin: Sein und Zeit [1927]. 15., an Hand der Gesamtausgabe durchgesehene Auflage mit den Randbemerkungen aus dem Handexemplar des Autors im Anhang. Tübingen 1979.

Höfner, Markus: Leben als Reden. Rhetorik, Ethik und die Frage nach dem Menschen bei Hans Blumenberg und Martin Heidegger. In: Klein, Rebekka A. (Hrsg.): Auf Distanz zur Natur. Philosophische und theologische Perspektiven in Hans Blumenbergs Anthropologie. Würzburg 2009, 23–41 (= Interpretation Interdisziplinär 7).

Holert, Tom: Evidenz-Effekte. Überzeugungsarbeit in der visuellen Kultur der Gegenwart. In: Bickenbach, Matthias; Fliethmann, Axel (Hrsg.): Korrespondenzen. Visuelle Kulturen zwischen Früher Neuzeit und Gegenwart. Köln 2002, 198–225 (= Mediologie 4).

Husserl, Edmund: Die Krisis der europäischen Wissenschaften und die transzendentale Phänomenologie: Eine Einleitung in die phänomenologische Philosophie. Hrsg. v. Walter Biemel. Dordrecht 1962, §§ 33–34 (= Husserliana 6).

Jäger, Ludwig: Indexikalität und Evidenz. Skizze zum Verhältnis von referentieller und inferentieller Bezugnahme. In: Wenzel, Horst; Jäger, Ludwig (Hrsg.): Deixis und Evidenz. Freiburg/Br.,Wien, Berlin 2008, 289–315 (= Rombach Wissenschaften. Reihe Scenae 8).

Jäger, Ludwig: Schauplätze der Evidenz: Evidenzverfahren und kulturelle Semantik. Eine Skizze. In: Cuntz, Michael; Nitsche, Barbara; Otto, Isabell; Spaniol, Marc (Hrsg.): Die Listen der Evidenz. Köln 2006, 37–52 (= Mediologie 15).

James, Henry: The Art of the Novel. Critical Prefaces. Chicago, London 2011 [1934].

Kant, Immanuel: Kritik der reinen Vernunft. Hrsg. v. Wilhelm Weischedel. 2 Bde. 2. Aufl. Frankfurt/Main 1968 (= Immanuel Kant. Werke III–IV; Theorie-Werkausgabe).

Kennedy, John F.: The Unspoken Speech of John F. Kennedy at Dallas November 22, 1963. El Paso, TX 1964.

Klein, Rebekka A.: „Auf Distanz zur Natur". Eine Beschreibung des Menschen. In: Klein, Rebekka A. (Hrsg.): Auf Distanz zur Natur. Philosophische und theologische Perspektiven in Hans Blumenbergs Anthropologie. Würzburg 2009 (= Interpretation Interdisziplinär 7).

Knape, Joachim: Modern Rhetoric in Culture, Arts, and Media. 13 Essays. Berlin, Boston 2013.

Knape, Joachim: Schönes im Wahren? In: Attempto. Forum der Universität Tübingen, Juni 2013. Tübingen 2013, 14–15.

Knape, Joachim: Das Kunstgespräch. In: Knape, Joachim (Hrsg.): Kunstgespräche. Zur diskursiven Konstitution von Kunst. Baden-Baden 2012, 11–62 (= Saecula spiritalia 47).

Knape, Joachim: Was ist Rhetorik? Bibliogr. erg. Ausg. Stuttgart 2012.

Knape, Joachim: Rhetorischer Pathosbegriff und literarische Pathosnarrative. In: Zumbusch, Cornelia (Hrsg.): Pathos. Zur Geschichte einer problematischen Kategorie. Berlin 2010, 25–44.

Knape, Joachim: Zur Theorie der Spielfilmrhetorik mit Blick auf Fritz Langs „M". In: Bareither, Christoph; Büttner, Urs (Hrsg.): Fritz Lang: „M – Eine Stadt sucht einen Mörder". Texte und Kontexte. Würzburg 2010, 15–32 (= Film–Medium–Diskurs 28).

Knape Joachim: Rhetorik der Künste. In: Fix, Ulla; Gardt, Andrea; Knape, Joachim (Hrsg.): Rhetorik und Stilistik. Ein internationales Handbuch historischer und systematischer Forschung. 1. Halbband. Berlin, New York 2008, 894–927 (= HSK. Handbücher zur Sprach- und Kommunikationswissenschaft 31.1–2).

Knape, Joachim: Poetik und Rhetorik in Deutschland 1300–1700. Wiesbaden 2006 (= Gratia 44).

Knape, Joachim: Die kodierte Welt. Bild, Schrift und Technobild bei Vilém Flusser. In: Knape, Joachim; Riethmüller, Hermann-Arndt (Hrsg.): Perspektiven der Buch- und Kommunikationskultur. Tübingen 2000, 1–18.

Koch, Lutz: Versuch über Plausibilität. In: Dörpinghaus, Andreas; Helmer, Karl (Hrsg.): Rhetorik, Argumentation, Geltung. Würzburg 2002, 193–204 (= Beiträge zur Theorie der Argumentation in der Pädagogik 2).

Kripke, Saul A.: Naming and Necessity. Überarb. u. erw. Aufl. Oxford 1980.

Kuhn, Thomas S.: The Road since Structure. Philosophical Essays, 1970–1993, with an Autobiographical Interview. Hrsg. v. James Conant u. John Haugeland. Chicago, London 2000.

Kuhn, Thomas S.: The Structure of Scientific Revolutions. Chicago u.a. 1962 (= International Encyclopedia of Unified Science 2,2).

Lanham, Richard A.: A Handlist of Rhetorical Terms. 2. Aufl. Berkeley, Los Angeles, Oxford 1991.

Luhmann, Niklas: Gesellschaftsstruktur und Semantik. Studien zur Wissenssoziologie der modernen Gesellschaft. Bd. 1. Frankfurt/Main 1980.

Peters, Sibylle: Über Ablenkung in der Präsentation von Wissen. Freier Vortrag, Lichtbild-Vortrag und Powerpoint-Präsentation – ein Vergleich. In: Schnettler, Bernt; Knoblauch, Hubert (Hrsg.): Powerpoint-Präsentationen. Neue Formen der gesellschaftlichen Kommunikation von Wissen. Konstanz 2007, 37–52.

Quintilianus, Marcus Fabius: Ausbildung des Redners. Zwölf Bücher, zwei Teile. Hrsg. u. übers. v. Helmut Rahn. 2. Aufl. Darmstadt 1988 (= Texte zur Forschung 2–3).

Schütz, Alfred: Das Problem der Personalität in der Sozialwelt [1936] (Nachlass, Zitate in Chung-Chi Yu: Transzendenz und Lebenswelt im Spätwerk von Alfred Schütz. Diss. Bochum 1996, 84–88).

Schütz, Alfred: Über die Mannigfaltigen Wirklichkeiten [1945]. In: Schütz, Alfred: Das Problem der sozialen Wirklichkeit. Übers. v. Benita Luckmann u. Richard Grathoff. Den Haag 1971, 237–298 (engl. Orig.: On Multiple Realities, Philosophy and Phenomenological Research 5 [1945], 533–576).

Sommer, Manfred: Evidenz im Augenblick. Eine Phänomenologie der reinen Empfindung. Frankfurt/Main 1987.

Surkamp, Carola: Narratologie und possible-worlds theory: Narrative Texte als alternative Welten. In: Nünning, Ansgar; Nünning, Vera (Hrsg.): Neue Ansätze in der Erzähltheorie. Trier 2002, 153–183 (= WVT-Handbücher zum literaturwissenschaftlichen Studium 4).

Wohlwill, Emil: Galilei und sein Kampf für die copernicanische Lehre. Bd. 1: Bis zur Verurteilung der copernicanischen Lehre durch die römischen Kongregationen. Wiesbaden 1987 (Neudr. der Ausg. v. 1909).

Zanker, Graham: Enargeia in the Ancient Criticism of Poetry. Rheinisches Museum für Philologie N. F. 124 (1981) H. 3/4, 297–311.

Marc Petersdorff
Eine geliehene Evidenz:
Zum Begriff des *éthos* bei Aristoteles

1 Einleitung

Wenn das historische Wörterbuch der Rhetorik Evidenz als die „unmittelbare Gewißheit des anschaulich Eingesehenen oder notwendig zu Denkenden"[1] bezeichnet und diese Gewissheit in ihrer philosophischen, ihrer juristischen und ihrer rhetorischen Bedeutung umreißt, scheint eine dreifache Richtlinie dieses „notwendig zu Denkenden" vorgegeben. Anhand dieses dreifachen Verständnisses könnte Evidenz als begrifflicher Knotenpunkt eines Modus (philosophisch), einer Phase (juristisch) und eines Effektes (rhetorisch) begriffen werden, in dem sich alle diese drei Aspekte möglicherweise gegenseitig bedingen. In diesem dreifachen Gebrauch oder diesem dreifachen Verständnis fällt allerdings auf, dass aus einer rein genealogischen Sicht der Begriff seiner rhetorischen Herkunft insofern den Vorrang verleiht, als dass er zumindest als Signifikant Resultat *ihrer* disziplinären Anstrengung ist. Das Wort ist eine Prägung Ciceros, der es verwendet, um eine angemessene Übersetzung der griechischen *enárgeia* ins Lateinische zu finden. Dieser Vorrang scheint sich jedoch wieder zu verkehren, wenn man von dem Signifikanten wieder auf sein Signifikat umschwenkt und wenn von dem Begriff gerade in seinem rhetorischen Umgang gesagt wird, dass Evidenz dort erzeugt werden muss, wo sie eigentlich gar nicht bestehen kann. Wenn die Situation der Rede – und ganz besonders der deliberativen Rede,[2] die hier im Mittelpunkt stehen wird – von der Wahrscheinlichkeit ausgeht, Evidenz aber als das notwendig zu Denkende bei der Wahrheit ankommen muss, dann wird der Begriff von Vornherein zu einem Platzhalter, nicht zum Platz selbst. Evidenz scheint also in der Rhetorik zu entstehen, indem sie sofort zum Problemfall wird, sie also auch die Möglichkeit kennzeichnet, *nicht* das notwendig zu Denkende zu sein. Es scheint genau an dieser Stelle zu sein, an der sie problematisch wird,

---
[1] Kemmann, Ansgar: Evidentia, Evidenz. In: Ueding, Gert (Hrsg.): Historisches Wörterbuch der Rhetorik. Bd. 3. Tübingen 1996, 33–47; hier 33.
[2] Gemeint ist damit die zuratende, bzw. die abratende Rede. Der Fokus liegt dabei jedoch auf der deliberativen Rede, die vor der Volksversammlung gehalten wird und der Heinrich Lausberg (selbst von Aristoteles ausgehend) in seiner Definition die Situationsmacht zuschreibt (vgl. Lausberg, Heinrich: Elemente der literarischen Rhetorik: eine Einführung für Studierende der klassischen, romanischen, englischen und deutschen Philologie. München 1990, 18, § 22).

dass ihre ästhetische Komponente einspringt: Der Effekt dieses Modus, des notwendig zu Denkenden, ist, dass es deutlich und klar ist, dass es vor Augen steht oder so wirkt, *als ob* es vor Augen stünde, dass es eben das „anschaulich Eingesehene" wird.

Wenn sich der folgende Beitrag mit der aristotelischen Rhetorik beschäftigt, scheint es also nahezuliegen, diese Genealogie weiter zurückzuverfolgen, um an den Figuren der *enérgeia* oder der Hypotypose anzusetzen. Schließlich gelten sie ja als konzeptueller Herkunftsort der Evidenz. Gerade darum soll es aber nicht gehen.

Was hier im Blickpunkt stehen soll, kann nur als bestimmter Aspekt oder sogar Fall von Evidenz verstanden werden: nämlich insofern sie Bedingung und Effekt der Selbstdarstellung des Redners in der Rede ist. Der Begriff, der diese Selbstdarstellung bezeichnet, ist der des *éthos*, wie ihn Aristoteles in seiner *Rhetorik* konzipiert und wie er sich in anderen Texten des aristotelischen Corpus nachverfolgen lässt.[3] Dieses Nachverfolgen werde ich versuchen, hier in Ansätzen zu leisten. Dabei werden jedoch etliche Themengebiete des aristotelischen Denkens passiert, die jeweils für sich ein eigenes Rezeptionsuniversum einnehmen. Hier können sie aber nur als Durchgangsorte auftauchen, insofern sie eben auf eine Klärung des *éthos* hinführen.

Was, wie angekündigt, dabei von besonderem Interesse ist, ist das *genus deliberativum*, weil der performative[4] – und damit evidenzfördernde – Aspekt hier eine gesonderte Rolle spielt.[5] Gesondert insofern, als dass es besonders hervorstellt, was auch in den anderen beiden *genera* passieren mag, aber begrifflich noch leichter an seinen Ursprungsmoment rückzukoppeln ist, den es re-

---

3 Der Vorschlag, das aristotelische *éthos* der Rhetorik mit der Evidenz zu denken, mag also einerseits der Genealogie zuwiderlaufen, weil er einen lateinischen von Cicero geprägten Begriff auf eine ihm vorgängige Theorie anwendet. Andererseits bietet sich jedoch der Begriff der Evidenz an, um die zentrale Rolle zu verdeutlichen, mit der Aristoteles das *éthos* als persuasives Mittel versieht, um eben Evidenz zu erzeugen.

4 Der hier verwendete Begriff der Performativität ist den Überlegungen entnommen, wie sie Austin angeregt hat: Verstanden wird darunter der Vollzug einer Handlung durch Rede und das koordinierte Eingreifen in bestehende Verhaltenskonstellationen eben durch diese Handlung. Siehe dazu Austin, John Langshaw: How to Do Things with Words. Oxford 1962.

5 Lausbergs Definition selbst unterstreicht dabei den herausgestellt performativen Aspekt der deliberativen (aber auch der forensischen) Rede, wenn er sagt, was sie intendiert: „eine pragmatisch (d.h. im äußeren, sozial relevanten Geschehensablauf) zu realisierende Änderung der Situation, da [...] die Möglichkeit einer (vom Situationsmächtigen, also vom Richter oder von der Volksversammlung [...]) Situationsveränderung gegeben ist" (Lausberg: Elemente der literarischen Rhetorik, 18, § 23).

inszeniert: die generelle Formung eines Charakters innerhalb eines politischen Gefüges, wie es sich Aristoteles als *pólis* vorstellt.

Die Selbstdarstellung des Redners ist natürlich nicht als bloße Repräsentation eines konkreten Individuums zu verstehen, sondern es ist die Darstellung eines strategisch angelegten Charakters. Was in der beratenden, ermahnenden oder auffordernden Rede besonders zum Vorschein kommt, ist, dass eben diese Charakterdarstellung zugleich wesentliche Elemente einer generellen Charakterformung re-inszeniert und zugleich am Publikum vollzieht. Indem sie dies vor einem Publikum tut, das eine Entscheidung treffen wird, vollzieht sie in etwa an ihm, was Louis Althusser als Interpellation[6] bezeichnet hat.

Dieser interpellative Akt taugt als Begriff jedoch nur bedingt, um zu verstehen, was genau das *éthos* vollzieht: Die Interpellation weist nur bestimmte Rollen *innerhalb* eines Gefüges zu. Die deliberative Rede spricht aber das *gesamte* Gefüge an, indem sie alle anspricht, die überhaupt ein Recht haben, dieses Gefüge – die *pólis* – zu repräsentieren. Was der Redner vollzieht, ist außerdem nicht nur ein Sprechakt, sondern er bedient sich einer Figur, die sich im Sprechakt und als Sprechakt vollzieht. Ich werde diese Figur, die zugleich als Sprechakt zu verstehen ist, als *unvollständige Tautologie* bezeichnen. Dieser Begriff soll eine Rede bezeichnen, die einerseits fiktiv und performativ zugleich verfährt, sich aber andererseits nicht in ihrem Verfahren zu erkennen geben darf.

Es ist also dieser Zusammenhang von Evidenz als Bedingung und als Effekt, Charakterformung, Performanz und Fiktion, wie er sich im Begriff des aristotelischen *éthos* bündelt, den ich im Folgenden darzustellen versuche.

---

6 Althusser untersucht in diesem berühmten Aufsatz die Bedingung der Reproduktion der Produktionsverhältnisse und verortet diese wiederum in dem, was er als ideologische Apparate bezeichnet. Deren wichtigstes Mittel ist die Anrufung oder die Interpellation. Sie macht das zur Reproduktion der Produktionsverhältnisse notwendige Individuum zu einem Subjekt, das diese gewährleistet. Als Subjekt prägt die Ideologie das Individuum so in seinem Verhalten mit verschiedensten Interpretationen der Welt, aus denen sie wiederum besondere Erwartungen ableitet. Das Beispiel, das Althusser zur Verdeutlichung heranführt, ist die christliche Ideologie, die Petrus anspricht. Indem Petrus sie hört und auf sie antwortet, ist er bereits zu einem christlichen Subjekt geworden, das auf Gott als größeres Subjekt verweist. Siehe Althusser, Louis: Idéologie et appareils d'État (Notes pour une recherche). In: Althusser, Louis (Hrsg.): Positions (1964–1975). Paris 1976, 67–125.

2 Der performative und fiktive Aspekt des *éthos*

Ich fange mit einer Unterscheidung an, die Aristoteles in seiner *Nikomachischen Ethik* trifft. Er beharrt dort darauf, dass zwei griechische Verben für *machen, tun, handeln*, nämlich *práttein* und *poieín* strikt voneinander zu unterscheiden sind. Sie unterscheiden sich in erster Linie dadurch, dass *poieín* sein *télos*, sein Verwirklichungsziel, in sich selbst hat, während es bei *práttein* außerhalb liegt.[7] *Poieín* basiert zu seiner Umsetzung auf einer Technik, *téchnē*, wohingegen *práttein* auf *phrónēsis* beruht, praktischem oder ethischem Denken. In der hier vorgeschlagenen Lesart von *éthos* werde ich argumentieren, dass diese beiden Handlungen – und dieses Wort (Handlung) kann ich nur übergangsweise als Überbegriff verwenden – in der aristotelischen Selbstdarstellung des Redners nicht ihren Unterschied auflösen, aber beide gleichermaßen die konstitutiven Elemente sind. Es ist das Zusammenspiel genau dieser beiden Elemente, das die Evidenz trägt und den performativen und fiktiven Aspekt des *éthos* und somit der Rede – insbesondere der deliberativen – erschafft.[8]

Es bedarf noch eines weiteren Ausholens, um darzustellen, wie das *éthos* taxonomisch in der *Rhetorik* überhaupt eingebettet ist, weil sich hier zudem ein wesentlicher – bezeichnenderweise auch etymologischer – Zusammenhang zur Evidenz auftut: Dort unterscheidet Aristoteles zwischen drei konstitutiven Instanzen, die eine Rede in ihrer überzeugenden Funktion ausmachen. Diese drei Instanzen nennt er *eídē*. Eine deutsche Übersetzung schlägt hier den Begriff *Form*[9] vor. Wie so häufig bei Schlüsselbegriffen hat die Übersetzung den Vorteil,

---

7 Vgl. Arist. EN 1140b 6–8.
8 Insofern wäre hier schon festzuhalten, dass der Rhetorik durchaus ein poietischer Aspekt zugesprochen werden muss. Christof Rapp besteht in seinem Kommentar darauf, dass die Rhetorik bei Aristoteles eben nicht als poietische Disziplin zu verstehen ist, weil nirgends gesagt werde, was die Rede als fertiges Produkt ausmache (vgl. Aristoteles: Rhetorik. Übers. u. erl. v. Christof Rapp. Berlin 2002, Kommentar im 1. Halbband, 170). Er interpretiert Aristoteles' Definition, die Rhetorik sei die Fähigkeit, das jeweils Überzeugende zu erblicken, so, dass es um die Bildung einer Fähigkeit gehe. Dabei könne man nur insofern von einer poietischen Tätigkeit reden, als dass die Überzeugung des Adressaten hervorgebracht werde. Wenn man jedoch wie die hier angestellte Lektüre davon ausgeht, dass dieses Hervorbringen nicht nur in das Vorstellungsvermögen, sondern dadurch auch in das Selbstbild des Adressaten so eingreift, dass sie es dauerhaft verändert, dann darf dieser poietische, bzw. hervorbringende Charakter bei einer Bestimmung der Rhetorik nicht vernachlässigt werden. Was jedoch, wie oben angedeutet und später noch ausgearbeitet, das rhetorische Vorgehen von dem poietischen dezidiert unterscheidet, ist, dass das fertige Produkt eben nicht als solches markiert sein kann.
9 Übers. hier und im Folgenden zitiert nach Aristoteles: Rhetorik. Übers. u. erl. v. Christof Rapp. Berlin 2002.

dass sie den Inhalt erst einmal intuitiv zugänglich macht; im Gegenzug muss sie aber wesentliche Bedeutungsdimensionen unterschlagen: *Eídos*[10] ist sowohl mit *eidénai*, *wissen*, als auch mit *ideín*, *sehen*, verwandt[11] und eben entfernter auch mit dem lateinischen *videre*, was kombiniert mit der Präposition *e/ex* zur *Evidenz* wird.[12] Es liegt demnach nahe, dass beides in diesem Begriff verbunden gedacht werden kann oder sogar muss.

Festzuhalten wäre also, dass dieses Zusammendenken von Wissen und Sehen im *eídos* nicht nur einen Begriff zur Beschreibung von Redefunktionen liefert, sondern auch den wesentlichen Effekt einer erfolgreichen Rede benennt. Dieser Effekt bestünde dann daraus, dass ein Wissen vermittelt wird, das mit Gewissheit wirkt, weil es sinnliche – oder genauer: visuelle – Qualitäten hat und zugleich eine Sinnlichkeit, die ihre Gewissheit dadurch gewinnt, dass sie *als* Wissen auftritt.

Eins der drei *eídē* ist *lógos*, das argumentative Vorgehen der Rede, ein anderes *páthos*, das affektive Wirken im Zuhörer und das dritte ist eben *éthos*, das häufig mit *Charakter* wiedergegeben wird. Diese Übersetzung ist auch wieder problematisch, weil sie bereits einen gesamten Prozess von semantischen Schichten von *éthos* nicht mittragen kann.

Aristoteles selbst schlüsselt diesen Begriff in der *Nikomachischen Ethik* auf. Es gibt zum einen *éthos*, das als *Brauch, Sitte, Tradition, Gewohnheit* oder sogar auch als *Habitus* übersetzt werden könnte. *Ethízein*, das dazugehörige Verb, lässt sich auf die Bedeutung *gewöhnen* herunterbrechen. Es ist noch einmal die *Nikomachischen Ethik*, in der Aristoteles zwischen *éthos* und *éthos* unterscheidet. Letzteres leitet er von den beiden vorherigen ab.

Das griechische Wort *charaktḗr* selbst bezeichnete nicht nur die *Prägung*,[13] sondern durchlief schon relativ schnell von dieser Bedeutung ausgehend die Entwicklung von der charakterlichen hin zur typologischen Prägung. Die

---

10 Alle Einzelverweise auf griechisches Vokabular beziehen sich auf folgende Quelle: Liddell, Henry George; Scott, Robert; Jones, Henry Stuart (Hrsg.): A Greek-English Lexicon. Oxford 1996, 482.
11 Auffällig bei *eídos* ist, dass es im Gegensatz zu *eídēsis* und *eídēma* noch mehr zu einem visuellen als einem kognitiven Bedeutungsfeld tendiert (vgl. Liddell/Scott/Jones: A Greek-English Lexicon, 482).
12 Vgl. Schwenck, Ludwig: Etymologisches Wörterbuch der lateinischen Sprache: mit Vergleichung der griechischen und deutschen. Frankfurt/Main 1823, 921.
13 Vgl. Seebold, Elmar: Kluge. Etymologisches Wörterbuch der deutschen Sprache. Berlin, New York: 2002, 328–329.

Theatermaske ist dabei nie weit entfernt.[14] Sowohl diese Bedeutung als auch all das, was Charakter wiederum für uns an Bedeutungen gewonnen hat, verweist bereits auf einen wesentlichen Aspekt von *éthos*, eine Trennung und Kopplung zugleich von Innen und Außen, Internalisierung und Erscheinung. Eine weitere Übersetzung, die man findet, ist die des moralischen Charakters, was insofern eine Doppelung ist, als dass das lateinische *mos* selbst *Sitte*, *Brauch* und *Tradition* bedeutet und der Plural *mores* eben *Charakter*. Es handelt sich jedoch hierbei nicht um eine überflüssige Dopplung, weil die Betonung der moralischen Komponente auf das Problem verweist, vor dem das aristotelische *éthos* steht. Für die Glaubwürdigkeit, *pístis* – die wichtigste Wirkung, die Redner erzielen müssen – hält Aristoteles in der *Rhetorik* fest: „Dafür, dass die Redner selbst glaubwürdig erscheinen, gibt es drei Ursachen; so viele Gründe nämlich gibt es außer den Beweisen, weswegen wir etwas glauben. Es sind dies Klugheit, Tugend und Wohlwollen."[15] Innerhalb seines Modells stellt Aristoteles dazu noch folgende Bedingung auf:

> Durch den Charakter also (erfolgt die Überzeugung), wenn die Rede so gehalten wird, dass sie den Redner glaubwürdig macht; denn wir glauben den Tugendhaften in höherem Maße und schneller – und zwar im Allgemeinen bei jeder Sache, vollends aber bei solchen Fällen, in denen es nichts Genaues, sondern geteilte Meinungen gibt. Dies muss sich aber durch die Rede ergeben, und nicht durch eine vorab bestehende Meinung darüber, was für ein Mensch der Redner ist.[16]

Was hier als Redesituation für das rhetorische Sprechen im Allgemeinen zu stehen scheint, ist übrigens wieder das deliberative Genus, die Situation also, in der der Angesprochene eine Entscheidung treffen muss und es die Aufgabe der Redner ist, den entscheidungsbefugten Rezipienten zu beraten, zu ermahnen und zu etwas aufzufordern.

Folgendes fällt hier ins Gewicht: Die Redner müssen wirken, *unabhängig* davon, ob sie dem Publikum vor ihrem Auftritt bekannt sind oder nicht. Das

---

14 Siehe hierzu Weihe, Richard: Die Paradoxie der Maske: Geschichte einer Form. München 2004, 310–329. Weihe geht in seiner Untersuchung allerdings nicht auf das *éthos* ein. Der Begriff, auf den er sich in seinem Kapitel zur Antike konzentriert, ist der des *prósōpon*, was *Gesicht* und *Maske* zugleich heißen kann. Von dort zeichnet er den Begriff der Maske weiter. Das Kapitel, das sich mit den Charaktermasken beschäftigt, ist eigentlich nur ein Unterkapitel zum Thema der Person, was vom lateinischen *persona* aus gedacht werden muss. Weder auf die Implikationen, die *prósōpon* noch auf die, die *persona* für das *éthos* haben könnte, kann hier weiter eingegangen werden.
15 Arist. Rhet. 1378a 7–9.
16 Arist. Rhet. 1356a 6–11.

Problem für das *éthos* ergibt sich daraus, dass der Charakter gut sein muss; er muss der Tugend, der *areté*, entsprechen. Diese Tugend setzt sich aber nur aus Handlungen zusammen, *práxeis*, das entsprechende Nomen zu *práttein*. Tugend, wie es in der *Poetik* und der *Nikomachischen Ethik* heißt, besteht nur dadurch, dass sie vollzogen – anders – getan wird. Dieses Tun des Guten – und daraus besteht nun die Schwierigkeit – beruht darauf, dass sie *Zeugen* hat, dass sie gesehen wird. In den *Magna Moralia* heißt es, dass die gute Handlung von anderen *gesehen* werden muss, weil man ihr sonst keinen Glauben schenken kann. Dadurch dass man sie sieht, kann man sie erst als gut beurteilen: „theoroúntes krínousin,"[17] heißt es in den *Magna Moralia*; sehend urteilen sie, die Umstehenden einer Tat. Tugend entsteht durch Zeugenschaft.

In dem aristotelischen Modell der Rede braucht der Charakter somit Zeugen dafür, wofür er gar keine Zeugen haben darf, weil er ja nun einmal durch sich selbst wirken muss. Die Aufgabe besteht für die Redner also daraus, die Lücke einer Vergangenheit zu füllen, die sie mit dem Publikum nicht teilen. Hier eignet sich wieder das deliberative Genus am besten für eine mögliche Erläuterung – genauer: die politische Versammlung, wie sie Aristoteles als entscheidungstreffende Größe in der *Rhetorik* fasst. Hierzu muss bereits hinzugefügt werden, dass auch für eine *pólis*, eine politisch gebundene Gemeinschaft, dieselben Prinzipien der Tugend gelten. Ziel einer politischen Gemeinschaft ist die Gerechtigkeit, diese wiederum ist nichts anderes als die Tugend im Kollektiv.[18] Sie unterliegt aber denselben Gesetzen: Sie muss getan werden und dieses Tun muss wiederum gesehen werden.

Das Gute ist für die Redner nicht nur relevant, weil sie es selbst verkörpern müssen, sondern auch, weil es das ist, wozu sie in der deliberativen Rede raten bzw. überreden müssen. Hierbei wird sich zeigen, dass Verkörperung und Rat letztendlich auch nicht wirklich zu unterscheiden sind.

Das höchste Gut, wozu geraten wird, ist in letzter Hinsicht *eudaimonía*, das Glück. In der *Rhetorik* wird dem Glück eine funktionalistisch-empirische Definition verliehen: Das, was von den meisten gewählt wird, gelte als Glück.[19] Glück wiederum enthält, was ‚erstrebenswert' ist. Das Griechische sagt hier *hairetón*: das, was gewählt oder ergriffen werden kann bzw. muss.[20] Der griechische Ausdruck legt nahe, dass dieses Ergreifen also weniger vom Akteur ausgeht als von dem Gegenstand selbst, der gewählt werden muss. Zu fragen ist, wie der

---

17 Arist. MM. 1190b 2.
18 Vgl. Arist. Pol. 1253a 31–39.
19 Vgl. Arist. Rhet. 1364b 39–1365a 1.
20 Vgl Arist. EN 1097a 31–1097b 2.

Gegenstand an diesen Imperativ kam, wenn er nicht – oder nicht nur – vom jeweils Wählenden ausgeht.

3 *éthos*, *héxis*, und die Prägung des Guten im Vollzug

Dass Glück, das Gute und die politische Gemeinschaft zusammengehören, zeigt sich bereits auf der Ebene der generellen Begriffsbestimmung, wie sie sich Aristoteles vorstellt und dann konsequenterweise noch einmal bei der Begriffsbildung des Staates. Ein Begriff bestimmt sich über sein *télos*, seinen Zielzustand. Das höchste Gut definiert sich demnach dadurch, dass es sich selbst genügt, den Zustand einer Autarkie erreicht hat. Und das höchste Gut ist eben auch das Glück. Dieses Konzept der begrifflichen Autarkie lässt sich auch auf die politische Gemeinschaft übertragen. Sie genügt sich selbst und nach ihr kann nichts Größeres kommen.[21] Da jedem Ding der Natur ein *télos* eignet, geht sein Zielzustand ihm gleichsam voraus. Alles, was aus der Natur entsteht, folgt einem genealogischen Imperativ: Der Mensch muss nach dieser Definition einer Gemeinschaft angehören.

Der Staat geht dem Individuum somit voraus, wie es Aristoteles auch noch einmal explizit in der *Politik* sagt.[22] Der Staat liegt in der Natur des Menschen. Wer ihm nicht angehört, kann nur ein wildes Tier oder ein Gott sein.[23] Das Paradox dieses naturgegebenen Auftrages liegt darin, dass der Mensch seine Natur – und das heißt eben: seine politische Natur – verfehlen kann. Tugend, sowohl intellektuelle als auch moralische, muss anerzogen werden.[24]

Auf der einen Seite liegt es also in der Natur des Menschen, den Staat als tugendhafte Gemeinschaft zu verwirklichen. Auf der anderen stellt die Natur ihm die Tugend frei. Überspitzt formuliert heißt das also, dass es in der Natur des Menschen liegt, seine Natur nicht erfüllen zu müssen. Für die Redner wird sich aber genau das als Vorteil herausstellen.

Und hier kommt das *éthos* wieder ins Spiel. Die wesentliche Eigenschaft des *éthos*, um *éthos* zu werden, ist es, Eigenschaften erwerben zu können. Dieser Erwerb vollzieht sich durch Gewöhnung. Durch eine wiederholte Handlung

---

21 Vgl. Arist. EN 1097b 7–12.
22 Vgl. Arist. Pol. 1252b 28–1253a 2.
23 Vgl. Arist. Pol. 1253a 20–31.
24 Vgl. Arist. EN 1103a 11–22.

erwächst ein genereller Zustand. Dieser Zustand ist es, den *éthos* bewirkt. Aristoteles nennt ihn *héxis*, von *échein*, haben.[25] *Héxis* ist also ein essentieller Aspekt von *éthos*. Um diese Eigenschaften aber zu bekommen und zu haben, muss der Mensch sie ausführen. Aristoteles sagt in der Nikomachischen Ethik Folgendes über diesen Aneignungsprozess:

> Ferner: was von Natur in uns anwesend ist, davon bringen wir zunächst nur die Anlage mit und lassen dies dann erst später aktiv in Erscheinung treten. Ein klares Beispiel bietet die Fähigkeit der Sinneswahrnehmung. Wir haben ja nicht durch wiederholte Akte des Sehens und Hörens die Fähigkeit der Wahrnehmung bekommen, sondern umgekehrt: die Fähigkeit war da und dann haben wir sie benützt – nicht etwa infolge der Benützung erst erhalten. Die sittlichen Werte dagegen gewinnen wir erst, indem wir uns tätig bemühen. Bei Kunst und Handwerk ist es genau so. Denn was man erst lernen muß, indem man es ausführt, das lernt man, indem man es ausführt: Baumeister wird man, indem man baut und Kitharakünstler, indem man das Instrument spielt. So werden wir auch gerecht, indem wir gerecht handeln, besonnen, indem wir besonnen, und tapfer, indem wir tapfer handeln.[26]

Was hier als tätiges Bemühen beschrieben ist, wird im Griechischen mit einem Partizip wiedergegeben: *energésantes*. Der Infinitiv *energázein* heißt in etwa *etwas ins in die Tat, etwas ins Werk umsetzen*, eben *etwas vollziehen* und eben *durch diesen Vollzug erschaffen*, also das, was wir heute als performativ bezeichnen. Bemerkenswert an diesem Partizip – und den performativen Charakter betonend – ist, dass es im Aorist steht und nicht im Präsens, was *energázontes* wäre. Der Aorist mag eine Vorzeitigkeit ausdrücken, aber er hat eben auch einen aspektuellen Wert und bezeichnet das Punktuelle im Gegensatz zum Durativen oder Linearen, was das Partizip im Präsens wiedergäbe. Dieses punktuelle Tun lernt man, indem man es *ausführt* oder eben *jeweils* ausführt. Was die Übersetzung mit der *Ausführung* bezeichnet, dafür steht im Griechischen wiederum *poieín*, machen, herstellen. „Notwendigerweise stellen wir etwas *als* jeweils Lernende her. *Indem* wir dies herstellen, lernen wir."[27] Generativer Vollzug und verstehende Aneignung bedingen einander.

In diesem Verhältnis, also im jeweils einmaligen Ausführen, entsteht das, was Aristoteles *héxis* nennt, den Zustand oder das Haben von Eigenschaften und genauer den moralischen Zustand. Wichtig sind aber nicht nur die Zustände

---

25 Vgl. Arist. EN 1103b 17–21.
26 Arist. EN 1103a 26–1103b; Übers. hier und im Folgenden (sofern nicht anders angegeben) zitiert nach Aristoteles: Nikomachische Ethik. Übers. u. erl. v. Franz Dirlmeier. Berlin 1970.
27 Arist. EN 1103a 29, eigene Übersetzung, M.P. („deí mathóntas poieín, taúta poioúntes manthánomen").

selbst, sondern, was sie unterscheidet, also was zwischen ihnen geschieht.[28] Und hier kommen wir dazu, was diese Zustände als solche überhaupt erst anregen kann.

Was das Individuum im jeweiligen Vollzug prägt, ist das, was Aristoteles mit dem Wort *synállagma* bezeichnet. Es ist der Umgang mit anderen. Wenn Aristoteles genauer beschreibt, woraus dieses *synállagma* im Einzelnen besteht, taucht wiederum das Verb *práttein* auf, die konkrete Handlung. Wenn Gutes zu tun bedeutet, gut zu handeln, aber dieses Handeln jedes Mal einem Machen, einem *poieín*, also einem erschaffenden Akt unterstellt ist, dann wäre ein schlechter Charakter immer noch ein mögliches Ergebnis. Wir erinnern uns, dass es in der Natur oder *phýsis* des Menschen liegt, den Plan der Natur auch nicht erfüllen zu können.

Wenn das Ziel einer ganzen politischen Gemeinschaft das Gute ist, das Gute aber eben notwendigerweise auf einzelnen Handlungen beruht, dann heißt das, dass diese politische Gemeinschaft ebenfalls eine ethische Gemeinschaft ist, also im Grunde ein charakterlicher Zusammenschluss. Wenn das Gute sich aber jeweils in der einzelnen Handlung erschafft, bleibt auch zu fragen, woran es sich überhaupt orientieren kann. Was sind die Koordinaten dieses *synállagma*?

Die Richtung scheint relativ einfach zu sein. Der Einzelne wird in seiner Handlung von denen angeleitet, die bereits ausgeformt sind. Das heißt für Aristoteles weiter, dass der Ursprung der Handlung und damit auch der guten Handlung in ihrer Seele liegt. Die gute Handlung wird definiert als das, was dem Guten in der Seele entspricht. Dass diese Seele aber nicht als ein Innen im Gegensatz zu einem äußerlich Erkennbaren vorgestellt werden darf, wird sich noch zeigen. Sie ist in erster Linie als das zu fassen, was Handlungen motiviert und *nicht* von anderen bezeugt werden kann. Es kann also nur ein Behelf sein, sie als einen Ort aufzufassen. Es wird genau dieses Greifen nach Vergleichbarkeiten und Analogien sein, was die Seele für Aristoteles im Zusammenhang mit der Handlung noch problematisch macht. Es ist zudem dann fraglich, inwiefern dieser Ort wirklich als überzeugender Ursprung des Guten dienen mag. Um diese Problematik erörtern zu können, muss in einem Zwischenschritt auf das aristotelische Verständnis der Seele eingegangen werden.

---

[28] Vgl. Arist. EN 1103b 21–25.

4 Aristoteles' Verständnis der Seele

Die Seele besteht aus zwei Teilen, dem irrationalen und dem rationalen. Jeder Teil ist noch einmal in zwei weitere unterteilt. Von dem rationalen heißt es, er bestehe aus einem Teil, der den Logos hat und einem anderen, der gehorcht, wie man Vätern gehorcht.[29] Bei dem sogenannten irrationalen Teil ist es genauso. Es gibt zwei Teile und einer davon hört auf Väter und Freunde.[30] Vorweggestellt sei hier schon, dass das Gehorchen oder Hören-auf im Griechischen immer mehr Autonomie des Gehorchenden impliziert, wenn eine Form des Verbes *peíthesthai* verwendet wird. *Peíthố* ist bekanntermaßen das Wort für Überzeugung oder Überredung und wer seinem Einfluss untersteht und ihm ‚folgt', hat immer die Wahl gehabt, es nicht zu tun. Ein essentieller semantischer Bestand der *peíthố* ist eben die Freiwilligkeit. Diese Freiwilligkeit ist dann auch in der rationalen Abteilung der Seele mitzudenken genauso wie in der irrationalen.

Was dies aber nun genauer bedeutet, will Aristoteles an einer versinnlichenden oder – genauer – verbildlichenden Analogie greifbar machen. Wenn ein Teil der Seele dem anderen nicht gehorcht, ist es so, (und es ist nicht das Resultat!) *als ob* die Glieder des Körpers nicht kontrolliert werden könnten.[31] Jedes Glied würde etwas anderes vollrichten und die Funktionalität setzte völlig aus. Das Problem an dieser Analogie ist, dass sie mit drei Unbekannten arbeitet. Es ist nicht klar, welcher der beiden Seelenteile nun welchen kontrollieren soll. Es mag intuitiv klar sein, dass es der rationale Teil ist, der den irrationalen steuern soll, aber auch das ließe sich widerlegen, wenn man sich die Funktionen genauer ansieht, die den einzelnen irrationalen Teilen zugeschrieben werden. Der Grund, weshalb diese Analogie aber schon zusammenbricht, ist, dass die Seele auch in dem Teil enthalten ist, der sie überhaupt erst erklären soll: Es ist schließlich die Seele, die den Körper steuern soll. Selbst wenn es nur ein Teil von ihr wäre, der letztendlich für die vernünftige Bewegung zuständig wäre, so wäre eben auch dieser Teil auf beiden Seiten der Analogie vorhanden und es bliebe dabei, dass seine Funktion im Vergleich mit sich selbst erklärt wird. Die Analogie hält also nicht, weil (wie in so vielen Körperanalogien) irgendein Element auf beiden Vergleichsseiten identisch ist und die Analogie des Körpers eben an diesem Punkt kollabieren muss.

---

29 Vgl. Arist. EN 1103a 2–4.
30 Vgl. Arist. EN 1102b 29–30.
31 Vgl. Arist. EN 1102b 18–23. Aristoteles betont hierbei selbst, dass der Körper beobachtet werden kann, die Seele aber nicht.

Aristoteles weicht auch schließlich aus bzw. wählt eine Erklärung, mit der er das Verhältnis der beiden Seelenteile ganz vom Körper wegrückt: „Daß übrigens das Irrationale sich in gewissem Sinne vom Rationalen bestimmen läßt, darauf weist schon die Tatsache des Mahnens hin sowie jegliche Form des Zurechtweisens und Aufmunterns."[32] Das Verhältnis wird damit erklärt, was die einzelnen Mitglieder einer Gemeinschaft miteinander tun. Er verweist also auf das *synállagma* und dieses scheint wiederum in seiner erklärenden Funktion sehr deliberative Züge zu tragen: es wird ermahnt, zurechtgewiesen und aufgemuntert. Der Ursprung des Guten in der Handlung des Einzelnen wird also in die Seele verlegt. In der Seele selbst wird die Erklärung wiederum auf das Handeln in der Gemeinschaft zurück verschoben. *Pólis* und *psyché* zeigen also jeweils aufeinander, wenn nach dem Guten gefragt wird.[33]

4.1 Die Symptome des Guten

Es bleibt denn zu fragen, wie sich das Gute im konkreten Umgang überhaupt manifestieren und halten kann. In den *Magna Moralia* heißt es an einer Stelle: „Bestes aber ist das Mittlere zwischen dem Zuviel und dem Zuwenig; denn in beiden Hinsichten unterliegt man dem Tadel: In Bezug auf das Zuviel wie in Bezug auf das Zuwenig."[34] An einer anderen Stelle heißt es: „Andere Güter sind des Lobes wert, z. B. die Tugenden, denn von den Handlungen her, die im Sinne der Tugenden vollzogen werden, wird das Lob zuteil."[35] Was in diesen wenigen Sätzen

---

32 Arist. EN 1102b 33–1103a 1.
33 Dass die Seele als Ursprung der guten Handlung auf die Gemeinschaft zurückverweist, scheint generell übersehen zu werden. So behauptet Rapp z.B., der Charakter gehe einfach auf das in der Seele zurück, was als *álogon* dem Logos bereit ist zu folgen und er scheint sich mit dieser Ursprungsangabe zufrieden zu geben (vgl. Aristototeles: Rhetorik. Übers. u. erl. v. Christof Rapp. Berlin 2002, Kommentar im 1. Halbband, 142). Andere Interpretationen geben sich nicht nur mit diesem Ursprung zufrieden, sondern schreiben ihm auch gleich eine in die Rede transportierbare Harmonie zu, so Elizabeth Blettner oder Christopher Lyle Johnstone (vgl. Blettner, Elizabeth: One Made Many and Many Made One: The Role of Asyndeton in Aristotle's Rhetoric. In: Philosophy & Rhetoric 16 [1983], 49–54; hier: 49; vgl. Johnstone, Christopher Lyle: An Aristotelian Trilogy: Ethics, Rhetoric, Politics, and the Search for Moral Truth. In: Philosophy & Rhetoric 13 [1980], 1–24; hier: 1). Dabei werden sowohl die Vergleiche außer Acht gelassen, mit denen Aristoteles das Verhältnis zwischen den einzelnen Seelenteilen erläutert, als auch die Fraglichkeit der Körperanalogie, so wie die Tatsache, dass er dieses Verhältnis gleich mit der Existenz einer generellen kommunikativen Tätigkeit begründet.
34 Arist. MM 1191b 1–3.
35 Arist. MM 1183b 26–28.

angedeutet wird, ist die so genannte Mesothes-Theorie, dass also das Gute in der Mitte zwischen zwei Extremen liegt. Wichtig ist hier, woran sowohl das Vergehen als auch das richtige Handeln überhaupt festzumachen sind, nämlich am Urteil von anderen, am Lob und am Tadel. Das Handlungsgebot orientiert sich also an der möglichen Reaktion. Somit könnte man sagen, dass die Reaktion der Aktion vorausgeht. Auf die konkrete Handlung mag das konkrete Lob folgen, aber das abstrakte Lob geschieht noch vor der Handlung.[36]

Das scheint nahezulegen, dass sich in dieser ethischen Theorie der Orientierungspunkt, die Mitte zwischen den Extremen, jeweils verschieben kann. Das Gute wird so konstruiert, dass es gleichsam an Symptomen der sozialisierenden Gemeinschaft zu erkennen ist. Eigentlich aber ist es so, dass diese Symptome das Gute erst erschaffen. Der Verdacht liegt nahe, dass also auch die politische Gemeinschaft als ganze ihre Natur genauso verfehlen kann wie ihr einzelnes Mitglied. Auf der anderen Seite fragt sich nun aber auch, woran eigentlich zu erkennen ist, ob das *télos* überhaupt erfüllt ist. Was sich an dem Einzelnen noch als Verfehlung der natürlichen Veranlagung ausnehmen kann, scheint auf der Ebene des Kollektivs die Erkennbarkeit überhaupt infrage zu stellen.

Es stellt sich also des Weiteren die Frage, woran sich die Symptome orientieren. An einer anderen Stelle in der *Nikomachischen Ethik* heißt es: „Gerecht und besonnen heißen die Dinge, wie sie der Gerechte oder der Besonnene jeweils tun könnte. Gerecht und besonnen ist jedoch nicht derjenige, der diese Dinge einfach tut, sondern derjenige, der er sie genauso tut, wie sie die Gerechten und die Besonnen tun."[37]

Es lohnt sich, einen genaueren Blick auf diese Definition zu werfen. Der griechische Optativ, (im Deutschen ausgedrückt durch „tun könnte") der hier verwendet wird, eröffnet die Möglichkeit des Guten als Hypothese. Der definite Artikel (im Deutschen genauso wiedergegeben mit *der* Gerechte und *der* Besonnene) impliziert eine einzelne konkrete Person.

Der Plural im zweiten Satz, der als Präzisierung nachgeschoben wird, eröffnet wiederum eine Menge, die ebenfalls in ihrer Bestimmtheit Raum für Konkretheit eröffnet. Dies wäre der Raum eines Publikums, einer Menge, die sich in der Hypothese erkennen – oder vielmehr wiedererkennen – könnte und sich in der einen Person zusammenfassen ließe. Diese einzelne Person sollte ihnen

---

36 Es verwundert hier insofern, dass Rapp behauptet, der Charakter sei Ausdruck seiner Prohairesis, bzw. seiner Wahl, als ob dies eine im jeweiligen Individuum isolierbare Motivation sei, die sich unorientiert herangewickelt habe (vgl. Aristoteles: Rhetorik, Kommentar im 1. Halbband, 142).
37 Arist. EN 1105b 4–9.

vorschweben, wenn sie daran denken, was „gut" sein soll. Anders ausgedrückt: Was sich hier als Normenbestimmung gibt, die eigentlich vom konkreten Handeln absehen muss, um eben eine Normenbestimmung zu sein, bestimmt sich anhand einer Typologie, die sich wiederum anhand einer konkreten Person oder einer bestimmten Gruppe frei entwerfen lassen kann.

Die normative Qualität scheint sich daraus abzuleiten, dass das Individuum im Typus verschwunden ist und dieser Typus wiederum repräsentativ für eine bestimmte Gemeinschaft wird. Diese Bestimmung des Guten ist so sehr Form, dass sie sich für verschiedenste Inhalte – und in letzter Instanz: Zuhörer – anzubieten scheint. Das *télos* der *pólis* als Tugendgemeinschaft scheint also vielmehr ein steuerbarer Effekt zu sein. Was zu diesem Effekt führt, ist nicht so sehr an seinem Inhalt als vielmehr an einer Strategie zu erfassen.

Die Redner können selbstverständlich nicht als Inhalt einfügen, was auch immer ihnen beliebt. Sie müssen natürlich die grundsätzlichen Einstellungen des Publikums einfangen und repräsentieren. Hier ist wichtig, was Aristoteles über die Freundschaft sagt. Erst einmal mag der Begriff an sich irrig erscheinen, da Aristoteles jedes Austauschverhältnis so bezeichnet. Die höchste Form der Freundschaft allerdings kann nur unter Gleichen geschehen.

Diese Gleichheit bedeutet, dass der Freund eine Verdopplung der eigenen Person darstellt. Es heißt in der *Nikomachischen Ethik*, dass die Liebe oder Freundschaft (*philía*), die sich an einem Charakter orientiert, am beständigsten ist, weil sie unabhängig ist oder wörtlicher *gemäß ihrer selbst, kath'hautén*.[38] Auch die Freundschaft unterliegt danach den Prinzipien des höchsten Guts, wie wir sie schon kennengelernt haben. Der Inhalt dieser spiegelnden Dopplung stellt sich also so dar, dass er unmöglich ein konkretes Gebilde mit Eigenheiten und Abweichungen ist. Anziehend am Freund ist die moralische Disposition. In anderen Worten: Den Freund macht zum Freund, was man an sich selbst für das Gute hält. Noch kürzer: Im Freund wird man sich selbst zum Vorbild. Vorzugeben, man spiegele den anderen als eben das Vorbild wider, das er sein möchte, könnte man dann den *philía*-Mechanismus nennen.

---

38 Vgl. Arist. EN 1164a 12–14.

4.2 Die evidenzstiftenden Qualitäten des Schmeichelns und des *noûs*

Die Frage ist also nun, wie man diese Dopplung vollzieht. In der Rhetorik behauptet Aristoteles, dass die Freunde zur Klasse der angenehmen Dinge gehören.[39] In derselben Klasse befindet sich der Wein. Wer ein Freund des Weines ist, wird ihn angenehm finden. Das sinnliche Moment scheint also schon einmal wesentliches Kennzeichen dieser Klasse zu sein. Das Wort, das immer wieder für *angenehm* verwendet wird, ist *hēdýs*, *süß*, also ein unmittelbarer sinnlicher Kontakt. Bei den Freunden kommen noch andere Komponenten hinzu. In ihrer Liebe oder Freundschaft, *philía*, sieht man sich erkannt als ein Träger des Guten. Dieses Sehen wird durch das Wort *phantasía* angezeigt. Das Wort selbst benötigt keine Übersetzung. Wovon es abgeleitet ist, muss dennoch genauer betrachtet werden. *Phaínesthai* heißt einerseits *erscheinen*. Damit wäre *phantasía* einmal das Vermögen, das Dinge zur Erscheinung bringen kann. Zum anderen ist *phaínesthai* aber auch die Medialform von *phaínein*, *zeigen*. Das Erscheinen kann also aufgefasst werden als ein *Sichzeigen*, was eine aktivische und damit steuerbare Komponente zu beinhalten scheint. Zudem heißt es dann auch noch über die, die gemocht oder geliebt werden: *epithymoûsin hoi aisthanómenoi*, *während/indem sie es wahrnehmen, begehren sie es*. Was dieses Wahrnehmen verursachen kann mit seiner quasi-sensualen Qualität, ist der Schmeichler. Das Schmeicheln, *kolakeía*, hat also eine ästhetisch-kognitive Qualität, mit der dem Rezipienten ein Selbstbild vorgeführt werden kann. Wenn das *éthos* sich dieser Kunst bedient, erfüllt es in der Tat seine Funktion als *eîdos*.

Es ist aber nicht nur das Schmeicheln, das diese Funktion aktiviert. Die Verquickung von Wissen und Sehen ergibt sich auch aus einer anderen Richtung, nämlich aus der Weise, wie sich Aristoteles den Gang der Wahrnehmung durch mentale Tätigkeitsgebiete vorstellt. Die für uns relevanteste Rolle spielt dabei der *noûs* . Was der Mensch wahrnimmt, geht zuerst durch den *noûs*. In ihm erscheint die Natur in ihren Gegebenheiten.[40] Diese Einzelheiten nennt Aristoteles *kath'hékaston*, was jedem Ding entspricht oder gemäß ist. Wie es so gemäß werden konnte, muss hier unbehandelt bleiben. Wichtig ist, dass die Natur als vorgeordnete auftritt, bis ihr die anderen mentalen Fähigkeiten die Ordnung gleichsam abnehmen.

Der *noûs* allein erklärt also schon, warum im *eídos* Wissen und Sehen zusammengedacht werden müssen. Wenn der *noûs* die erste Instanz ist, durch welche

---

39 Vgl. Arist. Rhet. 1371a 18–25.
40 Vgl. Arist. EN 1143a 25–29.

die Wahrnehmung gefiltert wird und wenn er in der Wahrnehmung die Gegebenheit schon als solche präformiert vorfindet, dann heißt das auch, dass Denken und Urteilen selbst inhärent ästhetische Prozesse sind. Wenn die Natur so gesehen wird, dass sie sich in ihren Gegebenheiten gleichsam aufdrängt, um es überspitzt zu sagen, dann scheinen sich bereits in der ersten Wahrnehmung, aber erst recht in den weiteren Erkenntnisprozessen, Wissen und Sehen gegenseitig zu bedingen. Wir haben also auf der einen Seite das Schmeicheln, das einen evidenzgleichen Zustand hervorrufen kann, auf der anderen Seite lässt sich auch der *noûs* nutzen. Dieser kann natürlich nicht insofern gebraucht werden, als dass die Redner ihrem Publikum leibhaftig vorführen könnten, wovon sie reden. Es ist aber auch möglich, ihn indirekt zu aktivieren. An diese Sinnlichkeit des Erkennens ist nämlich wiederum ein anderes Erkennen gekoppelt, von dem das *éthos* des Redners Gebrauch machen kann. In der *Nikomachischen Ethik* heißt es:

> Daher sollen wir auf die Aussprüche und Anschauungen der Erfahrenen und Älteren oder der einsichtigen Männer, auch wenn sie ohne Beweis vorgetragen werden, genau so hören wie auf Beweise. Denn weil sie durch ihre Erfahrung ein „Auge" bekommen haben, sehen sie die Dinge richtig.[41]

Die Tatsache, dass das Alter ohne Beweis zurechtkommt, scheint kontraintuitiv, aber innerhalb eines teleologischen Denkens gültig. Das Alter ist alt durch Plan und Teil des Plans ist die Einsicht. Man wird alt, um Einsichten zu haben und man hat Einsichten, um alt zu werden. Da in einem teleologischen Denken Kontingenzen einen notwendig verbundenen, und reziprok-kausalen Charakter erhalten, lässt sich häufig von einer Kontingenz auf die andere schließen. Nur so lässt sich zumindest erklären, warum das Auge des Alters keinen Beweis erbringen muss, wenn es spricht, weil die Erfahrung nicht weit sein kann: Es hat schließlich seinen Grund, dass jemand alt geworden ist.

Was in der ethischen Entwicklung als Scheitern noch möglich war, scheint in der Erkenntnis wiederum ausgeschlossen zu sein. Was aber, wenn man, was möglicherweise scheitern kann, an das Gebaren der Älteren oder der erfahrenen Männer angleicht und dadurch vorgeben kann, man sei mit der ethischen Entwicklung im teleologischen Plan geblieben? Und was, wenn man wiederum durch den Mechanismus der Freundschaft, in dem sich Gleiche spiegeln, dem Publikum suggerieren kann, dass es selbst dieses Auge der Erfahrung habe?

Eines der wichtigsten Instrumente in der Rede ist die Typologie, als deren Sprachrohr sich die Redner geben müssen. Im Typus kommen die evidenzstiftenden Qualitäten des Schmeichelns und des *noûs*. Das Wichtige am Typus, um

---

[41] Arist. EN 1143b 9–14.

möglichst viele Adressaten in ihm zu vereinigen, ist offensichtlich, dass er nicht zu viele Einzelheiten in sich tragen darf. Es heißt, dass der Schmeichler über die Schwächen hinweggeht. Das deutet darauf hin, dass generell Einzelheiten ausgespart werden können und müssen. Was dabei entsteht, ist der Typ, wie wir ihn zuvor in der ethischen Orientierung sahen.[42] In der *Rhetorik* behauptet Aristoteles, dass das, was überzeugend ist, es immer für jemanden ist. Überzeugend ist es, weil es augenscheinlich ist (*di' hautó pithanón*) oder weil es sich von einer Sache ableitet, die als solche anerkannt ist. Dann fügt er etwas Wichtiges hinzu: Keine Kunst/Disziplin beschäftige sich aber mit Einzelheiten.[43] Das Wort für diese Einzelheiten ist wieder *kath'hékaston*. Das heißt natürlich nicht, dass Einzelheiten nicht als Allgemeinheiten vorkommen können, als Einzelheiten dürfen sie es aber nicht. Zum einen unterstützt also das Schmeicheln hier den *noūs*, weil der Typus mit seinen Eigenschaften als Gegebenheit auftritt. Auf der anderen Seite spricht Aristoteles folgendermaßen: Ruhm wird nicht den Individuen gegeben, wie Sokrates oder Hippias, sondern denen, die von ihrer Art sind, *toioísdi*.[44] Die Einzelheit wird zum Allgemeinfall erhoben. Und auch hier finden wir wieder, was wir vorher als charakterbildende Funktion einer Typenerschaffung innerhalb der Sozialisierung des einzelnen sahen. In einem Gesetz ausgedrückt hieße das dann: Eigenschaften werden nicht verbreitet, weil sie gut sind, sondern sie sind gut, weil sie verbreitet werden. Das Gute ist ein Wiederholungs- und ein Mengeneffekt.

Und diese typologische Bewegung, wenn man sie so nennen kann, findet sich auch in den einzelnen Stil- und Argumentationsmitteln wieder: im Beispiel, in der Maxime, im Enthymem, sogar in der Metapher. An einer Stelle in der *Rhetorik* fasst Aristoteles diesen Prozess sehr konzise und offen zusammen: Die Redner müssen sich in das Meinungsrepertoire ihres Publikums einfinden, überlegen, wie dieses entstanden ist und es dann jeweils als allgemeingültige Wahrheit verkünden.[45] Die Typenbildung muss rekonstruiert und dann als Vorbild aufgestellt werden.

---

42 Vgl. Arist. Rhet. 1383b 30–33.
43 Vgl. Arist. Rhet. 1356b 27–29.
44 Vgl. Arist. Rhet. 1356b 33–1357a 5.
45 Vgl. Arist. Rhet. 1359b.

4.3 *éthos* als Sprachrohr und Spiegel

Es fragt sich nun, inwieweit dieses Vorgehen wirklich als mimetischer Akt zu verstehen ist. Es scheint offensichtlich ein Akt der Imitation zu sein und dieser unterliegt der Vorführung. Den Vergleich zwischen rhetorischer Betätigung und Schauspielerei zieht Aristoteles oft.

Mimesis stellt Charakter, Affekt und Handlung dar. Aber das scheint auch ihr wesentlicher Unterschied zum *éthos* zu sein. Sie *zeigt*, was ist oder sein sollte; sie *spricht* nicht darüber. Und dennoch scheinen Redner und Dichter etwas Essentielles zu teilen. Wenn wir uns an die Wirkung der *phantasía* erinnern, die über das Schmeicheln und den *philía*-Mechanismus ausgelöst wird, dann gibt es bereits sehr wohl eine Art des Zeigens. Über den Dichter sagt Aristoteles zudem in seiner Poetik, dass er möglichst wenig in seiner eigenen Stimme sagen darf. Genau dies widerspräche dem mimetischen Prinzip.[46]

Trotzdem scheint sich der Begriff der Mimesis immer noch nicht ganz zu eignen. Es heißt von mimetischen Gegenständen, dass der Zuschauer Freude an ihnen hat, gerade weil sie eben Gegenstände sind. Sie verschieben das Erleben um eine Ebene und diese Verschiebung ist markiert. Als Beispiel wird das Bild einer Leiche herangezogen.[47] Es ist gerade durch diesen Sicherheitsabstand, dass Faszination überhaupt erst ausgelöst wird. Sonst wäre das Geschaute eben nicht mehr das Geschaute, sondern unmittelbares Erleben und also solches würde die Faszination dem Schrecken weichen. Diese Markierung kann in der Rede nicht erlaubt sein. Vor allem eine deliberative Rede darf sich nicht als Objekt ästhetischer Kontemplation ausstellen. Ihr Zweck ist es ja, in die Wirklichkeit und in den Entscheidungsraum des Angesprochenen einzugreifen.

Was aber das *éthos* als Sprachrohr und vermeintlicher Spiegel trotzdem auch mit diesem Prozess gemein hat, ist die poietische Qualität. Die Leiche, das Objekt, der ästhetisch zu registrierende Gegenstand ist eben auch als solcher markiert, weil er *nicht* vollständig imitieren und wiedergeben kann. Jede Darstellung zieht gezwungenermaßen eine Transformation in sich. Dieser Transformation unterliegt der Charakter des Redners eben auch. Er kann das in einer Figur verkörperte Publikum unmöglich so darstellen, dass es sich nicht verändern möchte. Das würde die Rede überflüssig machen. Und hier kommt dem Redner das teleologische Weltbild zugute, vorausgesetzt natürlich, das Publikum teilt es. Der Redner spricht das Publikum also als idealisiertes Spiegelbild an, aber auch zugleich als ein unvollständiges. Anders gesprochen: Das Bild ist da, der Spiegel auch, sie

---

46 Vgl. Arist. Poet. 1460a.
47 Vgl. Arist. Poet. 1448b 12.

müssen eben nur noch oder *wieder* zusammengesetzt werden. Man könnte diese Figur der Adressierung die unvollendete Tautologie nennen. Der Redner gibt sich als Wiederholung des Identischen, erklärt es gleichsam mit sich selbst. Dieses Identische jedoch gibt sich als unvollständig. Diesen Akt der Vervollständigung rechnet Aristoteles wieder unter die Klasse der angenehmen, also der süßen Dinge.[48] Im deliberativen Genus liegt diese Vervollständigung natürlich an der Entscheidung, zu der die Redner überreden wollen.

Aber noch einmal zurück zum Problem des markierten Objektes der Mimesis: Es stellt sich heraus, dass der Begriff sich doch eignet, denn es sind nicht die Redner selbst, die sich durch ihr *éthos* kennzeichnen. Das verhindern sie durch ihre Vorgehensweise. Abgesehen von allen bisher genannten Mitteln, Unmittelbarkeit im Wissen und Sehen zu erzeugen, sind es auch alle Mittel der körperlichen Erscheinung und des Auftritts, durch die Abwesendes dem Publikum vor die sogenannten inneren Augen gestellt wird. (Aristoteles spricht von *ómma*, dem Sehen).[49] Von diesen Mitteln ist es ganz besonders die Stimme.[50] Hier muss noch einmal die *Nikomachische Ethik* herangezogen werden. Dort heißt es über den Charakter: Jeder spricht und denkt und handelt seinem eigenen Charakter gemäß, wenn er es nicht für einen anderen macht. In anderen Worten, wenn er keine Zeugen hat.[51] Wenn die Redner erfolgreich sprechen, wird ihre Stimme zur Stimme eines *éthos*, das jeder Einzelne im Publikum für sein Ebenbild hält und in dem er mit sich selbst spricht. In anderen Worten: Das gelungene *éthos* ist ein Monolog des Zuhörers, der gegenwärtig keine Zeugen hat. Was also als mimetisches Objekt ausgestellt wird, ist das sprechende Bild des Publikums, das sie selbst komplettieren müssen.

Die Redner müssen sich in das Vorwissen ihres Publikums einfinden. Das Einzelne muss bekannt sein, denn erst dann kann es zur allgemeinen Wahrheit erhoben werden. Das Lob, das Schmeicheln, die Gleichheit, die Selbstverständlichkeit gibt sich als geltungsberechtigtes Modell, aber dieses Modell beruht auf einem konkreten Erlebnis, das zum Typen wurde, als es sich zum Modell erhob. Damit haben Lob, Schmeichelei und Gleichheit durch Freundschaftsmechanismen, also was das *éthos* ausmacht, eine quasi-visualisierende Wirkung. Weil es auf Konkretem beruht, kann es den Zuhörern vor Augen stehen, gleichsam als ihre eigene Vergangenheit, die sie selbst bezeugt haben. Weil es als Modell auftritt, erscheint es ihnen als Wissen. Um den Evidenz-Begriff noch einmal

---

48 Vgl. Arist. Rhet. 1371b 24–27.
49 Vgl. Arist. Rhet. 1386a 29–1386b 1.
50 Vgl. Arist. Rhet. 1404a 20–22.
51 Vgl. Arist. EN 1127a 27–28.

aufzugreifen: Indem das *éthos* eine Evidenz als Effekt ist, kann es eine Evidenz als Modus werden. Das Kognitive entwickelt sich aus dem Ästhetischen, wenn dieser ästhetische Ursprung genutzt und zugleich verwischt wird. Diese Wendung vom Ästhetischen zum Kognitiven kann aber nur deswegen funktionieren, weil er im Zusammenhalt des politischen Gebildes, vor dem die Redner sprechen, schon angelegt ist. Die Evidenz des *éthos* basiert darauf, dass am Grunde der politischen Gemeinschaft ein ästhetischer Akt steht, den sie sich nicht eingestehen kann, weil sie sich nämlich nur so zu etwas Allgemeinem erheben kann. Das Verfahren der Redner besteht darin, diese Uneingestandenheit zu nutzen und zu wiederholen.

So wird das Publikum, ohne es zu merken, zu einer Person. Damit werden einerseits ihre kleineren Unterschiede irrelevant, sie lassen sich gleichsam in einen Typus pressen, dieser Typus lässt sich zum Modell erheben und aus diesem Modell selbst lassen sich wiederum bisher unentdeckte Imperative ableiten. Diese dürfen sich natürlich nicht als neu zu erkennen geben, sondern sie waren vergessen, vernachlässigt, unerkannt. Aber im Grunde waren sie schon immer Teil des Repertoires. Die konkrete Zukunft der Entscheidung wird mit einer simulierten Vergangenheit, die die eigene Tugend bezeugt, zu einem inneren Bild synchronisiert, dessen Modus die Gegenwart dadurch ist, dass sie sich vollständig heraushält oder sich – um die Ambivalenz dieser Vokabel auf beiden Seiten zu nutzen – enthält. Dieses Tableau spricht mit der Stimme des Publikums und wird, wenn es erfolgreich ist, zum Monolog des einzelnen Zuhörers, der nur glaubt, für sich nachzudenken, wie er dieses Tableau konsequenterweise vervollständigen kann. Insofern ist der Zuhörer selbst zum Evidenz-Lieferanten geworden, als dass er sich *selbst* klar vor Augen steht, ohne natürlich zu wissen, dass dieses Selbst ein poietisches Produkt ist, das durch das *práttein* der Redner entstanden ist. Und dieses *práttein* ist im Fall der Rede die Rede selbst.

Literatur

Althusser, Louis: Idéologie et appareils d'État (Notes pour une recherche). In: Positions (1964–1975). Paris 1976, 67–125 [ursprünglich erschienen in *La Pensée* 151 (1970)].

Aristoteles: Poetik. Übers. u. erl. v. Arbogast Schmitt. Berlin 2008 (= Aristoteles, Werke in deutscher Übersetzung 5).

Aristoteles: Politik. Übers. u. erl. v. Eckart Schutrümpf. Berlin 2005 (= Aristoteles. Werke in deutscher Übersetzung 9).

Aristoteles: Rhetorik. Übers. u. erl. v. Christof Rapp. 2 Halbbände. Berlin 2002 (= Aristoteles. Werke in deutscher Übersetzung 4.1–4.2).

Aristoteles: Magna Moralia. Übers. u. erl. v. Franz Dirlmeier. Berlin 1970 (= Aristoteles. Werke in deutscher Übersetzung 8).

Aristoteles: Nikomachische Ethik. Übers. u. erl. v. Franz Diermeier. Berlin 1970 (= Aristoteles. Werke in deutscher Übersetzung 6).

Austin, John Langshaw: How to Do Things with Words. Oxford 1962.

Blettner, Elizabeth: One Made Many and Many Made One: The Role of Asyndeton in Aristotle's Rhetoric. In: Philosophy & Rhetoric 16 (1983), 49–54.

Johnstone, Christopher Lyle: An Aristotelian Trilogy: Ethics, Rhetoric, Politics, and the Search for Moral Truth. In: Rhetoric & Philsophy 13 (1980), 1–24.

Kemmann, Ansgar: Evidentia, Evidenz. In: Ueding, Gert (Hrsg.): Historisches Wörterbuch der Rhetorik. Bd. 3. Tübingen 1996, 33–47.

Lausberg, Heinrich: Elemente der literarischen Rhetorik: eine Einführung für Studierende der klassischen, romanischen, englischen und deutschen Philologie. München 1990.

Liddell, Henry George; Scott, Robert; Jones, Henry Stuart (Hrsg.): A Greek-English Lexicon. Oxford 1996.

Schwenck, Ludwig: Etymologisches Wörterbuch der lateinischen Sprache: mit Vergleichung der griechischen und deutschen. Frankfurt/Main 1823.

Seebold, Elmar: Kluge. Etymologisches Wörterbuch der deutschen Sprache. Berlin, New York: 2002, 328–329.

Weihe, Richard: Die Paradoxie der Maske: Geschichte einer Form. München 2004.

Birgitta Fuchs
Vico über rhetorische und szientifische Evidenz

1 Einleitung

Vor dem Hintergrund der Provokation rhetorisch-humanistischen Denkens durch den neuzeitlichen Rationalismus und Szientismus Descartes' und seiner Schule ringt der italienische Rhetorikprofessor, Rechtsgelehrte und Philosoph Giambattista Vico (1668–1744) um eine systematische Verhältnisbestimmung von ästhetisch-rhetorischen und logisch-rationalen Erkenntnisformen. Der durch Descartes angestoßene Paradigmenwechsel in den Wissenschaften diskreditierte die rhetorisch-humanistische Gelehrsamkeit ebenso wie die durch rhetorische Mittel erzeugte imaginative Evidenz als Grundlage der Handlungsorientierung und Entscheidungsfindung – eine Entwicklung, die für die praktischen Disziplinen nicht folgenlos bleiben konnte. Mit seiner Kritik des neuzeitlichen Rationalismus und dessen Anspruch auf szientifische Evidenz wurde Vico nicht nur zu einem Klassiker der europäischen Geistesgeschichte, sondern auch zu einem Vordenker für jene Autoren, die sich aktuell in unterschiedlichen wissenschaftlichen Disziplinen um eine Rehabilitierung der erkenntnistheoretischen und handlungsorientierenden Leistungen der Rhetorik bemühen und das inventive Potential von Rhetorik und Topik einer rational beweisenden Vernunft an die Seite stellen.[1]

Den Herausforderungen durch den neuzeitlichen Rationalismus stellt sich Vico nicht nur auf erkenntnistheoretischem Feld, sondern ebenso in Hinsicht auf die bildungstheoretischen und kulturanthropologischen Konsequenzen. Diese Multiperspektivität Vicos weckt das aktuelle Interesse sowohl der modernen Kulturwissenschaften als auch der philosophischen Bildungsforschung. Stehen erkenntnis- und bildungstheoretische Überlegungen im Mittelpunkt seiner Inauguralrede *De nostri temporis studiorum ratione* sowie seiner philosophischen Überlegungen im *Liber Metaphysicus*, so entwickelt Vico in seinem geschichtsphilosophischen Hauptwerk *Prinzipien einer neuen Wissenschaft über die gemeinsame Natur der Völker* (*Principi di una scienza nuova intorno alla commune natura della nazioni*) eine Theorie der Kultur, die sich in ihrem Entstehen und ihrem

---

[1] Vgl. Veit, Walter F.: Rhetorik als Argumentationstheorie. In: Schirren, Thomas; Ueding, Gert (Hrsg.): Topik und Rhetorik. Ein interdisziplinäres Symposium. Tübingen 2000, 445–458; hier: 445.

Bestand nicht einer mathematischen Rationalität, sondern der imaginativen Poiesis der ‚ersten Menschen' verdankt.[2] Am Ursprung menschlicher Kultur und Humanität finden sich nach Vico die sinnliche Wahrnehmung (*aísthēsis*) und mit ihr die ästhetischen Formen des Erkennens und Sprechens, die keine defizitären Wissensformen oder bloße Vorstufen der Rationalität darstellen, sondern als eigenständige und gleichwertige Erkenntnisweisen bewertet werden. Sie folgen einer eigenen ‚poetischen' Logik und bringen eine Erfahrungsevidenz hervor, die in ihrer weltdeutenden und welterschließenden Kraft nicht hoch genug eingeschätzt werden kann.

Mit seiner *Scienza nuova*, einem Gründungsdokument der Kulturwissenschaften, übte Vico einen nicht unerheblichen Einfluss auf Herder und viele andere aus – darunter auch Ernst Cassirer, der in Vicos *Neuer Wissenschaft* den ersten Entwurf einer systematischen Geschichtsphilosophie sah, die nicht der Logik der *clara et distincta perceptio* folgt, sondern eine eigene Logik der Phantasie und des Mythos entwickelt.[3] In seiner *Logik der Kulturwissenschaften* (1942) hebt Cassirer ausdrücklich Vicos *Scienza Nouva* als Vorentwurf seines eigenen kulturphilosophischen Ansatzes hervor, der gegen das neuzeitliche Wissenschaftsparadigma den „methodischen Eigenwert" historischer Erkenntnis betont und den Bereich mathematischer Logik und empirischer Naturerkenntnis in Richtung einer ‚Logik der Kulturwissenschaften' überschreitet:

> Der Mythos, die Sprache, die Religion, die Dichtung, das sind die Objekte, die der menschlichen Erkenntnis wahrhaft angemessen sind. Und auf sie blickt Vico in erster Linie im Aufbau seiner Logik hin. Zum ersten Mal wagt es die Logik, den Kreis der objektiven Erkenntnis, den Kreis der Mathematik und Naturwissenschaft, zu durchbrechen, um sich statt dessen als Logik der Kulturwissenschaft, als Logik der Sprache, der Poesie, der Geschichte zu konstituieren.[4]

Die folgenden Überlegungen wollen unter dem Stichwort der *rhetorischen Evidenz* die spezifische Leistung des Ergänzungsmodells charakterisieren, das Vico dem mathematischen Einheitsmodell der kartesianischen Wissenschaft an die Seite stellt. Damit ist die zweite Aufgabe verbunden, die bildungstheoretische Bedeutung des kulturtheoretischen Ansatzes Vicos zu exponieren.

---

2 Siehe Vico, Giambattista: Prinzipien einer neuen Wissenschaft über die gemeinsame Natur der Völker. 2 Bde. Übers. v. Vittorio Hösle u. Christoph Jermann. Hamburg 1990.
3 Zum Einfluss von Vico auf Cassirer vgl. auch Woidich, Stefanie: Vico und die Hermeneutik. Würzburg 2007, 179f.
4 Vgl. Cassirer, Ernst: Zur Logik der Kulturwissenschaften. Fünf Studien. Göteborg 1942, 13.

2 Vicos Restriktion der *mathesis universalis*

Die erste systematische Explikation der erkenntnis- und bildungstheoretischen Überlegungen Vicos findet sich, wie bereits erwähnt, in *De nostri temporis studiorum ratione* (1708).[5] Es handelt sich hierbei um die siebte von insgesamt neun Inauguralreden, die Vico in seiner Funktion als Professor für Rhetorik an der Universität Neapel anlässlich der Eröffnung des akademischen Jahres gehalten hat. Nach der Einschätzung des italienischen Vico-Forschers Elio Gianturcos haben wir es mit der brillantesten Verteidigung des rhetorisch-humanistischen Denkens gegen den neuzeitlichen Rationalismus zu tun, die jemals geschrieben wurde.[6] Vico entwickelt darin seine Kritik am neuzeitlichen Rationalismus, den er aufgrund der Unterscheidung des sicheren vom bloß meinungshaften Wissen als *scientia critica* bzw. *nova critica* bezeichnet. Diese Kritik stellt den originellen Versuch dar, zwei unterschiedliche Wissenschaftskonzeptionen und ihre entsprechenden Erkenntnismethoden im Hinblick auf die jeweiligen Vorteile (*commoda*) und Nachteile (*incommoda*) für die einzelnen Wissenschaften und Künste zu vergleichen. Dabei geht Vico keineswegs reaktionär vor, indem er lediglich die Überlegenheit des rhetorischen Humanismus über den neuzeitlichen Rationalismus zu beweisen sucht. Seine Überlegungen zielen vielmehr auf die Versöhnung bzw. auf die Vermittlung zwischen den beiden konträren Positionen, grob gesprochen zwischen den Natur- und den Geisteswissenschaften.

Freilich setzt solche Vermittlung die Einschränkung des Absolutheitsanspruchs der *mathesis universalis* voraus. Das versucht Vico in seinen Überlegungen zu den *scientiarum instrumentis* (den Methoden), wobei er sich auf die von Descartes im *Discours de la Méthode* entwickelten und durch die *Logik von Port Royal*[7] reformulierten methodischen Regeln bezieht, deren strikte Befolgung zu gesicherter Erkenntnis führen soll: Die erste Regel benennt die Vernunftevidenz als ausschließliches Wahrheitskriterium, wonach unter sorgfältiger Vermeidung von Überstürzung und Vorurteil nur das für die Urteilsfindung relevant ist, was sich klar und distinkt (*clare et distincte*) dem Geist unmittelbar darbietet. Die *clara et distincta perceptio* ist für Descartes die *regula generalis* und der Maßstab aller Erkenntnis. Als wissenschaftlich legitimiert gelten jene Urteile, die dem

---

5 Im Folgenden zitiert nach der Ausgabe: Vico, Giambattista: De nostri temporis studiorum ratione. Vom Wesen und Weg der geistigen Bildung. Übers. v. Walter F. Otto. Bad Godesberg 1947.
6 Vgl. Gianturco, Elio: Introduction. In: Vico, Giambattista: On the Study Methods of our Time. Übers. u. komm. v. Elio Gianturco. New York 1990, XXI–XXIV; hier: XXIII.
7 Arnauld, Antoine; Nicole, Pierre: Die Logik oder die Kunst des Denkens. Aus dem Französischen übers. v. Ch. Axelos. Darmstadt 1994.

vernünftigen Subjekt intuitiv und zweifelsfrei einleuchten. Unter *Intuition* versteht Descartes in seinen *Regulae ad directionem ingenii* das mühelose und deutlich bestimmte Begreifen des „reinen und aufmerksamen Geistes", das sich allein der Vernunft, nicht aber dem „schwankenden Zeugnis der sinnlichen Wahrnehmung" oder dem „trügerischen Urteil der verkehrt verbindenden Einbildungskraft" verdankt.[8] Alle mit dem Anspruch auf Wissenschaftlichkeit auftretende Erkenntnis wird nun in Bezug auf diese zweifelsfreie Gewissheit abgeschätzt und vermessen. Methodisch geleitet soll die Erkenntniskraft (*ingenium*) unerschütterliche und wahre Urteile hervorbringen.

Vicos Beurteilung der Vor- und Nachteile dieses Wissenschaftskonzepts hebt zunächst die Vorteile der Universalmethode hervor. Sie lassen sich zweifellos durch die enormen Fortschritte dokumentieren, welche die Mathematisierung der Naturwissenschaften gebracht hat. Vor allem die Analysis konnte nach Vico „mit bewundernswerter Geschicklichkeit" geometrische Probleme lösen, die bislang unlösbar schienen. Descartes' analytische Geometrie und die moderne Mechanik als Grundlage der Physik ermöglichten die Mathematisierung der „Kausalzusammenhänge in der Natur", so dass sich die modernen Naturwissenschaftler nicht länger als „tastende Naturphilosophen", sondern als „Baumeister eines unermesslichen Bauwerks" darstellen.[9] Vico verweist ausdrücklich auf die enormen Fortschritte, welche die Mathematisierung der Naturwissenschaften und die experimentelle Forschung erbracht haben, und er erkennt nur zu deutlich, dass sie die Welt des Menschen zunehmend prägen werden. Diese neuzeitliche Wissenschaft wird von Vico in ihren Vorzügen nicht negiert, sondern, wie gesagt, lediglich in ihrem Absolutheitsanspruch in Frage gestellt.

Die Nachteile der *nova critica* zeigen sich nach Vico jedoch in aller Deutlichkeit, wenn man die Konsequenzen für die praktischen Wissenschaften und Künste bedenkt. Die von Descartes radikal vollzogene Wende zum Erkenntnissubjekt, sein Ideal eines auf logischer Evidenz gegründeten Wissens und die Unterordnung der Einbildungskraft unter die Vernunft mussten zwangsläufig zur Abwertung ästhetisch-rhetorischer Erkenntnisformen führen und die rhetorisch-humanistische Wissenschaftskonzeption in Frage stellen. Können wissenschaftliche Urteile aufgrund ihrer Klarheit und Eindeutigkeit Zustimmung geradezu erzwingen, dann scheint die rhetorische Argumentation als Weg der Entscheidungsfindung sowie ein durch abwägende Beratung errungener Konsens als Wahrheitskriterium obsolet zu werden. Die am *sensus communis* und am Ideal

---

8 Descartes, René: Regulae ad directionem ingenii. Regeln zur Ausrichtung der Erkenntniskraft. Übers. u. hrsg. v. Heinrich Springmeyer u.a. Hamburg 1973, 17 (Reg. III = AT X, 368).
9 Vico: De nostri temporis studiorum ratione, 21.

praktischer Klugheit (*prudentia*) orientierte humanistische Gelehrsamkeit wird bedeutungslos. Ebenso werden alle auf die menschliche Praxis gerichteten Wissenschaften (Jurisprudenz, Politik, Ethik) und alle humanistischen Fächer, welche die kulturelle, politische und geistige Welt des Menschen zu erfassen und zu verstehen suchen (Geschichte, Sprache und Kunst) aus dem Kanon der Wissenschaften ausgeschlossen. Auch sie werden der Universalmethode (*mathesis universalis*) unterworfen – und das in den *artes liberales* seinen Ausdruck findende „siebenfältige philosophische Denken" auf eine „einfältige geometrisch-methodische Rationalität" reduziert.[10]

An diesem Punkt setzt Vicos skeptischer Einwand an; er bezweifelt nämlich, dass sich menschliches Handeln sowie die Dinge, „die der Urteilskraft angehören" tatsächlich auf eine mathematische Rationalität reduzieren lassen und vielmehr an eine Art der Erfahrungsgewissheit gebunden bleiben.[11] Dieser Zweifel offenbart die Nachteile der *nova critica* für das politische, soziale und moralische Handeln. Die Komplexität und Kontingenz individueller Handlungssituationen und die Variabilität möglicher Handlungsoptionen in politischen, juristischen und pädagogischen Kontexten lässt nach Vico eine *perceptio clara et distincta* überhaupt nicht zu. Politische und ethische Entscheidungen können weder auf der Grundlage einer mathematischen Rationalität getroffen noch aus obersten Prinzipien deduziert werden. In der geschichtlich-kulturellen Welt des Menschen lässt sich mit der logischen Beweisführung nicht viel ausrichten. Die Angelegenheiten der sozialen und politischen Welt stehen nach Vico vielmehr „unter der Herrschaft von Gelegenheit und Wahl" und werden „zumeist von Vorstellungen und Verheimlichungen" gelenkt, die „im höchsten Maße trügen können": Das, was im Leben zu tun ist, muss „nach dem Gewicht der Dinge und den Anhängen, die man Umstände nennt" beurteilt werden. Die Handlungen der Menschen lassen sich eben nicht „mit dem geradlinigen Lineal des Verstandes, das starr ist" messen und prognostizieren.[12]

Die Einsicht in lebenswirkliche Belange und die Selbstvergewisserung im Hinblick auf das eigene Handeln setzen, so die Überzeugung Vicos, die spezifischen, zum großen Teil auf sinnlicher und imaginativer Evidenz beruhenden, weltdeutenden und handlungsorientierenden Leistungen von Ästhetik und Rhetorik voraus. Probleme, die nicht schon von sich her eine Lösung nahelegen

---

10 Vgl. Helmer, Karl: Die Geometrisierung der Vernunft. In: Helmer, Karl; Meder, Norbert; Meyer-Drawe, Käte; Vogel, Peter (Hrsg.): Spielräume der Vernunft. Würzburg 2000, 143–157; hier: 155.
11 Vico: De nostri temporis studiorum ratione, 9.
12 Alle Zitate ebd., 61.

sowie kontrovers diskutierte Sachverhalte lassen sich mit mathematischer Gewissheit kaum entscheiden. Das Vernünftige zeigt sich hier nicht als ein ‚erstes Wahres', sondern in Form des Wahrscheinlichen, Plausiblen und Konsensfähigen. Nicht mathematische Beweisführung, sondern Argumentation, nicht die Orientierung an der *clara et distincta perceptio*, sondern praktische Klugheit und entfaltete Urteilskraft garantieren die Wirksamkeit der Vernunft in den intersubjektiven Bereichen des *mondo civile*.

Die Unangemessenheit sowohl einer mathematischen Rationalität als auch der Vorstellung einer wissenschaftlich-technologischen Konstruktion von Praxis muss nach Vico keineswegs bedeuten, dass man die unterschiedlichen Praxisfelder dem Irrationalen und Beliebigen überantwortet. Gegen Descartes führt Vico ins Feld, dass auch die *scientiae civiles* über methodische Erkenntnis verfügen und auf Gewissheit (*certitudo*) zielen, allerdings durch eine an ihren Gegenstand angepasste ‚flexible' Methode, die sich durchaus am neuzeitlichen Methodenanspruch zu messen vermag. Das von Vico für die praktischen Disziplinen favorisierte rhetorisch-topische Verfahren sichert dem Handeln zwar keine theoretisch-mathematische, wohl aber eine praktische Gewissheit und zwar durch ihre kritischen und ästhetischen Momente. Während die *nova critica* Descartes' auf die Unterscheidung des Wahren und Falschen nach dem Muster mathematischer Gewissheit (*certitudo*) zielt, leistet die rhetorisch-topische Kritik die Unterscheidung bloß beliebiger von plausiblen und konsensfähigen Meinungen. Während die moderne Wissenschaft nach theoretischer Gewissheit strebt und diese im erkennenden Subjekt selbst verankert, sucht die rhetorische Topik nach der Selbstvergewisserung im Handeln, die sich am *sensus communis* und am *consensus omnium* orientiert.

Gerade die Unerreichbarkeit der von Descartes eingeforderten szientifischen Evidenz in lebenspraktischen Kontexten lässt die Unerlässlichkeit der orientierenden Leistungen der Rhetorik sichtbar werden, ein Gedanke, der unter anderem von Chaim Perelman und Hans Blumenberg erneut aufgegriffen wurde: Die Bereiche, so Perelman, die sich aufgrund ihrer Kontingenz der Evidenz im Sinne logischer Gewissheit entziehen, gewinnen ihre Rationalität „aus dem argumentativen Apparat"[13], d. h. aus den Gründen, die sich für oder gegen eine Position oder Entscheidung vorbringen lassen. Der Mangel an szientifischer Evidenz und Handlungszwang charakterisiert auch nach Blumenberg die rhetorische Situation:

---

13 Perelman, Chaim: Das Reich der Rhetorik. Rhetorik und Argumentation. Übers. v. Ernst Wittig. München 1980, 161.

„Alles, was diesseits der Evidenz übrig bleibt, ist Rhetorik."[14] Es ist nicht nur der Anspruch der Rhetorik, sondern vielmehr ihre genuine Leistung, dort eine imaginative Evidenz bzw. eine sinnliche Gewissheit mit ihren Mitteln der Veranschaulichung und ihren Techniken des Vor-Augen-Stellens zu erzeugen, wo sich jene von Descartes geforderte unerschütterliche Evidenz wissenschaftlicher Urteile nicht erreichen lässt.[15] Mit den Worten Mainbergers wird die Rhetorik dadurch zum Ort, wo entschieden dafür gestritten wird, „die unberechtigten Ansprüche einer sich szientifisch gebärdenden Vernunft" zurückzuweisen und dem „argumentierenden Vernunftgebrauch zum Durchbruch zu verhelfen."[16]

Im Gegensatz zur kritischen Methode Descartes handelt es sich bei Topik und Rhetorik allerdings um „situative Denkweisen", die der „situationslosen Mathematik" entgegenstehen.[17] Dieser Umstand erfordert die Berücksichtigung nicht nur logischer sondern auch ästhetischer Momente der Argumentation. Die Wahrnehmung und Erfassung des Besonderen und Individuellen einer Situation mit ihren spezifischen Anforderungen an das Handeln, die Berücksichtigung der emotionalen und affektiven Disposition der Adressaten, die überzeugende Selbstpräsentation des Redners durch Rede und Körpersprache sowie die Erzeugung sinnlicher Evidenz spielen in der Rhetorik eine erhebliche Rolle und zwar deshalb, weil es ihr nicht nur um die logische Argumentation, sondern auch um die subjektive Überzeugung der Hörer und die daraus resultierende Handlungsmotivation geht. Gerade im Hinblick auf die Handlungsmotivation beurteilt Vico die Leistung der vernünftigen Argumentation überaus skeptisch. In *De nostri temporis* weist Vico darauf hin, dass die Menge und das gemeine Volk in der Regel „durch das Begehren gepackt und hingerissen"[18] werden und sich nur selten an Vernunfteinsichten orientieren. Das heißt, dass der Redner zwar einerseits das logische Moment seiner Argumentation nicht aus dem Blick verlieren darf, dass er aber andererseits auf ein ästhetisches Instrumentarium zur Erzeugung von Augenscheinlichkeit nicht verzichten kann, um durch die bildhafte Darstellung die Gefühle und Affekte anzusprechen und die Menschen „durch körperliche Bilder"[19] zum Handeln zu veranlassen. Die rhetorische Argumentation, die es meist

---

14 Blumenberg, Hans: Anthropologische Annäherung an die Aktualität der Rhetorik. In: Kopperschmidt, Josef (Hrsg.): Rhetorische Anthropologie. Studien zum Homo rhetoricus. München 2000, 67–87; hier: 75.
15 Vgl. Kemmann, Ansgar: Evidentia, Evidenz. In: Ueding, Gert (Hrsg.): Historisches Wörterbuch der Rhetorik. Bd. 3. Tübingen 1996, 33–47; hier: 40.
16 Mainberger, Gonsalv K.: Rhetorica I. Reden mit Vernunft. Stuttgart-Bad Cannstatt 1987, 102.
17 Vgl. Viehweg, Theodor: Topik und Jurisprudenz. München 1974, 113.
18 Vico: De nostri temporis studiorum ratione, 67.
19 Ebd.

mit einem gemischten Publikum zu tun hat, bedarf der Evidenz der Augenscheinlichkeit, um ihre überzeugende und orientierende Wirksamkeit entfalten zu können. Momente, wie das Vor-Augen-Führen (*pro ommátōn poieín*) der zu verhandelnden Sache, die bildhafte Darstellung und detailreiche Schilderung sowie die Erschließung des Neuen durch bereits Bekanntes gehören zu der imaginativen Evidenz der Rhetorik. Die durch rhetorische Mittel erzeugte Augenscheinlichkeit bildet die Grundlage einer argumentativen Verständigung über die Art und Weise, wie eine Situation einzuschätzen, ein Problem zu lösen oder eine Handlungsentscheidung aufgrund einer gemeinsam geteilten Überzeugung zu treffen ist. Die spezifisch rhetorische Evidenz dient also nicht nur der Veranschaulichung und Verlebendigung der Rede, sondern sie übt auch eine hermeneutische und damit erkenntnisfördernde Funktion aus: Das durch die Imagination gezeichnete Bild der Sache gehört wesentlich zur Überzeugungskraft eines Arguments.[20] Die Weltdeutung und Handlungsorientierung, die durch die imaginative Evidenz der Rhetorik geleistet werden, sind für den Menschen und sein Handeln in der politischen und sozialen Welt unersetzbar, auch nicht durch die Cartesianische Wissenschaft der mathematisch-rationalen Welterkenntnis und Welthervorbringung.

3 Mittel der rhetorischen Evidenz (*omnia perspicere*, Topik, Metapher)

An dieser Stelle soll noch einmal festgehalten werden, dass sich Vicos Kritik an Descartes nicht am neuzeitlichen Methodendenken selbst, sondern lediglich an dessen Methodenmonismus entzündete. Auch für Vico hängt die *certitudo* der Erkenntnis von der wissenschaftlichen Methode ab, und auch er hält an dem cartesianischen Erkenntnisideal der *clara et distincta perceptio* fest. Ohne die Kunst der Methode, so Vico, „unterliegt man nur allzu leicht einer Täuschung, gerade weil man seiner eigenen natürlichen Begabung allein Vertrauen schenkt."[21] Allerdings tritt bei Vico im Hinblick auf begründete Urteilsfindungen und vernünftige Entscheidungen im Bereich des lediglich Wahrscheinlichen das *omnia*

---

20 Vgl. Koch, Lutz: Argumentation und Evidenz in der Rhetorik: In: Helmer, Karl; Dörpinghaus, Alexander (Hrsg.): Bild – Bildung – Argumentation. Würzburg 2009, 151–156 (= Beiträge zur Theorie der Argumentation in der Pädagogik 5); hier: 154.
21 Vico, Giambattista: Liber Metaphysicus. Risposte (1711, 1712). Übers. v. Stephan Otto u. Helmut Viechtbauer. München 1979, 129.

perspicere der rhetorisch-topischen Erkenntnis an die Stelle des rationalen Deduzierens. Angesichts einer Problemlage, die sich stets so oder auch anders verhalten kann, und angesichts einer Entscheidung, die mehrere plausible Handlungsoptionen zulässt, kommt es nach Vico entscheidend darauf an, alle wichtigen Aspekte bedacht und möglichst viele Momente berücksichtigt zu haben, um nichts zu übersehen, was für die Entscheidungsfindung bedeutsam sein könnte.[22] Im Hinblick auf das besonnene und kluge Handeln erscheint Vico die *clara ac distincta idea* Descartes' geradezu als Anmaßung des erkennenden Subjekts, das irrtümlicherweise meint, „den Inbegriff einer Sache schon in einer deutlichen und unterschiedenen Idee zu besitzen"[23], ohne den Sachverhalt aus unterschiedlichen Perspektiven und Hinsichten in den Blick genommen zu haben. Nicht der *intuitus* des erkennenden Subjekts, sondern das rhetorische *omnia perspicere*, d. h. die Berücksichtigung aller nur möglichen Gesichtspunkte, rückt den Sachverhalt vollständig in den Blick einer Evidenz des Ganzen und ermöglicht so auch im Bereich des Kontingenten der Urteilsbildung die deutliche und unterschiedene Erkenntnis.[24]

Zur Vielseitigkeit und Vielfältigkeit der Anschauungen und ihrer Gesichtspunkte (*perspicuitas*) tritt die Berücksichtigung der Meinung der Andersdenkenden hinzu. Sie erweitert nicht nur den eigenen Blick auf die Sache, sondern lässt auch ein facettenreiches Bild vor dem Auge der Imagination entstehen, der sich die rhetorische Evidenz (Augenscheinlichkeit) verdankt. Die methodischen Ziele der Perspikuität und des Einschlusses fremder Perspektiven ergeben nicht die Definition einer Sache, sondern die möglichst vollständige „Prädikation eines Begriffs, einer Person, eines Sachverhalts"[25] – und zwar am Leitfaden der Topik. Die Topik lehrt nämlich die Orte, welche systematisch zu durchlaufen sind, „um alles zu erkennen an einem Ding, das man gut und vollständig erkennen will."[26]

---

22 Vgl. Menze, Clemens: Metaphysik, Geschichte, Bildung bei Giambattista Vico. Ein Kapitel aus der Geschichte der Pädagogik der Urteilskraft. In: Vierteljahrsschrift für wissenschaftliche Pädagogik, 61 (1985), 16–63; hier: 29.
23 Vico: Liber Metaphysicus, 133: „Im Gegensatz dazu kann sehr leicht einer Täuschung anheim fallen, wer da glaubt, den Inbegriff einer Sache schon in einer deutlichen und unterschiedenen Idee zu besitzen, während er sie in Wahrheit doch nur höchst undeutlich erkennt, und zwar deshalb, weil er nicht sämtliche Faktoren, die zu dieser Sache gehören und sie von anderen unterscheidet, berücksichtigt hat."
24 Vgl. ebd.
25 Schmidt-Biggemann, Wilhelm: Was ist eine probable Argumentation? In: Kopperschmidt, Josef (Hrsg.): Rhetorische Anthropologie. Studien zum Homo rhetoricus. München 2000, 383–397; hier: 395.
26 Vico: Prinzipien einer neuen Wissenschaft, 251 (= § 496).

Eine solchermaßen topische Durchmusterung stellt ein Problem oder einen komplexen Sachverhalt so klar und deutlich vor Augen, dass auf dieser Grundlage eine begründete und verantwortbare Entscheidung getroffen werden kann.

Der Versuch, die rhetorische Topik gegen die szientifische Methode Descartes zu verteidigen und das einseitige kritische Denken durch das reiche und inventive Denken der Topik zu komplementieren, gehört zu den beeindruckendsten Leistungen Vicos. Dieser Versuch führt ihn zur Begründung einer neuen, am neuzeitlichen Methodenideal orientierten Topik, welche für die unterschiedlichen Grundlagendiskurse der praktischen Wissenschaften und für die sich neu etablierenden Kulturwissenschaften nicht folgenlos bleiben sollte. Das Verstehen und die treffende Beurteilung einer Situation verlangen nach Vico einen ‚flexibleren' Vernunftgebrauch, den er im Rahmen seiner Theorie des *ingenium* erörtert. Als ingeniös und scharfsinnig gilt ihm die Fähigkeit, in different erscheinenden Sachverhalten das Ähnliche und im Ähnlichen die Unterschiede zu entdecken. Das *ingenium* wird als ein Vermögen der Vernunft charakterisiert, welches das Ähnliche im Differenten, das Gemeinsame im Verschiedenen wahrnimmt und zugleich seine Ähnlichkeit beurteilt.[27] Mit dieser Definition rehabilitiert Vico die Erkenntnisleistung des ingeniösen Verfahrens, das die sinnliche Wahrnehmung mit der ordnenden und strukturierenden Funktion der Einbildungskraft sowie mit der bestimmenden Leistung des Intellekts zu vereinigen sucht. Dieses methodische Vorgehen hebt nicht mit der rationalen Analysis, sondern mit der Synthesisleistung der Einbildungskraft an, die am Leitfaden der Topik Ähnlichkeitsstrukturen und Verknüpfungsmöglichkeiten aufspürt.[28] Das Ingenium sucht mit den „Rastern geometrischer Anschaulichkeit"[29] (ähnlich, unähnlich, gegensätzlich, größer, kleiner oder gleich) nach Verknüpfungsmöglichkeiten und Ähnlichkeitsstrukturen. In allen nichtmathematisierbaren Bereichen, so die These des Humanisten Vico, bildet das *ingenium* das eigentliche Erkenntnisvermögen des Menschen, denn Neues zu finden, ist die Sache des Ingeniums,[30] während die analytisch-deduktive Methode des Descartes lediglich das bereits Vorliegende zu zergliedern vermag. Die inventiv und kombinatorisch verfahrende Topik rückt Probleme und Sachverhalte in ein neues und unerwartetes Licht, deckt verborgene Zusammenhänge auf und bezieht neue Perspektiven in die Überlegungen mit ein. Im Rahmen persuasiver Argumentationen findet das Ingenium die geeigneten Argumente, die so neu sind, dass sie

---

27 Vgl. Vico: Liber Metaphysicus, 135.
28 Vgl. ebd., 108.
29 Otto, Stephan: Giambattista Vico. Grundzüge seiner Philosophie. Stuttgart 1989, 59.
30 Vgl. Vico: De nostri temporis studiorum ratione, 46–47.

überraschen, ohne aber aus einem bereits vertrauten Argumentationsschema zu fallen. Allgemein geteilte und durch die Tradition gestützte Überzeugungen werden in diesem Prozess neu interpretiert und in aktuelle Kontexte gestellt.[31]

Ingeniöses Denken bedient sich ferner der Metaphern, Analogien und Beispiele, die von Vico nicht nur als ästhetische Darstellungsformen, sondern als ästhetische Weisen der Erkenntnis gesehen werden. Sie repräsentieren gegenüber dem Rationalismus eine gänzlich andere Form der Weltdeutung. Diese Andersartigkeit zeigt sich vor allem in dem Ineinander von logischen und sinnlichen Momenten metaphorischen Denkens, auf das bereits Aristoteles in seiner Poetik hingewiesen hatte.[32] Die Verknüpfungen werden bildlich vor das innere Auge der Einbildungskraft geführt, d. h. vor die Quelle der rhetorischen Evidenz. Metaphern und Analogien können vor Augen führen bzw. *zeigen*, was sonst nur abstrakt gedacht wird. Das macht ihren Vorzug aus, vor allem gegenüber einem Publikum, das es kaum gewohnt ist, abstrakt wie Philosophen oder Wissenschaftler zu denken. Sie müssen etwas zum Anschauen haben und Beispiele, um sich das Allgemeine vorstellen zu können. Dieses analoge und metaphorische Denken eröffnet mit seinen Vergleichen und Veranschaulichungen gegenüber dem abstrakten Zugriff einen erweiterten Raum des Verstehens und der Interpretation. Hier stehen nicht Präzision und Eindeutigkeit des Begriffs, sondern die sinnstiftenden Bilder der Imagination mit ihrer handlungsorientierenden Kraft im Mittelpunkt. „Etwas als etwas zu bestimmen", lässt weniger Spielraum zu als „etwas als ähnlich wie" zu beurteilen.[33] Das Sehen des Ähnlichen und Differenten ermöglicht die Erschließung des Unbekannten durch Bekanntes und nimmt neuen Situationen das irritierende Moment. Es ist jener ästhetische Zugang, der es ermöglicht, sich in der Komplexität der Lebenswelt zurechtzufinden. In seiner *Scienza nuova* drückt Vico diesen Sachverhalt folgendermaßen aus:

> [...] und es ist die Ordnung der menschlichen Idee, die ähnlichen Dinge zu beobachten, zunächst um sich auszudrücken, später um zu beweisen, und zwar zunächst durch das Beispiel, das sich mit einem einzigen ähnlichen Ding begnügt, schließlich durch die Induktion, die deren mehrerer bedarf [...]. Aber den beschränkten Geistern genügt die Anführung eines einzigen ähnlichen Beispiels, um überzeugt zu sein.[34]

31　Vgl. Frank, Thomas; Kocher, Ursula; Tarnov, Ulrike (Hrsg.): Topik und Tradition. Prozesse der Neuordnung von Wissensüberlieferungen des 13. und 17. Jahrhunderts. Göttingen 2007, 16–17.
32　Vgl. Arist. Poet. 1459a 4–8.
33　Brandstätter, Ursula: Grundfragen der Ästhetik. Köln, Weimar, Wien 2008, 23.
34　Vico: Prinzipien einer neuen Wissenschaft, 202 (= § 424).

Vor allem Metaphern sind durch das Schlagartige und unvermittelt Evidente charakterisiert, das einen überraschenden neuen Blick auf die Sache eröffnet und wie ein guter Witz die Hörer packt und in Einmütigkeit versetzt.[35] Nur am Rande sei erwähnt, dass das im Jahre 2007 erschienene *Wörterbuch der philosophischen Metaphern*, das die Funktion von Sprachbildern in der Entfaltung des Denkens sowie die „vorstellungsleitende Funktion der Metapher" zu erschließen sucht, Vicos *Scienza nuova* als wichtige Anregung zu diesem Projekt nennt.[36] Bereits Vico habe darauf hingewiesen, dass Metaphern Ordnungsentwürfe bereitstellen, die sich in ihren Orientierungsleistungen der philosophischen Aufmerksamkeit besonders empfehlen. Die Metapher dient dem Menschen, der sich in einer zunächst fremden Welt zurechtfinden muss, als Kompensation seiner natürlichen Schwäche durch Zeichen, Bilder und Symbole. Die Metapher erscheint als „die treue Begleiterin des Selbsterfindungsprozesses, den die von Natur aus ‚bedürftigen' Menschen am Beginn der Zeiten anstoßen mussten und seither vorantreiben."[37]

4 Bildungstheoretische Überlegungen

Vicos bildungstheoretische Überlegungen in *De nostri temporis* richten sich zunächst an Studierende der klassischen Fakultäten Medizin, Theologie und Jurisprudenz, bei denen seine Apologie rhetorisch-humanistischer und literarischer Bildung gegen eine szientifische Verkürzung des Studiums auf Zustimmung stoßen konnte. Dieses Studium diente in allen drei *Prudenzen* der Qualifikation für Professionen, in denen theoretisches Wissen für die erfolgreiche Bewältigung der Berufspraxis allein nicht ausreicht. Hinzutreten müssen nämlich Erfahrung, Menschenkenntnis, Sensibilität für die jeweilige Situation und eine affektive Verfassung der Zuhörer, die Empathiefähigkeit, Flexibilität im Denken und kluges Urteil begünstigt. Eine Handlungstheorie *more geometrico* stellt die handlungsleitende Relevanz von Intuition, Phantasie, Scharfsinn und Urteilskraft in Frage und riskiert den Verlust an kluger Einsicht, die Verkümmerung von Phantasie und Gedächtnis, die Verarmung des sprachlichen Ausdrucks und die Schwächung der Urteilskraft.

---

35 Vgl. Hügli, Anton: Bilder oder Argumente – Bilder statt Argumente? In: Helmer, Karl; Dörpinghaus, Alexander (Hrsg.): Bild – Bildung – Argumentation. Würzburg 2009, 15–39; hier: 24–25.
36 Konersmann, Ralf (Hrsg.): Wörterbuch der philosophischen Metaphern. Darmstadt 2008, 7.
37 Ebd., 8.

Das allgemeinbildende literarische und geschichtliche Studium am Leitfaden der *humaniora* und die Entfaltung des *sensus communis* sind für Vico von daher keinesfalls Selbstzweck oder Ausdruck rückwärtsgewandten Festhaltens am unzeitgemäßen Ideal humanistischer Gelehrsamkeit, sondern Bedingungen beruflicher und lebenspraktischer Kompetenz. Professionalisierung beruht für Vico auf einem integrativen Bildungskonzept, das die Studierenden nicht einseitig, sondern ‚universal' bildet und dem theoretischen Studium die propädeutische Einübung in ästhetisch-rhetorische Erkenntnisformen voranstellt. Die *studia humanitatis* (Grammatik, Rhetorik, Geschichte, Poetik und Moralphilosophie) dienen zwar vor und neben jeder Berufsqualifikation der Entfaltung der *humanitas*, d. h. der Vervollkommnung und Veredelung des Menschen als Menschen, sie legen jedoch zugleich auch das Fundament für das professionelle Handeln.

Die Radikalität des Unterschiedes zwischen der rationalistischen Bildungskonzeption und der ästhetisch-humanistischen Bildungsidee zeigt sich in aller Deutlichkeit in der Einschätzung des *sensus communis*. Im Anschluss an Aristoteles und Cicero zeigt Vico, dass das politische und soziale Handeln auf die Orientierung durch Rhetorik, Topik und den *sensus communis* angewiesen ist. Er versteht ihn als Norm sowohl der praktischen Klugheit als auch der Beredsamkeit (*omnis prudentiae, ita eloquentiae regula est*).[38] Mit Rücksicht auf den Gemeinsinn hält es Vico für verfehlt, die Methode des wissenschaftlichen Urteilens, das sich auf die intuitive und zweifelsfreie Vernunfterkenntnis gründet, auf den Zuständigkeitsbereich der praktischen Klugheit zu übertragen.[39] Für die *prudentia* ist der *sensus communis* ein unverzichtbares Orientierungsorgan, welches wiederum sowohl durch ein ästhetisches als auch durch ein logisches Moment bestimmt ist. Diese Doppelstruktur des Gemeinsinns soll im Folgenden mit besonderer Rücksicht auf das Evidenzthema erläutert werden.

Auf den ästhetischen Sinn (*sensus*) kann der in öffentlichen Kontexten Agierende nicht verzichten, beruht doch das Handeln zu einem wesentlichen Teil auf ästhetischen Kompetenzen wie Gespür, Fingerspitzengefühl und Takt, die in der jeweiligen Situation das Angemessene und Schickliche zu finden wissen. Bezeichnenderweise wurde der Takt von Gadamer als jene besondere Empfindungsfähigkeit für Situationen bestimmt, die im konkreten Fall das Richtige und Kluge zu treffen weiß, ohne sich der Gründe theoretisch zu vergewissern.[40] Praktisches

---

38 Vgl. Vico: De nostri temporis studiorum ratione, 27.
39 Vgl. ebd., 63.
40 Vgl. Gadamer, Hans-Georg: Wahrheit und Methode. Grundzüge einer philosophischen Hermeneutik. Tübingen 1990, 22.

Handeln benötigt also „taktilen Sinn" und „taktile Bildung",[41] um sich in die Gefühlslage und affektive Verfasstheit der anderen zu versetzen und feinfühlig die Situation zu beurteilen. Aus dieser Perspektive erscheint der *sensus communis* als gemeinsamer Sinn (*sensus*) für das allgemein Akzeptable, als Sinn, der zugleich auch Gemeinschaft stiftet sowie einen humanen und kultivierten Umgang ermöglicht.[42] Die praktische Klugheit ist vom theoretischen Urteil darüber hinaus durch ihre Angewiesenheit auf Erfahrung unterschieden. Gemeint ist hier jedoch nicht die methodische Erfahrung der empirischen Wissenschaften, sondern die reiche Lebenserfahrung der Handelnden, die in den klassischen Texten wie in einer Schatzkammer aufbewahrt sind und durch mediale Vermittlung ihre belehrende und orientierende Kraft entfalten. Die durch das Studium der Geschichte und der Literatur vermittelte Lebenserfahrung verdirbt daher nicht den Verstand, sondern führt – so ein klassisches Argument humanistischen Bildungsdenkens – zur Wohlberatenheit und klugen Voraussicht und vermittelt jene Einsichten in die Natur des Menschen, seine Leidenschaften, Affekte und Handlungsmotivationen, die als Merkmale der Klugheit gelten müssen.

Nun handelt es sich beim Gemeinsinn keineswegs nur um einen Sinn, sondern auch um eine intellektuelle Operation.[43] Dies wird aus folgendem Einwand Vicos gegen die Cartesianer deutlich: Sie suchen das *primum verum* ohne Rücksicht auf den *sensus communis*, d. h. ohne die Frage zu stellen, „was die Menschen insgesamt davon denken."[44] Danach hat der *sensus communis* Bezug zum *Denken* der Anderen, also selbst etwas mit dem Denken zu tun. Nach Vico bannt er die Gefahr eines einsamen Denkens, welches entweder direkt in den Wahnsinn oder zur Hybris des erkennenden Subjekts führt. Bezeichnenderweise schließt die siebte Inauguralrede mit der Bemerkung, er habe sich in seinem akademischen Dasein vor nichts mehr gehütet, „als allein weise zu sein, worin ich immer die gefährlichste Alternative sah, entweder Gott zu werden oder ein Narr."[45] An anderer Stelle weist er darauf hin, dass die Übertragung der geometrischen Methode auf das Gebiet der praktischen Lebensführung darauf hinauslaufe, „bei großem Fleiß mit Verstand wahnsinnig zu werden!"[46] Kant hatte später in ähnlicher Weise in seiner *Anthropologie in pragmatischer Hinsicht* vor dem logischen

---

41 Vgl. Hügli, Anton: Urteilskraft und Takt. Eine Exploration im Feld der taktilen Bildung. In: Fuchs, Birgitta; Schönherr, Christian (Hrsg.): Urteilskraft und Pädagogik. Beiträge zu einer pädagogischen Handlungstheorie. Würzburg 2007, 111–124; hier: 119.
42 Vgl. Gadamer: Wahrheit und Methode, 26.
43 Vgl. Koch, Lutz: Kants ethische Didaktik. Würzburg 2003, 325.
44 Vico: De nostri temporis studiorum ratione, 63.
45 Ebd., 155.
46 Vico: Liber metaphysicus, 130–131.

Egoismus und der Dominanz des Eigensinns (*sensus privatus*) gewarnt, die beide in den Wahnsinn führen. Der logische Egoist bzw. der allein am Privatsinn Orientierte gibt nämlich den „subjektivnotwendigen Probierstein der Richtigkeit unserer Urteile", d. h. die Überprüfung des eigenen Urteils am Urteil der Anderen, damit aber den Garanten für die Gesundheit des Verstandes auf.[47]

Für Vico folgt aus diesen Überlegungen die Unersetzlichkeit der Bildung des *sensus communis*, und zwar sowohl im Hinblick auf die Kultivierung des ästhetischen Sinnes als auch im Hinblick auf die Entfaltung der durch den Gemeinsinn „erweiterten Denkungsart" (Kant). Beides ist durch die einseitige Schulung des kritischen Denkens bedroht. Sie riskiert beim jungen Menschen nicht nur die Erkrankung des Verstandes, sondern auch das Scheitern auf der öffentlichen Bühne, da man ohne Taktgefühl und Orientierung am allgemein Akzeptierten leicht in „Absonderlichkeiten" und „Torheiten" verfällt.[48]

Szientifische oder ästhetische Evidenz bzw. Vernunftevidenz oder Augenscheinlichkeit durch Phantasie und Gemeinsinn waren daher die Fragen, die sich aus Vicos Kritik des Cartesischen Ansatzes mit Rücksicht auf die sogenannten Geisteswissenschaften ergaben.

Literatur

Arnauld, Antoine; Nicole, Pierre: Die Logik oder die Kunst des Denkens. Aus dem Französischen übers. v. Ch. Axelos. Darmstadt 1994.

Blumenberg, Hans: Anthropologische Annäherung an die Aktualität der Rhetorik. In: Kopperschmidt, Josef (Hrsg.): Rhetorische Anthropologie. Studien zum Homo rhetoricus. München 2000, 67–87.

Brandstätter, Ursula: Grundfragen der Ästhetik. Köln, Weimar, Wien 2008.

Cassirer, Ernst: Zur Logik der Kulturwissenschaften. Fünf Studien. Göteborg 1942.

Descartes, René: Regulae ad directionem ingenii. Regeln zur Ausrichtung der Erkenntniskraft. Übers. u. hrsg. v. Heinrich Springmeyer u.a. Hamburg 1973.

Frank, Thomas; Kocher, Ursula; Tarnov, Ulrike (Hrsg.): Topik und Tradition. Prozesse der Neuordnung von Wissensüberlieferungen des 13. und 17. Jahrhunderts. Göttingen 2007.

Gadamer, Hans-Georg: Wahrheit und Methode. Grundzüge einer philosophischen Hermeneutik. Tübingen 1990.

Gianturco, Elio: Introduction. In: Vico, Giambattista: On the Study Methods of our Time. Übers. u. komm. v. Elio Gianturco. New York 1990, XXI–XXIV.

---

47 Vgl. Kant, Immanuel: Anthropologie in pragmatischer Hinsicht. In: Kant, Immanuel: Werke. Hrsg. v. Wilhelm Weischedel. Bd. 6. Darmstadt 1966, 399–690; hier: 535.
48 Vico: De nostri temporis studiorum ratione, 63.

Helmer, Karl: Die Geometrisierung der Vernunft. In: Helmer, Karl; Meder, Norbert; Meyer-Drawe, Käte; Vogel, Peter (Hrsg.): Spielräume der Vernunft. Würzburg 2000, 143–157.

Hügli, Anton: Bilder oder Argumente – Bilder statt Argumente? In: Helmer, Karl; Dörpinghaus, Alexander (Hrsg.): Bild – Bildung – Argumentation. Würzburg 2009, 15–39 (= Beiträge zur Theorie der Argumentation in der Pädagogik 5).

Hügli, Anton: Urteilskraft und Takt. Eine Exploration im Feld der taktilen Bildung. In: Fuchs, Birgitta; Schönherr, Christian (Hrsg.): Urteilskraft und Pädagogik. Beiträge zu einer pädagogischen Handlungstheorie. Würzburg 2007, 111–124.

Kant, Immanuel: Anthropologie in pragmatischer Hinsicht. In: Kant, Immanuel: Werke. Hrsg. v. Wilhelm Weischedel. Bd. 6. Darmstadt 1966, 399–690.

Kemmann, Ansgar: Evidentia, Evidenz. In: Ueding, Gert (Hrsg.): Historisches Wörterbuch der Rhetorik. Bd. 3. Tübingen 1996, 33–47.

Koch, Lutz: Argumentation und Evidenz in der Rhetorik: In: Helmer, Karl; Dörpinghaus, Alexander (Hrsg.): Bild – Bildung – Argumentation. Würzburg 2009, 151–156 (= Beiträge zur Theorie der Argumentation in der Pädagogik 5).

Koch, Lutz: Kants ethische Didaktik. Würzburg 2003.

Konersmann, Ralf (Hrsg.): Wörterbuch der philosophischen Metaphern. Darmstadt 2008.

Mainberger, Gonsalv K.: Rhetorica I. Reden mit Vernunft. Stuttgart-Bad Cannstatt 1987.

Menze, Clemens: Metaphysik, Geschichte, Bildung bei Giambattista Vico. Ein Kapitel aus der Geschichte der Pädagogik der Urteilskraft. In: Vierteljahrsschrift für wissenschaftliche Pädagogik, 61 (1985), 16–63.

Otto, Stephan: Giambattista Vico. Grundzüge seiner Philosophie. Stuttgart 1989.

Perelman, Chaim: Das Reich der Rhetorik. Rhetorik und Argumentation. Übers. v. Ernst Wittig. München 1980.

Schmidt-Biggemann, Wilhelm: Was ist eine probable Argumentation? In: Kopperschmidt, Josef (Hrsg.): Rhetorische Anthropologie. Studien zum Homo rhetoricus. München 2000, 383–397.

Veit, Walter F.: Rhetorik als Argumentationstheorie. In: Schirren, Thomas; Ueding, Gert (Hrsg.): Topik und Rhetorik. Ein interdisziplinäres Symposium. Tübingen 2000, 445–458.

Vico, Giambattista: Prinzipien einer neuen Wissenschaft über die gemeinsame Natur der Völker. 2 Bde. Übers. v. Vittorio Hösle u. Christoph Jermann. Hamburg 1990.

Vico, Giambattista: Liber Metaphysicus. Risposte (1711, 1712). Übers. v. Stephan Otto u. Helmut Viechtbauer. München 1979.

Vico, Giambattista: De nostri temporis studiorum ratione. Vom Wesen und Weg der geistigen Bildung. Übers. v. Walter F. Otto. Bad Godesberg 1947.

Viehweg, Theodor: Topik und Jurisprudenz. München 1974.

Woidich, Stefanie: Vico und die Hermeneutik. Würzburg 2007.

Olaf Kramer
Narrative Evidenz

1 Potenzial und Grenzen des Storytellings

Storytelling hat sich seit den 1990er Jahren zu einem populären Kommunikationsverfahren entwickelt. Ob in politischen Reden, in wissenschaftlichen Präsentationen, in Podcasts, auf Webseiten oder bei den TED Talks – Storytelling ist omnipräsent. Das Erzählen von Geschichten gilt als effektive Technik zur Weitergabe von Wissen, Werten oder Meinungen. Geschichten sollen andere informieren und auch überzeugen (Information und Persuasion). Storytelling kann als ein lokal begrenztes Verfahren innerhalb einer Rede oder eines anderen Textes eingesetzt werden oder einen Text im Ganzen dominieren. Es dient in vielen Fällen dazu, Evidenz zu erzeugen, ist eine Form der Veranschaulichung abstrakter und komplexer Informationen oder Thesen. Rhetorische Bezugspunkte für das Storytelling sind die *narratio*, also der Teil einer Rede, in dem der Redner über die Sache informiert, zu der er später dann argumentiert, und die Figur der *evidentia*, bei der durch anschauliche Darstellung ein persuasiver Effekt erzielt werden soll. Narrative Evidenz ist somit ein Begriff, der für einen Einsatz von narrativen Elementen steht, bei dem ein hohes Maß an Anschaulichkeit und Nachvollziehbarkeit gegeben ist, so dass sich über die Anschauungsebene eine persuasive Wirkung einstellt bzw. ein persuasives Argument substantiell gestützt wird.

Storytelling wird vielfach als ein überaus mächtiges Kommunikationstool angesehen. So schreibt beispielsweise Aleida Gersie in *Earthtales. Storytelling in Times of Change*:

> Storytelling is currently experiencing a considerable revival of interest. This has led many educators to think about ways in which storytelling can be used to explore important shared themes and visions. The current concern about environmental issues is connected with this revival, since folktales about the relationship between the Earth and its human inhabitants have been at the heart of storytelling since earliest times. Not only do such stories offer a source of inspiration, they also contain a potential for understanding the many ways in which we value and devalue our beautiful green and blue planet. Stories provide us with practical insight into approaches to our most persistent environmental difficulties.[1]

---

[1] Gersie, Aleida: Earthtales. Storytelling in Times of Change. London 1990, 1.

https://doi.org/10.1515/9783110563399-005

In diesem Beispiel soll Storytelling also das ökologische Bewusstsein von Menschen stärken, einen ökologischen Turnaround gleichsam herbeierzählen – so einfach ist es freilich nicht. Zwar hat Gersie recht, viele Mythen und Geschichten beschreiben das Verhältnis des Menschen zur Erde und sind ein Muster, um die Wirklichkeit zu deuten und zu erklären – Letzteres zeigte sich nicht zuletzt schon eindrücklich in den antiken Mythen. Gleichwohl sind Geschichten in ihrer Wirkung auf den einzelnen Adressaten kaum kalkulierbar: Wie genau Geschichten wirken, ist eher indirekt und offen – und wird erst durch argumentative Elemente kanalisiert. Auch das pädagogische Potenzial von Geschichten, das Gersie zusammen mit Nancy King in *Storytelling in Education and Therapy* herausstellt oder Andrew Wright in *Storytelling with Children* proklamiert, sollte man daher nicht überschätzen.[2] Auch wenn Kinder sich mit Geschichten die Welt erschließen, sind diese Geschichten als alleinige kommunikative Handlungsmotivation nicht hinreichend – weder für Kinder noch für Erwachsene.

In der Tat lernen wir in Geschichten etwas über die Welt, Geschichten können Informationen transportieren, Adressaten sinnlich affizieren und emotional ansprechen, persuasive Wirkung entfalten und Identifikation befördern. Aus guten Gründen fragen Francesca Polletta und John Lee aber „*Is Telling Stories Good for Democracy?*"[3], denn Geschichten sind häufig von einem Mangel an argumentativer Konsistenz geprägt und werden von Adressaten auch entsprechend wahrgenommen. Man fragt sich: Wurde ich überzeugt oder eher mit Hilfe einer Geschichte manipuliert? Zugleich aber eröffnen Geschichten in einer Zeit, in der durch Globalisierung und gesellschaftliche Individualisierungsprozesse der kommunikative Zusammenhalt von Gesellschaften brüchig geworden ist, die Chance, Differenzen zu überwinden. Sie können dafür sorgen, dass sich Menschen trotz widerstreitender Meinungen und Wertevorstellungen in eine Geschichte einfinden,[4] und sie können eine gemeinsame Basis für die weitere Reflexion und koordiniertes Handeln befördern. Storytelling ist somit zwar keine generelle Master-Strategie für Kommunikatoren, die mit Adressaten zu tun haben, die unterschiedliche Meinungen und Wertvorstellungen haben, weil sie

---

2 Siehe Gersie, Aleida; King, Nancy: Storymaking in Education and Therapy. Stockholm 1990; siehe auch Wright, Andrew: Storytelling with Children. Oxford 2008.
3 Polletta, Francesca; Source, John Lee: Is Telling Stories Good for Democracy? Rhetoric in Public Deliberation after 9/II. In: American Sociological Review 71.5 (2006), 699–723; hier: 699.
4 Vgl. Dal Cin, Sonya; Zanna, Mark P.; Fong, Geoffrey T.: Narrative Persuasion and Overcoming Resistance. In: Knowles, Eric S.; Linn, Jay A. (Hrsg.): Resistance and Persuasion. Mahwah, NJ 2004, 175–191; hier: 182; vgl. auch Shen, Lijiang; Seung, Suyeun; Andersen, Kristin K.; McNeal, Demetria: The Psychological Mechanisms of Persuasive Impact from Narrative Communication. In: Studies in Communication Sciences 17.2 (2017), 165–181; hier: 168.

Informationen und Wissen selektiv und bruchstückartig darstellen; aber sie ist ein durchaus wirksames Verfahren, um Interesse zu wecken und eine gemeinsame Basis für weitere Argumente zu schaffen.

Doch wie soll sich die Wissenschaft hier verhalten, wie die Politik oder die Schule? Storytelling in diesen Feldern steht in Konkurrenz mit Narrativen, die sich nicht um Fakten kümmern und kann oft nicht mithalten, was die emotionale Durchschlagskraft der Geschichte angeht, die Originalität des Einfalls oder auch nur die dramaturgischen Aufbereitung.[5] Gleichwohl will man sich das Potenzial des Storytellings nicht entgehen lassen, wenn es um die Popularisierung von Wissenschaft geht, darum, außerhalb der Fachwelt zu kommunizieren – denn narrative Umsetzungen und Elemente stoßen auf Interesse.[6] Ähnliches gilt für den Bereich der politischen Kommunikation: Geschichten sind reizvoll, entfalten einen besonderen Appeal – die Reden von Barack Obama, oft durchzogen von Storytelling-Elementen, machen das deutlich;[7] zugleich reduzieren sie aber auch die Komplexität und können in populistische Vereinfachungen hineinführen.

Wie also sollten wir in pragmatischen Kontexten mit Geschichten umgehen? Wie kann man im Bereich der Wissenschaftskommunikation, der politischen Rede oder auch im Bildungskontext Geschichten in einer Art und Weise einsetzen, die eine falsche Komplexitätsreduktion vermeidet, zugleich aber Geschichten nutzt, um Menschen zu interessieren und motivieren, zu informieren und potenziell auch zu überzeugen? Wie soll man in der Konkurrenz mit Narrationen bestehen, die – wie etwa in Romanen, Filmen oder Computersielen – auch ohne Rücksicht auf Fakten sowie komplizierte Erkenntnisse und Problemlagen auskommen und auf die Erregung spezifischer Effekte hin angelegt werden können?

---

5 Vgl. Dahlstrom, Michael F.; Scheufele Dietram A.: (Escaping) the paradox of scientific storytelling. In: PLOS Biology 16.10 (2018). https://doi.org/10.1371/journal.pbio.2006720. San Francisco, CA 2018 (21.07.2019).
6 Vgl. Dahlstrom, Michael F.: Using narratives and storytelling to communicate science with nonexpert audiences. In: PNAS 111.4 (2014), 13614–13620; hier: 13614.
7 Vgl. Kramer, Olaf: Politik zwischen Gegenwart und Zukunft. Das genus deliberativum in der Mediokratie. In: Ueding, Gert; Kalivoda, Gregor (Hrsg.): Wege moderner Rhetorikforschung: Klassische Fundamente und interdisziplinäre Entwicklung. Berlin, Boston 2014, 681–701; hier: 689.

2 Storytelling zwischen Fakt und Fiktion

Wenn wir uns mit Storytelling in pragmatischen Wirkungszusammenhängen auseinandersetzen, dann können wir es sowohl mit Geschichten zu tun haben, die reale Ereignisse dokumentarisch wiedergeben, als auch mit fiktiven Geschichten, die eben auch in pragmatischen Kontexten als Veranschaulichung und Erläuterung eingesetzt werden können. Am häufigsten jedoch treffen wir auf Mischformen, denn ganz ohne Fiktion ist eine gute Geschichte kaum zu realisieren. Insofern kommen wir auch in den Bereichen der politischen Kommunikation, der Wissenschaftskommunikation und im Bildungskontext letztlich nie ohne ein gewisses Maß an Freiheit im Gebrauch von Storytelling aus. Allerdings ergeben sich deutliche Differenzen, wenn es um die Fähigkeit der Kommunikatoren geht, Geschichten zu gestalten. Zum Teil ergibt sich auch schon vor rein zeitökonomischen Hintergründen das Problem, eine Geschichte in einem Vortrag nicht mit dem gleichen Aufwand und Umfang ausgestalten zu können, mit dem sich ein Schriftsteller oder Regisseur an die Ausarbeitung einer Story macht.

Wenn man sich mit Storytelling theoretisch auseinandersetzt, ist eine Erweiterung des Fiktionsbegriffes nötig, der diesen aus der strikten Kopplung mit literarischer Kommunikation befreit und damit das vollständige kommunikative Potenzial von Fiktion erschließt – eine Forderung, die Wiklef Hoops ohne viel Resonanz schon in den 1970er Jahren gestellt hat.[8] Storytelling kann nämlich von der Expertise der Erzählforschung durchaus profitieren. Dieser Weg der Öffnung der Narratologie wurde etwa von Albrecht Koschorke mit seinem Entwurf einer Allgemeinen Narratologie eingeschlagen.[9] Er schließt an Überlegungen von Walter R. Fisher, der den Menschen als „homo narrans"[10] definiert hat, und Alasdair MacIntyre an, der vom „storytelling animal"[11] gesprochen hat. Diese Ausdehnung der Narratologie hat vor allem auch Hayden White befördert, der zunächst die Geschichtsschreibung untersuchte, um dann Narration als „panglobal fact of culture"[12] zu definieren. Im Weiteren führte er aus:

---

8 Vgl. Hoops, Wiklef: Fiktionalität als pragmatische Kategorie. In: Poetica 11 (1979), 281–317; hier: 283f.
9 Siehe Koschorke, Albrecht: Wahrheit und Erfindung. Grundzüge einer Allgemeinen Erzähltheorie. Frankfurt/Main 2012.
10 Vgl. Fisher, Walter R.: Narration as a Human Communication Paradigm. The Case of Public Moral Argument. In: Communication Monographs 51.3 (1984), 1–22; hier: 6.
11 Vgl. MacIntyre, Alasdair: After Virtue. A Study in Moral Theory. Notre Dame, IN 2007, 216.
12 White, Hayden: The Value of Narrativity in the Representation of Reality. In: Critical Inquiry 7.1 (1980) 5–27; hier: 1.

> You could in fact argue, and people have, that our need for narrative form is so strong that we don't really believe something is true unless we can see it as a story. Bringing a collection of events into narrative coherence can be described as a way of *normalizing* or *naturalizing* those events.[13]

Trotz aller Vorbehalte gegen narrative Elemente in pragmatischen Kommunikationskontexten sind diese ubiquitär und völlig unabhängig vom Hype um das Storytelling – insofern kann kein Kommunikator das Potenzial von Geschichten ignorieren.

Innerhalb der Narratologie hat man sich in den letzten Jahren darum bemüht, die kognitiven Prozesse, die von narrativen Texten angestoßen werden, zu untersuchen. Vor allem David Herman hat sich um die sogenannte *cognitive narratology* verdient gemacht und „mind-relevant aspects of storytelling practices"[14] untersucht. Aus der Sicht Hermans kann man die Theorie von Schank und Abelson als einen ersten Aufschlag zur Entwicklung einer kognitiven Narratologie sehen. Sie weisen deutlich darauf hin, dass Wissen in sehr grundlegender Form narrativ angelegt und gespeichert wird.[15] Das heißt, dass die narrative Darbietung und Verarbeitung von Informationen gar kein Ausnahmefall ist, vielmehr speichern wir viele Informationen als narrative Abläufe ab und lassen uns durch Narrationen lenken, weil sie einen Werthorizont eröffnen, der uns zur Orientierung dient. Schank und Abelson haben insbesondere auch die kognitiven Prozesse bei der Interpretation von Narrationen untersucht und die Rolle von „scripts", „plans" und „goals" herausgestellt.[16] Skripte beschreiben Handlungsabläufe: So können wir etwa einen Restaurantbesuch absolvieren, ohne jedes Mal aufs Neue genaue Pläne für unser Vorgehen erstellen zu müssen. Wir verfügen über eine mentale Repräsentation in Form eines Skriptes, welches die einzelnen Schritte von der Reservierung über die Auswahl der Speisen bis zum Bezahlen enthält.[17] Hier greifen wir auf narrative Strukturen zurück, um Wissen zu speichern. Für dieses Phänomen lassen sich viele Beispiele finden: Immer wenn wir es etwa mit prozeduralem Wissen zu tun haben, sind narrative Umsetzungen im Spiel. Auch

---

13 Vgl. Abbott, H. Porter: The Cambridge Introduction to Narrative. Cambridge, MA 2008, 40.
14 Herman, David: Cognitive Narratology (revised version; uploaded 22 September 2013). In: Hühn, Peter; Meister, Jan Christoph; Pier, John; Schmid, Wolf (Hrsg.): The Living Handbook of Narratology. https://www.lhn.uni-hamburg.de/node/38.html. Hamburg 2013 (21.07.2019).
15 Vgl. Schank, Roger C.; Abelson, Robert P.: Knowledge and Memory: The Real Story. In: Wyer Robert S. (Hrsg.): Knowledge and Memory: The Real Story. Hillsdale, NY 1995, 1–85; hier: 2.
16 Schank, Roger C.; Abelson, Robert P.: Scripts, Plans, Goals and Understanding: An Inquiry into Human Knowledge Structures. Hillsdale, NJ 1977.
17 Siehe Anderson, John R.: Kognitive Psychologie. Eine Einführung. Übers. v. Joachim Grabowski-Gellert, Stefan Granzow u. Ute Fehr. 2. Aufl. Heidelberg 1989, 126–128.

Frames, die für uns eine zentrale Orientierungsfunktion haben, sind häufig durch Narrationen hergestellt worden: Oftmals haben wir es hierbei mit Geschichten zu tun, die einen Bedeutungsrahmen definieren, an dem wir Wertdiskussionen, emotionale Reaktionen und Verhaltensweisen ausrichten.

Wir sollten also die Wirksamkeit von Narrationen nicht unterschätzen. Wenn wir Informationen übermitteln und sachbezogene Argumente austauschen, werden diese häufig in narrative angelegte Bedeutungsrahmen eingeordnet oder haben selbst eine prozedurale Struktur. Narrativität ist somit ein grundlegendes Merkmal von Kommunikation und Storytelling setzt bei basalen kommunikativen und kognitiven Mustern an. Diese Muster aber finden sich im Zusammenhang fiktionaler Narrationen genauso wie bei der narrativen Ausgestaltung realer Ereignisse und Abläufe. Es kann also gar nicht darum gehen, in der Wissenschaftskommunikation, der politischen Kommunikation oder im Bildungsbereich auf Narrativität zu verzichten. Vielmehr geht es um einen Umgang mit Narrativität, der den einzelnen Kommunikator nicht überfordert und von den Adressanten als angemessen wahrgenommen wird. Die Zustimmung der Adressaten wird dabei regelmäßig davon abhängen, ob die Informationen, die narrativ vermittelt werden, verlässlich und ausreichend differenziert sind, denn in pragmatischen Zusammenhängen zählt ja gerade dieser sachliche Gehalt eines Textes und nicht seine ästhetische Überformung, wie sie im Bereich der literarischen Sonderkommunikation in den Vordergrund rückt.[18]

3 Narrative Evidenz

3.1 Das rhetorische Modell der *narratio*

Im System der Rhetorik, das ja zunächst und vor allem eine Kommunikationstheorie für die pragmatische und nicht für die ästhetische Kommunikation abbildet, ist die *narratio* bzw. *diégēsis* die Stelle, an der die narrative Plausibilisierung am ausführlichsten verhandelt wird. Die Diskussion ist in vielen Theorieschriften damit gleichsam versteckt in der Darstellung der Redeteile enthalten, weil die *narratio* als Form in der Rhetorik nie allein und für sich selbst steht, sondern immer in einen kommunikativen Kontext eingebettet wird. Die *narratio* ist „Basis der

---

18 Vgl. Knape, Joachim: Rhetorik der Künste. In: Fix, Ulla; Gardt, Andreas; Knape, Joachim (Hrsg.): Rhetorik und Stilistik/Rhetoric and Stylistics. 1. Halbband. Berlin, New York 2008, 894–928; hier insb.: 898–906.

Argumentation des parteiischen Orators"[19]. Klassisches Beispiel ist die Erzählung vor Gericht, also die Schilderung des Falls, die nötig ist, bevor argumentiert werden kann.[20] Aber auch bei der epideiktischen Rede, also der Festrede, spielt die *narratio* eine Rolle – dort dient sie vor allem der Illustration und Veranschaulichung. In der politischen Rede, die (als dritte klassische Redegattung) auf die Zukunft bezogen ist, kann die *narratio* als ein Versuch vorkommen, Vergangenes lebendig werden zu lassen oder dazu dienen, die Folgen einer Entscheidung in der Zukunft zu veranschaulichen. Ein zentrales Prinzip in der *narratio* ist dabei die Kürze, denn schon Horaz erwähnt, dass ein fiktives Werk kurz sein kann: „Kurz, sei das Werk, wie es wolle, nur soll es geschlossen und einheitlich sein."[21] Damit hat er wichtige Prinzipien einer Narration genannt: Sie sollte nicht ausufern sowie abgeschlossen und kohärent sein, damit sie Adressaten erreicht. Man sollte sich also vom Storytelling-Trend gerade nicht zu langen Erzählungen verleiten lassen, die einen technisch außerordentlich versierten Autor fordern, sondern kurze und kohärente Geschichten entwickeln.

Aristoteles unterscheidet zwei mögliche Formen der *narratio*, an der sich die Trennung von fiktionalen Geschichten und der Darstellung realer Ereignisse spiegelt: Solange der Redner nur Geschehnisse wiedergibt, ist er „nicht der Verursacher der Handlungen bzw. Tatsachen"[22]. Allerdings schlägt die Darstellung einer Sache schnell in einen fiktionsästhetischen Fall um, nämlich sobald Gründe angeführt werden müssen, um „zu zeigen, dass etwas der Fall ist, wenn es unglaubwürdig ist"[23]. Der Redner hat nun die Aufgabe, etwas als wahrscheinlich erscheinen zu lassen – dann aber muss er zur Fiktion bereit sein, um sein Argument zu stärken. Es wird zu seiner Aufgabe, reale Ereignisse in den Modus der Fiktion zu überführen, um eine gute und wirksame Geschichte vorzulegen. Quintilian wird eine *narratio* daher später auch als eine „zum Überreden nützliche Darstellung eines tatsächlichen oder scheinbar tatsächlichen Vorgangs"[24] verstehen. Dabei gilt: „[D]er Orator [also der Redner] ist der Narrator"[25], d. h. er

---

19 Knape, Joachim: Narratio. In: Ueding, Gert (Hrsg.): Historisches Wörterbuch der Rhetorik. Bd. 6. Tübingen 2003, 98–106; hier: 98.
20 Vgl. Arist. Rhet. 1414a–b.
21 Hor. Ars 23; Übers. zitiert nach Horaz: Ars poetica. Die Dichtkunst. Übers. u. hrsg. v. Eckart Schäfer. Stuttgart 1972.
22 Arist. Rhet. 1416b; Übers. hier und im Folgenden zitiert nach Aristoteles: Rhetorik. Übers. u. erl. v. Christof Rapp. 2 Halbbände. Berlin 2002.
23 Arist. Rhet. 1416b.
24 Quint. IV, 2, 31; Übers. hier und im Folgenden zitiert nach Quintilianus, Marcus Fabius: Ausbildung des Redners. Zwei Teile. Hrsg. u. übers. v. Helmut Rahn. Darmstadt 1988.
25 Knape: Narratio, 99.

selbst erzählt und es gibt anders als in einer literarischen Erzählung keine unabhängige Erzählinstanz – eine These, die viele pragmatische Beispiele von Storytelling stützen. Das heißt aber, dass der Orator im Fall pragmatisch eingebetteter Narrative mit seinem *éthos* für die Geschichte einsteht.

Die Funktion der *narratio* ist in der Rhetorik in jedem Moment klar, „denn", so erläutert Quintilian am Beispiel der Gerichtsrede, „die Erzählung ist ja nicht dazu erfunden, daß der Richter eine Sache nur kennenlernt, sondern weit mehr dazu, daß er ihr zustimmt."[26] Insofern kann die *narratio* in einem Persuasionsversuch durchaus von ganz entscheidender Wichtigkeit sein und sollte nicht als bloß illustrativ verstanden werden, sie hat vielmehr innerhalb eines persuasiven Gefüges also eine klare Funktion. Quintilian fragt sich daher, ob „es einen Unterschied zwischen Beweisführung und Erzählung [gibt] außer dem, daß die Erzählung eine zusammenhängende Ankündigung der Beweisführung ist, während wiederum die Beweisführung eine die Erzählung entsprechende Bekräftigung bildet."[27] Das heißt, dass auch die *narratio* für Quintilian argumentative Qualität hat, das sollte man auch beim Storytelling stets berücksichtigen. John O'Banions These, dass für Quintilian die *narratio* ein zentrales Verfahren der Persuasion sei, also im Kern des Persuasionsgeschehens verortet werden müsse, ist vor diesem Hintergrund leicht nachzuvollziehen.[28] Neue Erkenntnisse der Amsterdam School stützen diese Sichtweise O'Banions, insofern sie beispielsweise das persuasive Potenzial von Erzählungen in Konfliktsituationen herausstellen.[29]

Quintilian kann sich wie so oft auf Cicero berufen, der in *De inventione* recht detailliert darlegt, was eine *narratio* vor Gericht überzeugend macht und sich dabei ebenfalls nicht um den Unterschied zwischen der Darstellung wirklicher Ereignisse und einer rhetorisch-strategisch ausgerichteten Fiktion als Grundlage für die Narration schert:

> Glaubwürdig ist die Darstellung des Sachverhaltes [*narratio*], wenn sie das zu enthalten scheint, was in Wirklichkeit gewöhnlich zu sehen ist; wenn die Würde der Personen gewahrt wird; wenn die Ursachen der Taten sichtbar hervortreten; wenn sich zeigt, daß es Möglichkeiten zur Tat gab; wenn man zeigt, daß der Zeitpunkt geeignet, der Zeitraum genügend, der Ort tauglich war für das Geschehen, das dargelegt wird; wenn das Geschehen

---

26 Quint. IV, 2, 20.
27 Quint. IV, 2, 79.
28 Siehe O'Banion, John D.: Narration and Argumentation: Quintilian on *Narratio* as the Heart of Rhetorical Thinking. In: Rhetorica 5.4 (1987), 325–351.
29 Siehe etwa Dal Cin et al.: Narrative Persuasion and Overcoming Resistance. Schon Quintilian wusste, dass die *narratio* gerade bei schwierigen Fällen von großer Bedeutung sein kann; vgl. Quint. IV, 2, 99.

der Natur der handelnden Person, der Sitte der Menge und der Meinung der Zuhörer angepaßt wird. Wahrscheinlich kann sie also sein, wenn man dies berücksichtigt.[30]

Eine *narratio* soll also enthalten, „was in Wirklichkeit gewöhnlich ist", d. h. sie muss sich auf etablierte Frames beziehen, und „Ursachen der Taten" angeben. Sie erhält dadurch selbst eine argumentative Struktur und muss die „Würde der Personen" wahren, womit der Werthorizont ins Spiel kommt, der sich durch die Meinungen und Überzeugungen der Adressaten ergibt.

In pragmatischen Kommunikationskontexten wird man eine Sache so darstellen, als sei sie wirklich geschehen, während ein Schriftsteller es sich leisten kann, seine Fiktion als Fiktion kenntlich zu machen. Das Label ‚Roman' und die Markierung eines sonderkommunikativen Frames schadet der Wirkung eines literarischen Textes in der Regel nicht, kann vielleicht sogar die Widerstände des Adressaten gegenüber dem Entwurf mindern. Das ist ein grundsätzlicher Unterschied zwischen pragmatischen und literarischen Formen der Kommunikation. Wenn hingegen der politische Redner, der Wissenschaftler oder Lehrer Storytelling einsetzt, dann ist es „[d]ie höchste Kunst, diesen Anschein [der Künstlichkeit] zu vermeiden"[31]. In den Worten von Hoops:

> Während Fiktives als bedeutungstragendes Element nur dann wirksam wird, wenn Tatsache und Art der Abweichung dem Leser klar sind, muß es bei der rhetorischen Verwendung fiktiver Elemente das Ziel des Autors sein, die Fiktivität solcher Elemente vor dem Leser zu verbergen.[32]

Wichtig ist, dass jeder Autor die Ereignisse so schildert, dass sie, wie es bei Pavel oder auch Walsh heißt, für die Adressaten Relevanz erlangen.[33] Eine Narration ist dann für den Adressaten attraktiv, wenn seine Sache betrieben wird, man kann hier an das *tua res agitur* der Rhetorik denken, denn so entstehen Involvement, Identifikation und ein immersives Erleben.[34]

---

30 Cic. Inv. I, 21; Übers. zitiert nach Cicero, Marcus Tullius: De inventione. Über die Auffindung des Stoffes. De optimo genere oratorum. Über die beste Gattung von Rednern. Hrsg. u. übers. v. Theodor Nüßlein. Düsseldorf, Zürich 1998.
31 Quint. IV, I, 57.
32 Hoops: Fiktionalität als pragmatische Kategorie, 307, Anmerkung 120.
33 Vgl. Pavel, Thomas G.: Fictional Worlds. Cambridge, MA, London 1986, 145; vgl. auch Walsh, Richard: The Rhetoric of Fictionality. Narrative Theory and the Idea of Fiction. Columbus, OH 2007, 16–37.
34 Vgl. dazu Bente, Gary M.; Krämer, Nicole C.; Petersen, Anita: Virtuelle Realität als Gegenstand und Methode in der Psychologie. In: Bente, Gary M.; Krämer, Nicole C.; Petersen, Anita (Hrsg.): Virtuelle Realitäten. Göttingen 2002, 1–31, hier: 18.

3.2 Dimensionen der Evidenz

Im Rahmen des weitreichenden Storytelling-Booms, aber auch in der Fiktionstheorie wird nur selten ausführlicher über die Rolle der Anschaulichkeit oder – rhetorisch gefasst – der *evidentia* gesprochen. Dabei sind die Überlegungen der antiken Rhetorik zur *evidentia* außerordentlich aufschlussreich für pragmatische Zusammenhänge, weil die anschauliche Darstellung in der Rhetorik eine unmittelbar persuasive Wirkung entfaltet, eine Art Beweischarakter hat, wie er im Bereich der Wissenschaftskommunikation, Politik oder Schule wünschenswert ist. Durch ihre Kürze und sprachliche Ökonomie ist eine evidente Darstellungsweise zudem kommunikativ effizient, gut trainierbar und auch von weniger geübten Autoren umzusetzen.

Für den Einsatz von Evidenz wie für die gesamte Darstellungsweise von pragmatischen Äußerungen liefern die Maximen von Paul Grice gute Orientierungspunkte.[35] So ist etwa die Maxime der Qualität zu beachten: Die Darstellung sollte wahr und verlässlich sein. Nach der Maxime der Quantität muss darüber hinaus auch bei einer evidenten narrativen Darstellung ein Ökonomieprinzip Anwendung finden. Auch die Maxime der Relevanz gilt es mit Blick auf die Adressaten zu berücksichtigen – genauso wie Klarheit und Strukturierung im pragmatischen Kontext zwingend gefordert werden.

Evidentia realisiert Narrativität gleichsam auf der Mikroebene eines Textes, ist aber gerade dadurch in den verschiedensten pragmatischen Kontexten einfach einzusetzen. Es geht darum, Argumente als möglich und wahrscheinlich zu präsentieren, die Adressaten affektiv zu erreichen, eindrucksvoll zu informieren oder persuasiv zu lenken. Ziel der der *evidentia* ist es, die Adressaten zu „Augenzeugen"[36] werden zu lassen, denn, wie Cicero es ausführt, macht es

> großen Eindruck, bei einer Sache zu verweilen, die Dinge anschaulich auszumalen und fast so vor Augen zu führen, als trügen sie sich wirklich zu. Das ist von großem Wert bei der Darlegung einer Sache, für die Erhellung dessen, was man auseinandersetzt, und für die Steigerung der Wirkung, um das, was man hervorhebt, in den Augen der Zuhörer so bedeutend darzustellen, wie die Rede es ermöglicht.[37]

---

[35] Siehe Grice, H. Paul: Logic and Conversation. In: Cole, Peter; Morgan, Jerry L. (Hrsg.): Speech Acts. New York, NY 1975, 41–58.

[36] Lausberg, Heinrich: Handbuch der literarischen Rhetorik. Eine Grundlegung der Literaturwissenschaft. 3. Auflage. Stuttgart 1990, § 810.

[37] Cic. De or. III, 202; Übers. zitiert nach Cicero, Marcus Tullius: De oratore. Über den Redner. Übers. u. hrsg. v. Harald Merklin. 5. Aufl. Stuttgart 2003.

Cicero beschreibt hier *evidentia* als *deskriptive Evidenz*, als eine Technik, die einzelne Aspekte einer Sache herausgreift und möglichst anschaulich darstellt. Dabei lässt sich sehr gut mit einzelnen Details arbeiten: Wenn sie gut ausgewählt und plastisch beschrieben werden, genügen schon wenige Details, um Adressaten ein Bild vor Augen zu stellen. Diese Reduktion als zentrales Verfahren wird etwa bei Quintilian an einem Beispiel greifbar: „Auf die Zehen plötzlich sich reckend standen die beiden"[38] ist ein anschaulicher Satz, der die Erscheinung von Boxern, die zum Schlagwechsel ansetzen, greifbar werden lässt. In diesem Beispiel wird auch noch eine weitere Spielart von Evidenz sichtbar, die auf die dynamische Darstellung eines Geschehens zielt. Hiermit bahnt sich ein unmittelbarer Weg zur Narrativität als einem Verfahren der Evidenzerzeugung. Auch diese dynamische Evidenz bleibt dabei, wie die deskriptive Evidenz, eher auf der Mikroebene eines Textes, denn auch hier reichen bei guter Auswahl einige Pinselstriche, um ein Ereignis plastisch zu machen. Aristoteles hat vor allem diese Technik der lebendig-energischen Darstellung im Sinn, wenn er *enérgeia* als rhetorische Darstellungstechnik beschreibt.[39]

Eine evidente Darstellungsweise ist also vor allem von der Auswahl der passenden Details abhängig.[40] Narrationen lassen sich dabei auf einer Skala der Saturation bemessen. Die Skala, die den Saturationsgrad eines Textes beschreibt, reicht von Nullsaturation bis zur vollständigen Saturation. Beide Extrempole sind aber nur theoretisch gegeben. Ganz ohne Sättigung kann die Weltbildung mit Hilfe eines Textes nicht gelingen, er würde sonst kaum mehr als Konjunktionen enthalten; auch eine vollständige Sättigung ist nicht denkbar, nicht einmal in einem *stream of consciousness* oder in einem noch so ausfernden Realismus. Eine Evidenzerzeugung nach den Regeln des *principle of minimal departure*[41] hat hierbei oftmals sogar eine stärkere immersive Wirkung als eine ausfernde Detailierung. Der Prozess der Evidenzerzeugung lässt sich nämlich mit Iser durch die gezielte Öffnung und Schließung von Leerstellen bzw. mit Ingarden durch den gezielten Einsatz unterdeterminierter Passagen verstehen: „Leerstellen indes bezeichnen weniger eine Bestimmungslücke des intentionalen Gegenstandes bzw.

---

38 Quint. VIII, 3, 63.
39 Rüdiger Campe unterscheidet in diesem Zusammenhang gar zwei verschiedene Traditionen des Sprachgebrauchs: einen „repräsentationslogisch-statischen" römischen Sprachgebrauch und einen „ontologisch-dynamischen" bei Aristotles; Campe, Rüdiger: Affekt und Ausdruck. Zur Umwandlung der literarischen Rede im 17. und 18. Jahrhundert. Tübingen 1990, 230, Anmerkung 22. Vgl. auch die Bemerkungen hierzu in der Einleitung zu diesem Band.
40 Vgl. Quint. IV, 2, 63.
41 Siehe Ryan, Marie-Laure: Fiction, Non-Factuals, and the Principle of Minimal Departure. In: Poetics 9 (1980), 403–422.

der schematisierten Ansichten als vielmehr die Besetzbarkeit einer bestimmten Systemstelle im Text durch die Vorstellung des Lesers."[42]

Im Sinne des *principle of minimal departure* füllt der Adressat die Lücken also in einer Weise, die ihm selbst schlüssig erscheint, im gezielten Einsatz auch solcher Leerstellen zeigt sich der wirksame Geschichtenerzähler.

> Sie [Leerstellen] initiieren eine Interaktion, in deren Verlauf die Konturen des Leergelassenen von den Vorstellungen des Lesers besetzt werden, wodurch sich auch die Asymmetrie zwischen Text und Welt aufzuheben beginnt und der Leser eine ihm fremde Welt zu Bedingungen erfahren kann, die nicht durch seinen Habitus determiniert sind.[43]

Beim Storytelling geht es demnach nicht um hoffnungslos überdeterminierte Texte, eher um die Anschlussfähigkeit an die Erfahrungen der Adressaten, und es muss also auch nicht immer die große Erzählung sein, wenn man mit Hilfe von Storytelling kommunikativ erfolgreich sein will. Die Orientierung an der Evidenz kann somit ein handhabbares Modell sein, um Storytelling einzusetzen.

Evidenz baut auf eine sinnlich konkrete Darstellung, die an einzelnen Details hängt, ohne dass notwendigerweise der komplexe Zusammenhang dieser Details deutlich werden muss. Mit der Stilfigur *evidentia* lassen sich narrative Darstellungsweisen auf der Mikroebene studieren und umsetzen. Mit Wayne C. Booth ist ein auf das *showing* bezogener Schreibstil durch Evidenz gekennzeichnet,[44] aber auch er geht nicht gänzlich in einer evidenten Darstellungsweise auf: Auch *showing* ist nur erfolgreich, wenn es in einem Akt des Fingierens durch zielgerichtete Simulationsverfahren getragen wird, die die Wahrnehmung des Adressaten berücksichtigen, Zugangsrelationen bereitstellen und gezielt Leerstellen bzw. Unbestimmtheitsstellen setzen.

3.3 Techniken der Evidenzerzeugung

Nelson Goodman hat in seiner einflussreichen Monographie *Weisen der Welterzeugung* beschrieben, wie man eine mögliche Welt, wie sie jede Erzählung erschafft, aus einer Referenzwelt erzeugen kann: Man tilgt Elemente, fügt neue hinzu oder deformiert diese,[45] denn das „uns bekannte Welterzeugen geht stets

---

42 Iser, Wolfgang: Der Akt des Lesens. Theorie ästhetischer Wirkung. 2., durchges. u. verbess. Aufl. München 1984, 284.
43 Ebd., 348.
44 Vgl. Booth, Wayne C.: The Rhetoric of Fiction. 2. Aufl. Chicago 1983, 3–20.
45 Vgl. Goodman, Nelson: Weisen der Welterzeugung. Übers. v. Max Looser. Frankfurt/Main 1984, 20–30.

von bereits vorhandenen Welten aus; das Erschaffen ist ein Umschaffen."⁴⁶ Richtungsgebend ist dabei ist die wahrgenommene Realität der Adressaten, zu der auch andere Fiktionen gehören. *Worldmaking* als eine Form der Remodulierung von erlebter Wirklichkeit – David Herman hat in der Folge fünf Formen der Weltenbildung nach Goodman unterschieden:⁴⁷

- *compostion / decomposition*, d. h. Weltenbildung geschieht, indem man eine vorhandene Welt aufspaltet und Elemente dieser Welt neu zusammensetzt.
- *weighting*, d. h. Weltenbildung impliziert, dass bestimmte Aspekte in den Vordergrund treten, andere in den Hintergrund gestellt werden, was eine Perspektivierung mit sich bringt.
- *orderings*, d. h. Weltenbildung geschieht durch die Übernahme von Ordnungssystemen.
- *delection / supplementation*, d. h. Weltenbildung bedeutet das Auslöschen bestimmter Aspekte der *actual world*, aber auch Ergänzungen.
- *deformation*, d. h. eine alternative Welt ist immer auch mit einer Deformation der Referenzwelt verbunden.

Storytelling verlangt nach einer Reduktion, wie sie bei der rhetorischen Figur der *evidentia* konsequent umgesetzt wird. Storytelling sollte daher nicht versuchen, durch Komplexität zu wirken, sondern eine ökonomische Ausgestaltung eines narrativen Geschehens liefern. Damit ist die Narration dann auch handhabbar und in pragmatische Kommunikationszusammenhänge gut zu integrieren.

Die Herausforderung von effektivem Storytelling in pragmatischen Kontexten ist es also, das Vorstellungsvermögen der Adressaten anzusprechen, somit wird *phantasía* von Quintilian als eine zentrale Kategorie verstanden, wie Lausberg darlegt:

> Die *Detaillierung* des Gesamtgegenstandes [...[ist ein Produkt des Phantasieerlebnisses [...] im Autor und hat dementsprechend auf das Publikum eine ‚realistische' (Quint. 4, 2, 123 *credibilis rerum imago*) und affekterregende (Quint. 8, 3, 67 *in affectus ... penetrat*; 6, 2, 32 *affectus*) Wirkung.⁴⁸

Die wahrscheinliche Ausgestaltung des Details in einer Geschichte ist also Aufgabe des Redners, er kann damit, wie es bei Lausberg heißt, „dem Publikum die

---

46 Goodman: Weisen der Welterzeugung, 19.
47 Vgl. Herman, David: Narrative Ways of Worldmaking. In: Heinen, Sandra; Sommer, Roy (Hrsg.): Narratology in the Age of Cross-Disciplinary Narrative Research. Berlin 2009, 71–87; hier: 77f.
48 Lausberg: Handbuch der literarischen Rhetorik, § 813.

fingierte Augenzeugenschaft einreden"⁴⁹ und seine Zuhörer sowohl rational als auch emotional beeinflussen.

Rhetoriktheoretisch liefert damit Francis Bacon eine interessante Überlegung zu der Art und Weise, wie Persuasion und Fiktion sich gegenseitig bedingen:

> [T]he duty and office of rhetoric is, to apply reason to imagination for the better moving of the will. For we see reason is disturbed in the administration thereof by three means; by illaqueation or sophism, which pertains to logic; by imagination or impression, which pertains to rhetoric; and by passion or affection, which pertains to morality. ⁵⁰

Die Rhetorik nimmt für Bacon gewissermaßen den Umweg über die Einbildungskraft, d. h. sie soll zu einer vernünftigen Einsicht verhelfen, indem sie sinnlich evidente Darstellungsformen findet. Am Vorrang rationalen Verstehens gibt es für Bacon keinen Zweifel, die Einbildungskraft soll die Vernunft unterstützen: „The end of rhetoric is to fill the imagination to second reason"⁵¹. Damit aber liefert Bacon eine Theorie, die Storytelling in überzeugender Weise eine Position im Kontext pragmatischer Kommunikation zuweist.

Literatur

Abbott, H. Porter: The Cambridge Introduction to Narrative. 2. Aufl. Cambridge, MA 2008.
Anderson, John R.: Kognitive Psychologie. Eine Einführung. Übers. v. Joachim Grabowski-Gellert, Stefan Granzow u. Ute Fehr. 2. Aufl. Heidelberg 1989.
Aristoteles: Rhetorik. Übers. u. erl. v. Christof Rapp. 2 Halbbände. Berlin 2002 (= Aristoteles, Werke in deutscher Übersetzung 4.1–4.2).
Bacon, Francis: The Advancement of Learning. Hrsg. v. Arthur Johnston. Oxford 1974.
Bente, Gary M.; Krämer, Nicole C.; Petersen, Anita: Virtuelle Realität als Gegenstand und Methode in der Psychologie. In: Bente, Gary M.; Krämer, Nicole C.; Petersen, Anita (Hrsg.): Virtuelle Realitäten. Göttingen 2002, 1–31.
Booth, Wayne C.: The Rhetoric of Fiction. 2. Aufl. Chicago 1983.
Campe, Rüdiger: Affekt und Ausdruck. Zur Umwandlung der literarischen Rede im 17. und 18. Jahrhundert. Tübingen 1990.
Cicero, Marcus Tullius: De oratore. Über den Redner. Übers. u. hrsg. v. Harald Merklin. 5. Aufl. Stuttgart 2003.
Cicero, Marcus Tullius: De inventione. Über die Auffindung des Stoffes. De optimo genere oratorum. Über die beste Gattung von Rednern. Hrsg. u. übers. v. Theodor Nüßlein. Düsseldorf, Zürich 1998.

---

49 Lausberg: Handbuch der literarischen Rhetorik, § 811.
50 Bacon, Francis: The Advancement of Learning. Hrsg. v. Arthur Johnston. Oxford 1974, 139.
51 Ebd., 140.

Dahlstrom, Michael F.; Scheufele Dietram A.: (Escaping) the paradox of scientific storytelling. In: PLOS Biology 16.10 (2018). https://doi.org/10.1371/journal.pbio.2006720. San Francisco, CA 2018 (21.07.2019).
Dahlstrom, Michael F.: Using narratives and storytelling to communicate science with nonexpert audiences. In: PNAS 111.4 (2014), 13614–13620.
Dal Cin, Sonya; Zanna, Mark P.; Fong, Geoffrey T.: Narrative Persuasion and Overcoming Resistance. In: Knowles, Eric S.; Linn, Jay A. (Hrsg.): Resistance and Persuasion. Mahwah, NJ 2004, 175–191.
Fisher, Walter R.: Narration as a Human Communication Paradigm. The Case of Public Moral Argument. In: Communication Monographs 51, 3 (1984), 1–22.
Gersie, Aleida: Earthtales. Storytelling in Times of Change. London 1990.
Gersie, Aleida; King, Nancy: Storymaking in Education and Therapy. Stockholm 1990.
Goodman, Nelson: Weisen der Welterzeugung. Übers. v. Max Looser. Frankfurt/Main 1984.
Grice, H. Paul: Logic and Conversation. In: Cole, Peter; Morgan, Jerry L. (Hrsg.): Speech Acts. New York, NY 1975, 41–58 (= Syntax and Semantics 3).
Herman, David: Cognitive Narratology (revised version; uploaded 22 September 2013). In: Hühn, Peter; Meister, Jan Christoph; Pier, John; Schmid, Wolf (Hrsg.): The Living Handbook of Narratology. https://www.lhn.uni-hamburg.de/node/38.html. Hamburg 2013 (21.07.2019).
Herman, David: Narrative Ways of Worldmaking. In: Heinen, Sandra; Sommer, Roy (Hrsg.): Narratology in the Age of Cross-Disciplinary Narrative Research. Berlin 2009, 71–87.
Hoops, Wiklef: Fiktionalität als pragmatische Kategorie. In: Poetica 11 (1979), 281–317.
Horaz: Ars poetica. Die Dichtkunst. Übers. u. hrsg. v. Eckart Schäfer. Stuttgart 1972.
Iser, Wolfgang: Der Akt des Lesens. Theorie ästhetischer Wirkung. 2., durchges. u. verbess. Aufl. München 1984.
Knape, Joachim: Rhetorik der Künste. In: Fix, Ulla; Gardt, Andreas; Knape, Joachim (Hrsg.): Rhetorik und Stilistik/Rhetoric and Stylistics. 1. Halbband. Berlin, New York 2008, 894–928 (= HSK Handbücher zur Sprach- und Kommunikationswissenschaft 31.1).
Knape, Joachim: Narratio. In: Ueding, Gert (Hrsg.): Historisches Wörterbuch der Rhetorik. Bd. 6. Tübingen 2003, 98–106.
Koschorke, Albrecht: Wahrheit und Erfindung. Grundzüge einer Allgemeinen Erzähltheorie. Frankfurt/Main 2012.
Kramer, Olaf: Politik zwischen Gegenwart und Zukunft. Das genus deliberativum in der Mediokratie. In: Ueding, Gert; Kalivoda, Gregor (Hrsg.): Wege moderner Rhetorikforschung: Klassische Fundamente und interdisziplinäre Entwicklung. Berlin, Boston 2014, 681–701.
Lausberg, Heinrich: Handbuch der literarischen Rhetorik. Eine Grundlegung der Literaturwissenschaft. 3. Auflage. Stuttgart 1990.
MacIntyre, Alasdair: After Virtue. A Study in Moral Theory. 3. Aufl. Notre Dame, IN 2007.
O'Banion, John D.: Narration and Argumentation: Quintilian on Narratio as the Heart of Rhetorical Thinking. In: Rhetorica 5.4 (1987), 325–351.
Pavel, Thomas G.: Fictional Worlds. Cambridge, MA, London 1986.
Polletta, Francesca; Source, John Lee: Is Telling Stories Good for Democracy? Rhetoric in Public Deliberation after 9/11. In: American Sociological Review 71.5 (2006), 699–723.
Quintilianus, Marcus Fabius: Ausbildung des Redners. Zwölf Bücher, zwei Teile. Hrsg. u. übers. v. Helmut Rahn. 2. Aufl. Darmstadt 1988 (= Texte zur Forschung 2–3).
Ryan, Marie-Laure: Fiction, Non-Factuals, and the Principle of Minimal Departure. In: Poetics 9 (1980), 403–422.

Schank, Roger C.; Abelson, Robert P.: Knowledge and Memory: The Real Story. In: Wyer, Robert S. (Hrsg.): Knowledge and Memory: The Real Story. Hillsdale, NY 1995, 1–85 (= Advances in Social Cognition 8).

Schank, Roger C.; Abelson, Robert P.: Scripts, Plans, Goals and Understanding: An Inquiry into Human Knowledge Structures. Hillsdale, NJ 1977.

Shen, Lijiang; Seung, Suyeun; Andersen, Kristin K.; McNeal, Demetria: The Psychological Mechanisms of Persuasive Impact from Narrative Communication. In: Studies in Communication Sciences 17.2 (2017), 165–181.

Walsh, Richard: The Rhetoric of Fictionality. Narrative Theory and the Idea of Fiction. Columbus, OH 2007.

White, Hayden: The Value of Narrativity in the Representation of Reality. In: Critical Inquiry 7.1 (1980), 5–27.

Wright, Andrew: Storytelling with Children. Oxford 2008.

Teil II: **Ästhetik der Anschaulichkeit**

Bernhard Asmuth
Anschaulichkeit und Spannung als Leitbegriffe sprachkünstlerischer Attraktivität. Ihre Entstehung um 1770

1 Ankündigung

Begriffsgeschichten sind seit Jahrzehnten ein beliebter Forschungsgegenstand, zunächst in der Geschichtswissenschaft, wo sie vor allem Reinhart Koselleck ins Gespräch brachte. In bleibender Erinnerung ist die von ihm formulierte *Sattelzeit* als Bezeichnung für die politisch-soziale Umbruchphase von etwa 1750 bis 1850. Viele Begriffe erfuhren damals eine neue Prägung, etliche ganz neue kamen hinzu.

Auch für die bisher weniger kompakt untersuchte sprach- und literaturwissenschaftliche Begriffsbildung war diese Zeit, war besonders das letzte Drittel des 18. Jahrhunderts von herausragender Bedeutung. In der Ära politischer Revolutionen, wie sie 1776 die USA und 1789 Frankreich erlebten, vollzog sich ein literarischer Terminologiewechsel von vorher und nachher nicht gekanntem Ausmaß. Er äußert sich etwa in der Emotionalisierung des Begriffs *Lyrik*, der Individualisierung von *Charakter* und der Ernennung der Metapher zum sprachlichen *Bild*.

Ein Ergebnis dieser terminologischen Revolution ist auch die Umschichtung der klassischen *virtutes elocutionis*, der Stiltugenden oder Stilprinzipien, wie sie heute heißen. Deren von Theophrast begründete, von Cicero und Quintilian der Nachwelt vermittelte Vierzahl von Klarheit, Angemessenheit, Sprachrichtigkeit und Redeschmuck galt bis zur Barockzeit. Dann aber verlor die Angemessenheit, in Mittelalter und früher Neuzeit als Standesgemäßheit aufgefasst, an Reputation und trat hinter das eher bürgerliche Ideal der Natürlichkeit zurück. Noch einschneidender ist der Ansehensverlust des sprachlichen Ornatus, der in seiner barocken Übersteigerung nun als Schwulst geschmäht wurde. Nichtfiktionale Stil- bzw. Textarten wie der Kanzleistil staatlicher Behörden, seit 1780 Geschäftsstil und heute Verwaltungssprache genannt, sollten nun ganz ohne Redeschmuck auskommen.[1] Für künstlerische, speziell für poetische Texte gestattete man eine

---

[1] Vgl. Asmuth, Bernhard: Geschäftsstil. Seine Prägung durch Sonnenfels und Adelung um 1784. In: Deutsch, Andreas (Hrsg.): Historische Rechtssprache des Deutschen. Heidelberg 2013, 175–205, bes. 192–194.

gewissermaßen abgespeckte Ausstattung. Dafür bürgerte sich als neues Gestaltungsprinzip Anschaulichkeit ein.

Umgangssprachlich dient *Anschaulichkeit* heute in erster Linie als Inbegriff spannenden Erzählens in schriftlicher oder auch mündlicher Form. Es bietet sich deshalb an, die Analyse auf den Nachbarbegriff *Spannung* auszudehnen. Dessen literarische Verwendung kam in Deutschland etwa zur gleichen Zeit auf wie das Wort *Anschaulichkeit,* nämlich seit den Jahren des frühen Sturm und Drang um 1770.[2] Heute rangieren Anschaulichkeit und Spannung bei der Bewertung von Literatur, speziell auch von schöngeistiger Literatur, an vorderster Stelle.

Im Folgenden dokumentiere ich die Entstehung beider Begriffe, erkunde ihre Bedeutungsvarianten und deren Vorgaben aus Antike und Renaissance. In puncto Anschaulichkeit wiederhole ich die Ergebnisse eines diesbezüglichen Beitrags[3] in stark verkürzter Form, ergänze sie nur durch einen Exkurs im Hinblick auf das übergreifende Sammelbandthema *Evidenz.*

2 Zur Geschichte des Wortes *Anschaulichkeit*

Anschaulichkeit ist heute eines der meistgebrauchten Wörter, um stilistische Attraktivität zu kennzeichnen. „Schreibe anschaulich, lebendig, konkret", empfiehlt z. B. der Journalist Wolf Schneider,[4] der in den letzten Jahrzehnten in Deutschland als Ratgeber für wirkungsvolles Schreiben mehr als jeder andere hervorgetreten ist.

Das Substantiv *Anschaulichkeit* kam durch den jungen Herder (1744–1803) in der Frühphase des Sturm und Drang in Umlauf. Die älteste Erwähnung findet sich in seinen Fragmenten *Ueber die neuere Deutsche Litteratur* von 1767/68, genauer gesagt, in einer vergleichenden Besprechung von Lessings Fabelkonzept mit dem

---

2 Gerhard Rupp spricht zugespitzt von einer „Konfrontation zweier ungleicher Epochenblöcke am ‚Sattelpunkt' 1770" (Rupp, Gerhard: „In der Anarchie der Sprache eine gar schöne Ordnung" sehen. Ästhetische Schulung durch Stilübungen im Literaturunterricht des 18. und 19. Jahrhunderts. In: Gumbrecht, Hans Ulrich; Pfeiffer, K. Ludwig (Hrsg.): Stil. Frankfurt/Main 1986, 394–410; hier: 395).
3 Asmuth, Bernhard: Anschaulichkeit. Varianten eines Stilprinzips im Spannungsfeld zwischen Rhetorik und Erzähltheorie. In: Ueding, Gert; Kalivoda, Gregor (Hrsg.): Wege moderner Rhetorikforschung. Berlin, Boston 2014, 147–184. Zum selben Thema vgl. auch Schneider, Helmut J.; Simon, Ralf; Wirtz, Thomas (Hrsg.): Bildersturm und Bilderflut um 1800. Zur schwierigen Anschaulichkeit der Moderne. Bielefeld 2001. Ebenso Adler, Hans; Gross, Sabine (Hrsg.): Anschauung und Anschaulichkeit. Visualisierung im Wahrnehmen, Lesen und Denken. Paderborn 2016.
4 Schneider, Wolf: Deutsch für Kenner. München 1996, 41.

von Äsop, das Herder besser gefällt.[5] Hier wie auch in seinen fünf späteren Erwähnungen verwendet er *Anschaulichkeit* ohne strenge Definition als eher vagen, durchweg positiven Wirkungsbegriff. Er behandelt die "bekannte", „lebendige", „schöne Anschaulichkeit" – so seine Attribute – vor allem als vorbildliche Eigenschaft einiger antiker Dichter. Neben Äsop nennt er Homer und Horaz.

Zu einem stilistischen Leitbegriff wurde Anschaulichkeit knapp zwei Jahrzehnte später durch Johann Christoph Adelung (1732–1806), den neben Herder bedeutendsten deutschen Sprachgelehrten des 18. Jahrhunderts. Er trat vor allem durch sein Wörterbuch hervor, das wichtigste vor dem der Brüder Grimm. Bedeutsamer für unser Thema ist sein Werk *Ueber den Deutschen Styl* von 1785, in dem das Wort *Anschaulichkeit* mehr als hundert Mal vorkommt. Auch für ihn ist *Anschaulichkeit* primär ein Wirkungsbegriff ohne sonderliche Präzision.

Definitorische Qualität verleiht er dem Wort am ehesten durch seine Einordnung in ein im 18. Jahrhundert führendes Denkschema. Die Philosophen Leibniz und Christian Wolff hatten zwei Erkenntnisvermögen unterschieden, ein begrifflich-theoretisches, sogenanntes oberes und ein unteres, auf Sinneswahrnehmungen beruhendes. Letzteres nannte Leibniz *cognitio intuitiva*,[6] was Wolff als *anschauende Erkenntnis* verdeutschte. Gegen Ende des 18. Jahrhunderts wird *anschauend* durch *anschaulich* verdrängt bzw. verschwimmen die Grenzen. Adelung setzt beide Wörter gleich. Anschaulichkeit ordnet er den unteren, also nicht-rationalen Geisteskräften zu, die man auch als konstitutiv für Dichtung ansah. Er unterstellt, dass „höchste Lebhaftigkeit und Anschaulichkeit"[7] der Poesie zukomme bzw. dass Anschaulichkeit für die oberen Kräfte und damit für verstandesbetonte Texte im Grunde unwesentlich sei.

Im weiteren Verlauf hat sich Anschaulichkeit zum heute wohl allgemeinsten, neben Klarheit (*perspicuitas*) obersten Stilprinzip entfaltet, dessen Bedeutungsbreite allerdings irritiert und Klärung erfordert. Zu unterscheiden sind neun Varianten.

---

5 Herder, Johann Gottfried: Sämmtliche Werke. Hrsg. v. Bernhard Suphan. Bd. 2. Berlin 1877, 191.
6 Vgl. Leibniz' erstmals 1684 in den *Acta Eruditorum* erschienene *Meditationes de cognitione, veritate, et ideis* (Leibniz, Gottfried Wilhelm: Sämtliche Schriften. Reihe 6. Bd. 4. Teil A. Berlin 1999, 585–592; hier: 585f.).
7 Adelung, Johann Christoph: Ueber den Deutschen Styl. Bd. 2. Berlin 1785, 252 und 273.

3 Bedeutungen von Anschaulichkeit

Variante 1: Anschaulichkeit als Mittel der Belehrung

Die erste Variante betrifft Anschaulichkeit als Mittel der Belehrung, „als ein Moment der Begreiflichkeit"[8]. So verstanden, macht sie Abstraktes, jüngeren und ungelehrten Leuten schwer Zumutbares konkret und dadurch verständlich, vor allem durch Beispiele. Diese didaktische Bedeutung kommt schon bei Herder vor. Sie ist die im Zeitalter der Aufklärung prägende und bis heute allgemeinsprachlich führende Variante.

Variante 2: Anschaulichkeit als Gegenpol von Abstraktheit

Variante 2 ähnelt der ersten. In beiden Fällen geht es um die Beziehung von Abstraktem und Konkretem, nun allerdings nicht in Form einer Kooperation, sondern eines Gegensatzes der beiden Bereiche, die nun einander ausschließen. Charakteristisch ist eine Äußerung Schopenhauers (1788–1860) aus seinem 1851 erschienenen, noch heute lesenswerten Aufsatz *Über Schriftstellerei und Stil*, mit dem er andere Philosophen seiner Zeit, namentlich Fichte und Hegel, kritisiert:

> Zur Charakteristik derselben gehört nun auch Dies, daß sie, wo möglich, alle *entschiedenen* Ausdrücke vermeiden, um nöthigenfalls immer noch den Kopf aus der Schlinge ziehn zu können: daher wählen sie in allen Fällen den *abstrakteren* Ausdruck; Leute von Geist hingegen den konkreteren; weil dieser die Sache der Anschaulichkeit näher bringt, welche die Quelle aller Evidenz ist.[9]

Eduard Engel, langjähriger Berliner Parlamentsstenograph und Verfasser einer vielgelesenen *Deutschen Stilkunst*, zitiert diese Stelle als Motto für seinen Abschnitt „Der sichtbare und der unsichtbare Stil". Er unterscheidet „abstrakten Stil", den er wie Schopenhauer ablehnt, und „anschauliche[n] Stil".[10] Das gilt im Wesentlichen bis heute. In seiner Nachfolge tadelt jedenfalls auch Ludwig Reiners in seiner titelgleichen *Deutschen Stilkunst* von 1943/44,[11] die seit der Nachkriegsauflage von 1949 nur noch *Stilkunst* heißt, „abstrakten Stil" und empfiehlt

---

[8] Lange, Friedrich Albert: Geschichte des Materialismus und Kritik seiner Bedeutung in der Gegenwart. Norderstedt 2008 [basierend auf der 9. Aufl. 1915], 150, Anmerkung 210.
[9] Schopenhauer, Arthur: Parerga und Paralipomena. Bd 2. Wiesbaden 1947, 552, § 283.
[10] Engel, Eduard: Deutsche Stilkunst. Leipzig 1922, 142 u. 144.
[11] Das Buch mit Copyright von 1943 erschien offenbar 1944.

stattdessen „[a]nschaulich [zu] schreiben" bzw. „die Kunst der anschaulichen Darstellung".[12] Auch Wolf Schneiders oben zitierte Schreibregel erklärt sich so.

Variante 3: Anschaulichkeit durch Metaphern und Vergleiche

Variante 3 betrifft Anschaulichkeit durch Metaphern und Vergleiche, die bekanntesten Stilmittel überhaupt. Dass sie lange als anschaulich galten, ist durch den seit der Antike verbreiteten, schon bei Aristoteles vorkommenden Ausdruck *Vor Augen Stellen* vorbereitet.[13] Cicero und Quintilian bescheinigen diese Qualität besonders der Metapher.[14] So ist es kein Wunder, dass Adelung vor allem ihr auch Anschaulichkeit zubilligt.

Es gibt aber auch Vorbehalte gegen diese Einschätzung. Antike Bedenken gegen übermäßig viele oder zu weit hergeholte, gesucht wirkende Metaphern wirken hier nach. Eduard Engel brandmarkte solche Metaphorik als „falsche Anschaulichkeit"[15].

Variante 4: Anschaulichkeit als *hypotýpōsis/evidentia*

Als Herzstück der Anschaulichkeit gilt heute jedenfalls nicht mehr die Metapher, sondern die von Quintilian als „höchste [...] Redeleistung" (*summa virtus*)[16] gepriesene *evidentia*, d. h. die Technik, vergangene oder abwesende Ereignisse einer Zuhörer- oder Leserschaft als quasi gegenwärtig darzustellen. Im letzten Drittel des 20. Jahrhunderts hat sich die Definition von Anschaulichkeit ganz auf diese vierte Bedeutungsvariante verengt oder zumindest konzentriert. Helmut Rahn übersetzt in seiner Quintilian-Ausgabe von 1972–75 *evidentia* konsequent als *Anschaulichkeit*.

Für *evidentia* gibt es allerdings keine einheitliche Bezeichnung. Die Griechen nannten sie *hypotýpōsis* oder *diatýpōsis* oder *enárgeia*.[17] Die Römer reden außer von *evidentia* synonym von *illustratio, repraesentatio* oder, auch hier das Vor-Augen-Stellen betonend, von *demonstratio ante oculos* oder *sub oculos subiectio*. Im

---

12 Reiners, Ludwig: Stilkunst. Ein Lehrbuch deutscher Prosa. Sonderausgabe. München 1961, 297, 310 und 314.
13 Vgl. Campe, Rüdiger: Vor Augen Stellen. Über den Rahmen rhetorischer Bildgebung. In: Neumann, Gerhard (Hrsg.): Poststrukturalismus. Herausforderung an die Literaturwissenschaft. Stuttgart, Weimar 1997, 208–225.
14 Vgl. Cic. De or. III, 160–161; vgl. Quint. VIII, 6, 19.
15 Engel: Deutsche Stilkunst, 141.
16 Quint. VIII, 3, 71.
17 Vgl. Plett, Heinrich F.: Enargeia in Classical Antiquity and the Early Modern Age. The Aesthetics of Evidence. Leiden 2012.

Deutschen ist *evidentia* ähnlich vielfältig bezeichnet worden: zunächst, nämlich 1685 von Kaspar Stieler[18] bis hin zu Kant[19], als *Darstellung*, später vor allem als *Schilderung* und *Vergegenwärtigung*. Hierzu gesellt sich seit etwa 1970 als heute vorherrschende Verdeutschung also *Anschaulichkeit*.

Exkurs über *evidentia* und *perspicuitas*

Anschaulichkeit in diesem Sinne und alle genannten Synonyma betreffen die rhetorisch-poetische *evidentia*, speziell deren wahrnehmungsnahe, meist jedoch illusionäre Vorstellung. Ganz anderer Art ist die logische Evidenz, die bei unserem Rahmenthema maßgeblich mitgemeint ist. Bei dieser logischen Evidenz geht es um Wahrheitsgewissheit, nicht oder jedenfalls nicht primär um Anschaulichkeit in Form sinnlicher Vorstellbarkeit. Die logische Evidenz ist von der rhetorisch-poetischen allerdings nicht immer scharf zu trennen.

In diesem Zusammenhang verdienen widersprüchliche Formulierungen von Cicero und Quintilian und deren komplizierte Rezeption in der Ästhetik und Philosophie des 18. Jahrhunderts Beachtung. Dabei geht es um das Verhältnis der *evidentia* zur *perspicuitas*, also zu Klarheit oder Deutlichkeit. Cicero verstand die beiden lateinischen Wörter als synonym.

> Er schlägt ‚P.[erspicuitas]', gleichbedeutend mit *evidentia*, in seinem späten Dialog ‚Lucullus' als Übersetzung für griech. ἐνάργεια (enárgeia) vor. Allerdings hat er ‚P.[erspicuitas]' ebenso wie „*evidentia* noch nicht zur Terminologie der Rhetorik gezählt".[20]

Vielmehr diskutiert er beide Begriffe im Kontext der

> von den Stoikern vertretenen Erkenntnislehre, die bei ungestörter Wahrnehmung ein wirklichkeitsgetreues Erfassen oder Begreifen (Katalepsis) der Dinge für möglich hält und damit der vernunftgeleiteten Wahrnehmungsskepsis der platonischen Akademie widerspricht. Lucullus behauptet, nichts sei klarer („nihil esset clarius") als ‚enárgeia', wie sie die

---

18 Vgl. Stieler, Kaspar: Die Dichtkunst des Spaten, 1685. Hrsg. v. Herbert Zeman. Wien 1975, Verse 3883–3888; vgl. auch Stieler, Kaspar: Der teutschen Sprache Stammbaum und Fortwachs oder teutscher Sprachschatz. Nürnberg 1691, 2147; zitiert in: Grimm, Jacob; Grimm, Wilhelm: Deutsches Wörterbuch. Bd. 2. Leipzig 1862, 792 (Artikel ‚Darstellung'); vgl. auch Klopstock, Friedrich Gottlieb: Von der Darstellung. In: Ausgewählte Werke. Hrsg. v. Karl August Schleiden. München 1962, 1031–1038.
19 Näheres hierzu bei Campe: Vor Augen Stellen, 210f.
20 Asmuth, Bernhard: Perspicuitas. In: Ueding, Gert (Hrsg.): Historisches Wörterbuch der Rhetorik. Bd. 6. Tübingen 2003, 814–874; hier: 827. Das Binnenzitat am Ende stammt aus: Kemmann, Ansgar: Evidentia. In: Ueding, Gert (Hrsg.): Historisches Wörterbuch der Rhetorik. Bd. 3. Tübingen 1996, 33–47; hier: 33.

Griechen, P.[erspicuitas] oder *evidentia*, wie „wir" (d. h. die Römer) sie, wenn es beliebt, nennen mögen („perspicuitatem aut evidentiam nos, sic placet, nominemus"). Diese Wörter bezeichnen hier die mit der sinnlichen Wahrnehmung einhergehende unmittelbare Wahrheitsgewißheit.[21]

Cicero meint also primär die logische Evidenz.

Anders Quintilian, der *perspicuitas* als *virtus elocutionis*, also als rhetorisches Stilprinzip, einstuft und von *evidentia* unterscheidet. Genauer gesehen versteht er *evidentia* als Teil der *perspicuitas*,[22] erklärt aber auch, sie sei mehr als diese („plus est evidentia [...] quam perspicuitas").[23] *Perspicuitas* ist für ihn hauptsächlich logische Klarheit, *evidentia* eher die sinnliche Anschaulichkeit bzw. der damit verbundene sprachkünstlerische Glanz.[24] Ciceros Verständnis der *evidentia* als Wahrheitsgewissheit spielt bei Quintilian keine, zumindest keine wesentliche Rolle.

Alexander Gottlieb Baumgarten (1714–62), der um 1750 die Ästhetik als wissenschaftliche Disziplin begründete, knüpft mit seiner Unterscheidung von *perspicuitas* und *evidentia* an Quintilian an, reaktiviert aber zugleich Ciceros Kriterium Gewissheit, indem er diese als Teilelement der Evidenz begreift. Er kombiniert also die Vorgaben der beiden Römer. In seiner älteren *Metaphysica* (1739) definiert er *evidentia* als Summe von *perspicuitas* plus Gewissheit: „Certa perspicuitas est EVIDENTIA."[25] In seiner *Ästhetik* erläutert er das dann genauer.[26] „Die *evidentia* wird bei ihm zur Mastertrope seiner Darstellungslehre"[27], „zur Grundfigur seiner ‚Neuen Wissenschaft'"[28], schreibt Petra Bahr in ihrer Dissertation. Verdeutscht hat Baumgarten *perspicuitas* als „Faßlichkeit"[29], andernorts als „Verständlichkeit"[30]. Ihm folgt Moses Mendelssohn, ohne ihn dabei zu erwähnen, in seiner 1764 erschienenen *Abhandlung von der Evidenz in metaphysischen*

---

21 Asmuth: Perspicuitas, 827; Binnenzitate: Cic. Academici Libri 2 (= Lucullus), 17.
22 Vgl. Quint. IV, 2, 64.
23 Quint. VIII, 3, 61.
24 Vgl. Asmuth: Perspicuitas, 829–830; andeutend schon 815–816.
25 Baumgarten, Alexander Gottlieb: Metaphysica. 1739, 531; zitiert in: Baumgarten, Alexander Gottlieb: Ästhetik. Lat.-dt. Hrsg. u. übers. v. Dagmar Mirbach. 2 Bde. (fortlaufend paginiert). Hamburg 2007, 1077.
26 Baumgarten: Ästhetik, 868–875 (= § 847–854); vgl. dazu Bahr, Petra: Darstellung des Undarstellbaren. Religionstheoretische Studien zum Darstellungsbegriff bei A. G. Baumgarten und I. Kant. Tübingen 2004, 109–144. Zu Baumgarten und seinem Schüler Meier vgl. auch Laak, Lothar van: Hermeneutik literarischer Sinnlichkeit. Historisch-systematische Studien zur Literatur des 17. und 18. Jh. Tübingen 2003, 122–144.
27 Bahr: Darstellung des Undarstellbaren, 109.
28 Ebd.
29 Baumgarten: Ästhetik, 1077–1078.
30 Ebd., 1167; siehe Eintrag im dortigen Glossar.

Wissenschaften, einer Preisschrift der Berliner Akademie, mit der er den Konkurrenten Immanuel Kant auf Platz zwei verwies. Mendelssohns grundlegender Satz lautet nämlich: „Zur Evidenz einer Wahrheit gehöret, ausser der Gewißheit, auch noch die Faßlichkeit."[31] Die rhetorische Evidenz wird damit der logischen unterstellt, ihr gewissermaßen eingemeindet. Dieses Verständnis leuchtete auch Zeitgenossen ein. Der Göttinger Historiker Johann Christoph Gatterer griff die Unterscheidung von evidentieller Gewissheit und Fasslichkeit wenig später auf.[32]

Von den beiden Arten der Evidenz – der logischen, mit dem Eindruck von Offensichtlichkeit bzw. Wahrheitsgewissheit verbundenen, und der anderen, rhetorisch-poetischen – ist nur letztere als Anschaulichkeit zu bezeichnen. Mit der logischen Evidenz verbindet sich allenfalls das ältere, vom juristischen Augenschein geprägte Nachbarwort *Augenscheinlichkeit*.

Variante 5: Anschaulichkeit als *enérgeia*/Lebhaftigkeit

Mit *evidentia* ist eine fünfte Bedeutungsvariante der Anschaulichkeit, auch sie aus der Antike stammend, eng verwandt. Sie gleicht ihr auch lautlich. Neben der *evidentia*, der griechischen *enárgeia*, kannten die Griechen nämlich auch eine *enérgeia*, die unserem Wort *Energie* zugrunde liegt. Das in Aristoteles' *Rhetorik* bei seiner Besprechung der Metapher vorkommende Wort[33] ist als ‚Wirksamkeit' oder auch als ‚Tätigkeit' übersetzt worden. Heute wird die *enérgeia* als Teilaspekt der *evidentia* diskutiert und vor allem als Lebhaftigkeit verstanden. Für Adelung sind *Anschaulichkeit* und *Lebhaftigkeit* praktisch gleichbedeutend. Olaf Kramer spricht in seinem Beitrag zum vorliegenden Band diesbezüglich von „dynamischer Evidenz".

Variante 6: Anschaulichkeit als – auch nichtoptische – Sinnlichkeit

In den bisher besprochenen Bedeutungen bezeichnet *Anschaulichkeit* die optische Intensität von Dingen, die allesamt dem jeweiligen Autor wie auch seinem Publikum nicht wirklich, sondern nur geistig vor Augen stehen. Es gibt jedoch

---

31 Mendelssohn, Moses: Abhandlung von der Evidenz in metaphysischen Wissenschaften. Berlin 1764, 5.
32 Siehe Gatterer, Johann Christoph: Vorrede von der Evidenz in der Geschichtkunde. In: Boysen, Friedrich Eberhard (Hrsg.): Die allgemeine Welthistorie. Alte Historie. Bd. 1. Halle 1767, 1–38; vgl. dazu auch Scharloth, Joachim: Evidenz und Wahrscheinlichkeit. Wahlverwandtschaften zwischen Romanpoetik und Historik in der Spätaufklärung. In: Fulda, Daniel; Tschopp, Silvia Serena (Hrsg.): Literatur und Geschichte. Ein Kompendium zu ihrem Verhältnis von der Aufklärung bis zur Gegenwart. Berlin, New York 2002, 247–276.
33 Arist. Rhet. 1411b 22ff.

auch zahlreiche, insgesamt aber seltenere Verwendungen des Wortes *Anschaulichkeit*, die diese Einschränkung auf das Optische durchbrechen. Bestimmender Hintergrund ist die generelle Hochschätzung von Sinnlichkeit im 18. Jahrhundert, als Baumgarten die Ästhetik als Wissenschaft der sinnlichen Erkenntnis (*scientia cognitionis sensitivae*)[34] definierte und Dichtung als vollkommene sinnliche Rede (*oratio sensitiva perfecta*).[35]

Als Bezeichnung nichtoptischer, insbesondere akustischer Sinnlichkeit wird Anschaulichkeit gelegentlich sogar der Musik oder deren Darbietung zugeschrieben. In einem Buch über Mendelssohn-Bartholdy ist zum Beispiel zu lesen, dessen Oratorium *Paulus* erreiche nicht „die volle Anschaulichkeit der Bach'schen oder Haendel'schen" Oratorien.[36]

Variante 7: Anschaulichkeit grammatisch

Als siebte Bedeutung fasse ich grammatische Erscheinungen zusammen, die als Ausdrucksformen von Anschaulichkeit verstanden worden sind.

Adelung erwähnt als bis heute bekanntestes grammatisches Mittel den „Gebrauch des Präsentis anstatt des Präteriti", sonst meist Praesens historicum genannt.[37] Für Jean Paul ist das Partizip „handelnder, mithin sinnlicher als ein Adjektivum: z. B. das dürstende Herz ist sinnlicher als das durstige."[38] Engel und Reiners in ihren populären Stilkunst-Büchern fügen weitere grammatische Phänomene mit angeblich anschaulicher Wirkung hinzu. Bernhard Sowinski in seiner wissenschaftlich ausgerichteten *Deutschen Stilistik* von 1973 ergänzt noch einige andere.[39]

Variante 8: Nichtimaginäre Anschaulichkeit

Bislang ging es darum, so Jean Paul, „daß das sinnliche Bild sinnliche Anschaulichkeit, nicht aber eben Wirklichkeit habe"[40], also um „*fastwirkliche* Dinge", wie Klopstock diese nennt, deren „Vorstellungen [...] so lebhaft werden, daß diese uns gegenwärtig, und beinah die Dinge selbst zu sein scheinen", deren Zweck

---

34 Baumgarten: Ästhetik, 10f. (= § 1).
35 Baumgarten, Alexander Gottlieb: Meditationes philosophicae de nonnullis ad poema pertinentibus. Halle 1735, 7 (= § 7 u. § 9).
36 Reissmann, August: Felix Mendelssohn-Bartholdy. Leipzig 1893, Kap. 6, 225.
37 Adelung, Johann Christoph: Ueber den Deutschen Styl. Bd. 1. Berlin 1789, 432.
38 Jean Paul: Vorschule der Ästhetik. 2. Aufl. 1813, hrsg. u. kommentiert v. Norbert Miller. München 1963, 281, § 78.
39 Sowinski, Bernhard: Deutsche Stilistik. Frankfurt/Main 1973, 49–59.
40 Jean Paul: Vorschule der Ästhetik, 296, § 82.

aber „Täuschung" sei.⁴¹ Bei der achten Bedeutung handelt es sich dagegen um wirklich Sichtbares, Anschaubares, und zwar teils um unmittelbar wahrnehmbare Naturgegenstände, teils und hauptsächlich um visuelle Kunstwerke wie Gemälde und Dramen. Dafür gibt es zahlreiche Belege. Hier mag einer von Wilhelm Busch genügen. Er schreibt über seine mit *Max und Moritz* beginnenden längeren Bildergeschichten: „Daß sie zunächst gezeichnet und dann erst geschrieben wurden, also die Anschaulichkeit, mag wohl eine von den Ursachen ihrer weiten Verbreitung sein."⁴²

Die *Anschaulichkeit als humanistisches Ideal*, die Barbara Mahlmann-Bauer im Hinblick auf den Marburger Arzt und Mathematiker Johannes Dryander aus dem 16. Jahrhundert untersucht hat,⁴³ beruht ebenfalls auf wirklich sichtbaren Bildern, nämlich solchen, mit denen Dryander seine akademische Lehre illustrierte. Das heutige Anschaulich- bzw. Evidentmachen naturwissenschaftlicher Erkenntnisse durch Bildmaterial liegt auf derselben Ebene.

Variante 9: Anschaulichkeit durch Erwähnungen des Sehens beim Erzählen

Die neunte und letzte Bedeutungsvariante ergibt sich, wenn man bedenkt, dass auch bloße Benennungen des Sehens zur Anschaulichkeit beitragen. Das gilt besonders für Erzähltexte. Friedmar Apel spricht von „der grundsätzlichen Erzählförmigkeit von Seherlebnissen"⁴⁴.

Zusammenfassend ist festzuhalten: *Anschaulichkeit* wird seit dem *rhetorical turn* um 1970 vor allem als Übersetzung der rhetorischen *evidentia* diskutiert. Sie bedeutet aber auch Anderes, besonders die Konkretion von Abstraktem und das Vor-Augen-Stellen durch Metaphern und Vergleiche, die seit der Einführung des Wortes durch Herder und seiner Verbreitung durch Adelung zunächst sogar im Vordergrund standen.

---

41 Klopstock: Von der Darstellung, 1032–1033.
42 Busch, Wilhelm: Sämtliche Briefe. Kommentiert v. Friedrich Bohne. Bd. 2. Hannover 1982, 186, Nr. 1332 (= Brief vom 27. Januar 1902 an den Berliner Redakteur Paul Block).
43 Mahlmann-Bauer, Barbara: Anschaulichkeit als humanistisches Ideal. Johannes Dryander, „Medicus atque Mathematicus Marpurgensis". In: Kiefer, Jürgen; Reich, Karin (Hrsg.): Gemeinnützige Mathematik. Adam Ries und seine Folgen. Erfurt 2003, 223–268.
44 Apel, Friedmar: Das Auge sieht mit. Zur Visualität der Literatur. München 2010, 42.

4 Spannung

4.1 Zur Forschungslage

Spannung ist von ähnlich herausragender Wirkung wie Anschaulichkeit, aber wegen ihrer Zuordnung zur Kriminal- und sonstigen Trivialliteratur weniger angesehen. Spannungselemente, heißt es im *Reallexikon der deutschen Literaturwissenschaft*, „gelten in erstrangiger Literatur als zweitrangiges, nur in zweitrangiger Literatur als erstrangiges Phänomen"[45].

Die folgenden Ausführungen konzentrieren sich auf die Hauptbedeutungen und deren bis in die Antike zurückreichende Wurzeln. Die neuere Forschung und praktische Ausprägungen wie Hitchcocks Filme lasse ich beiseite, nenne für weitergehend Interessierte nur folgende Titel: Emil Staiger in seinen gattungsbezogenen *Grundbegriffen der Poetik* möchte das Wesen des dramatischen Stils als „Spannung" verstanden wissen, wie das des lyrischen und epischen Stils als „Erinnerung" bzw. „Vorstellung".[46] Peter Pütz gab seinem strukturanalytischen Buch über *Die Zeit im Drama* von 1970 den Untertitel *Zur Technik dramatischer Spannung*. Den jüngeren Erkenntnisstand repräsentieren der soeben zitierte *Reallexikon*-Artikel ‚Spannung' und ein romanistischer Sammelband über *Gespannte Erwartungen*[47]. *Spannung* lautet auch der Titel einer Festschrift für den Bochumer Anglisten Ulrich Suerbaum, der zum Kriminalroman gearbeitet hat.[48]

4.2 Bedeutungen von Spannung

Während es bei *Anschaulichkeit* um lauter innerliterarische Varianten ging, konkurriert *Spannung* als literarischer Begriff mit außerliterarischen, teilweise älteren Bedeutungen dieses Wortes. Es gibt einen Bereich, der mit Literatur nichts oder kaum etwas zu tun hat, einen zweiten, der sich damit berührt, und einen dritten, den spezifisch literarischen.

---

45 Anz, Thomas: Spannung. In: Reallexikon der deutschen Literaturwissenschaft. Bd. 3. Berlin, New York 2003, 464–467; hier: 466.
46 Vgl. Staiger, Emil: Grundbegriffe der Poetik. Zürich 1956, 143ff.
47 Ackermann, Kathrin; Moser-Kroiss, Judith (Hrsg.): Gespannte Erwartungen. Beiträge zur Geschichte der dramatischen Spannung. Wien 2007.
48 Borgmeier, Raimund; Wenzel, Peter (Hrsg.): Spannung. Studien zur englischsprachigen Literatur. Für Ulrich Suerbaum zum 75. Geburtstag. Trier 2001.

Im erstgenannten Bereich bedeutet *Spannung*, zurückgehend auf das schon im Mittelalter bekannte Verb *spannen* (ahd. *spannan*), zunächst alltagsmechanisch die „Tätigkeit des Spannens, Gespanntsein"[49], besonders, so von Kaspar Stieler erwähnt, den Vorgang des Bogenspannens („actus tendendi arcum"[50]) bzw. dessen Ergebnis. Der erzählerische und dramatische Spannungsbogen knüpft daran an.

Nichtliterarischer Art ist auch der im 18. Jahrhundert verbreitete Gebrauch des Wortes *Spannung* in den Naturwissenschaften, speziell in der Elastizitäts- und Elektrizitätsphysik sowie in der medizinischen Physiologie. Letztere wurde durch den Schweizer Arzt und Dichter Albrecht von Haller (1708-77) in Göttingen als experimentelle Wissenschaft begründet. Von Spannung spricht er weniger bei Muskeln als bei Nerven. Er vertrat die Theorie, „dass übersteigerte mechanische oder elektrische Anspannung der Nerven Krankheit auslöse"[51]. Ansonsten meint er: „alle Nerven sind in ihrem Ursprung markigt, sehr weich, und von aller Spannung weit entfernt".[52] Das ist physiologisch gemeint, noch nicht psychisch wie die heutige nervöse Spannung. Der Ästhetiker Meier, der die lateinischen Erkenntnisse seines Lehrers Baumgarten auf Deutsch publik machte, kennt *Spannung* als Begriff seines Fachs um 1750 noch nicht. Er weiß nur, dass „in der Schwangerschaft die Nerven stärker gespannt sind"[53] als sonst.

Noch größer als der Einfluss der Physiologie war die am Jahrhundertende zu beobachtende Faszination über die elektrophysikalischen Entdeckungen der Italiener Luigi Galvani (1737-98) und Alessandro Volta (1745-1827). Volta führte 1778 den Begriff der *tensione elettrica* ein[54], also der elektrischen Spannung, deren Maßeinheit *Volt* später nach ihm benannt wurde. Seit dem 19. Jahrhundert dient *Spannung* als „Kurzwort für *Stromspannung*"[55] (engl./frz. *voltage*). Noch aufregender war die Verbindung von Elektrophysik und Physiologie durch Galvanis

---

49 Pfeifer, Wolfgang (Hrsg.): Etymologisches Wörterbuch des Deutschen. Erarbeitet unter der Leitung von Wolfgang Pfeifer. Berlin 1993, 1315.
50 Zitiert in: Grimm, Jacob; Grimm, Wilhelm: Deutsches Wörterbuch. Bd. 16. Leipzig 1954, 1915 (Artikel ‚Spannung').
51 Seite ‚Animalischer Magnetismus'. In: Wikipedia. Die freie Enzyklopädie. Bearbeitungsstand 18. Juli 2018. https://de.wikipedia.org/w/index.php?title=Animalischer_Magnetismus&oldid=179249348 (15. August 2018).
52 Haller, Albrecht von: Grundriss der Physiologie. Nach der 4. lat. Aufl. übers. v. Samuel Thomas von Sömmerring. Berlin 1788, 284.
53 Meier, Georg Friedrich: Anfangsgründe aller schönen Wissenschaften. Bd. 2. Halle 1755, 298.
54 Volta, Alessandro: Osservazioni sulla capacità de' [= dei] conduttori elettrici in una lettera al Sig.[nor] de Saussure. In: Opuscoli scelti sulle scienze e sulle arti. Bd. 1. Mailand 1778, 273-280; hier: 279.
55 Pfeifer: Etymologisches Wörterbuch des Deutschen, 1315.

Entdeckung animalischer Elektrizität anhand von Froschschenkeln, die mit einer Elektrisiermaschine und später auch durch Blitze in Zuckung gerieten und deren Ergebnisse er 1791 veröffentlichte.[56] Dies ist auch bei literarischen Äußerungen besonders der 1790er Jahre allemal mitzudenken.

Zu den genannten, von Hause aus literarisch unerheblichen Bedeutungsfeldern gesellt sich im 18. Jahrhundert ein zweiter, psychosozialer Bedeutungsbereich, nämlich Spannung als konfliktträchtiger „Zustand gestörter Harmonie"[57] in der Psyche einer Person, eher noch zwischen zwei Personen oder Personengruppen. In Schillers *Wilhelm Tell* droht Rudenz angesichts des bevorstehenden Apfelschusses „in heftigster Spannung" dem Landvogt Gessler: „allzu straff gespannt zerspringt der Bogen".[58] Ein Beispiel für interpersonelle Verwendung ist der Bericht, dass 1795 oder 1796 kurzzeitig „zwischen *Wieland* und *Göthe* eine Spannung entstand"[59].

Spannung in diesem Sinn ist kein Stil- oder Strukturelement, wohl aber häufiger Gegenstand von Dramen und Erzählwerken, deren Handlung ja hauptsächlich aus Spannungen zwischen den Personen erwächst. Wenn von Spannung im Drama die Rede ist, ist manchmal nicht klar, ob es um solch inhaltliche Konfliktspannung oder um die darstellerische Spannungstechnik geht.

Der dritte, für uns zentrale Bedeutungsbereich von *Spannung* ist spezifisch literarischer bzw. ästhetischer Art. Dabei gilt es zwei Teilvarianten auseinanderzuhalten, eine augenblicks- und eine zukunftsbezogene. Wird eine Erzählung bzw. Geschichte als spannend bezeichnet, so bedeutet das zunächst kaum mehr als: sie „reizt die aufmerksamkeit [sic!]"[60], und zwar die momentane, über deren normales Maß hinaus. Bei Baumgarten und seinem Schüler Meier ist *Aufmerksamkeit* die deutsche Entsprechung zu lat. *attentio*, die als Ableitung des Verbs *tendere* (= spannen), verwandt mit unserem *dehnen*, Spannung impliziert, und zwar primär eine augenblicksbezogene. Baumgarten bezieht sich auf Quintilians Formulierung der *acris intentio* (Baumgarten: *acris intensio*),[61] der von Helmut Rahn als ‚angespannt' übersetzten, eigentlich der ‚scharfen' Aufmerksamkeit, mit der ein römischer Redner beim zuhörenden, aber oft abgelenkten Richter nicht immer rechnen könne, deren Nachlassen der Redner folglich

---

56 Galvani, Luigi: De viribus electricitatis in motu musculari. Bologna 1791.
57 Pfeifer: Etymologisches Wörterbuch des Deutschen, 1315.
58 Schiller, Friedrich: Wilhelm Tell. Stuttgart 1974, 68 (= 3. Aufzug, 3. Szene).
59 Gruber, J. G.: Wielands Leben. 4. Theil mit Einschluß vieler noch ungedruckter Briefe Wielands. In: Gruber, J. G. (Hrsg.): C. M. Wielands Sämmtliche Werke. Bd. 53. Leipzig 1828, 256.
60 Grimm, Jacob; Grimm, Wilhelm: Deutsches Wörterbuch. Bd. 16. Leipzig 1954, 1908 (Artikel ‚spannen').
61 Baumgarten: Ästhetik, 602f. (= § 615).

entgegenzuwirken habe.[62] In seiner *Metaphysica* hat Baumgarten *intensio attentionis* als „die Anstrengung der Aufmerksamkeit" übersetzt.[63] Die sich im späten 18. Jahrhundert ausprägende *gespannte Aufmerksamkeit* basiert auf diesen Überlegungen, ist also zunächst nur augenblicksbezogen. „In diesem Sinn zieht ein *spannender* Text die Aufmerksamkeit des Rezipienten fest an sich, ‚fesselt' ihn", heißt es im *Reallexikon der deutschen Literaturwissenschaft*.[64] Diesem Verständnis lässt sich als Unterbegriff auch Anschaulichkeit einordnen, die ja zu nichts anderem führt als zu verstärkter sinnlicher Aufmerksamkeit.

Wichtiger als die augenblicksbezogene Teilvariante der literarisch-ästhetischen Spannung und heute im Vordergrund stehend ist aber die zweite, futurische, die sich im späten 18. Jahrhundert von der momentanen abspaltete und auf die sich der Begriff *Spannung* heute konzentriert. Ein Nebenzweig des Aufmerksamkeitstheorems hat sich damit zur Hauptsache entfaltet. Diese nun dominierende Variante richtet sich nicht auf die Gegenwart einer im anfänglichen Sinn „spannenden", erhöhte Aufmerksamkeit erweckenden Textpassage, sondern auf den Fortgang, besonders den Ausgang des jeweiligen Werkes. Spannung, so verstanden, ist weniger ein stilistisches als ein strukturelles, allenfalls makrostilistisches Phänomen. Sie betrifft weniger die *elocutio* als die *dispositio*. Diese Spannung im engeren Sinn hat mit Anschaulichkeit nichts mehr zu tun. Gespannt ist hier die Aufmerksamkeit nicht auf Gegenwärtiges, sondern auf Zukünftiges. Diese futurische Aufmerksamkeit heißt üblicherweise Erwartung.[65] Goethe erzählt in *Dichtung und Wahrheit* (1811/12) über die 1764 in Frankfurt erfolgte Königskrönung des späteren Kaisers Joseph II.: „Nun aber spannte sich unsere Erwartung aufs höchste, als es hieß, der Kaiser [Josephs Vater Franz I.] und der künftige König näherten sich der Stadt."[66]

Sprachlich setzt sich die futurische Spannung von der momentanen deutlich ab. Sie wird im Englischen als *suspense* bezeichnet, nicht wie die früher genannten Bedeutungen als *tension,* lat. *tensio.* „Das lat. Verbum *suspendere*, von dem der englische und dann internationale Terminus SUSPENSE abgeleitet ist, bedeutet nicht nur ‚aufhängen', ‚in der Schwebe halten', sondern auch ‚in Ungewißheit lassen'."[67] Die Suspense-Spannung müsste angesichts ihrer Ausgangsbedeutung

---

62 Vgl. Quint. VIII, 2, 23.
63 Baumgarten: Ästhetik, siehe hier das Glossar auf Seite 1152.
64 Anz: Spannung, 465.
65 Vgl. auch Asmuth, Bernhard: Strenge Aufmerksamkeit im 18. Jh. Ihre Ausdehnung von der Rhetorik zur Ästhetik: In: Rhetorik 33 (2014), 1–16.
66 Goethe, Johann Wolfgang von: Dichtung und Wahrheit. Teil I, Buch 5. In: Goethes Werke. Bd. 9. Hamburg 1959, 190.
67 Anz: Spannung, 465.

eigentlich Schwebe oder Schwebung heißen. Sie hat von Hause aus jedenfalls nichts Angestrengtes, Muskulös-Kraftaufwändiges, Belastendes wie ein Bogenspannen, meint vielmehr ja gerade ein Außer-Kraft-Setzen, *exspectatio* als vielleicht mit Neugier verbundenes, aber eher inaktiv wartendes, manchmal gar *ent*spanntes Ausschau-Halten. Das Moment der Ungewissheit unterscheidet diese Spannung nicht nur von allen vorher genannten Varianten von Spannung, sondern auch von der auf Gewissheit zielenden Evidenz. Eberhard Lämmert hat diesen Aspekt in seiner Unterscheidung von zukunftsgewisser und zukunftsungewisser Vorausdeutung terminologisiert.[68]

Im *Etymologischen Wörterbuch des Deutschen* wird literarische Spannung als „psychischer Zustand der Erwartung und angestrengter Aufmerksamkeit" zusammengefasst und ab dem „19. Jh." datiert.[69] Ähnlich heißt es noch 2003 im *Reallexikon der deutschen Literaturwissenschaft*: „auf Literatur bezogen ist Spannung im heutigen Sinn seit dem Anfang des 19. Jhs. in Gebrauch".[70] Dies ist zu korrigieren. Die literarische Spannung kommt schon im letzten Drittel des 18. Jahrhunderts vor.

4.3 Sulzer und August Wilhelm Schlegel über Spannung im Drama

Erstmals literarisch verwendet habe ich das Wort *Spannung* bei Friedrich Just Riedel gefunden. Er preist 1767 im Anschluss an Pseudo-Longins Idee des Erhabenen „*Stärke, Spannung und Elasticität des Geistes* [...], wodurch der [sprachliche] Artist sich über die gewöhnliche Sphäre der Menschenkinder zu erheben und den Dialekt der Götter nachzusprechen, im Stande ist"[71]. Hier fehlt allerdings noch die Zukunftsausrichtung.

Andererseits befassten sich schon vor 1760 die Ästhetiker Baumgarten und Meier mit mantisch-prophetischen und anderen Zukunftsvorstellungen.[72] Sie

---

68 Vgl. Lämmert, Eberhard: Bauformen des Erzählens. Stuttgart 1967, 139–194.
69 Pfeifer: Etymologisches Wörterbuch des Deutschen, 1315. Auch die Belege bei Grimm, Jacob; Grimm, Wilhelm: Deutsches Wörterbuch. Bd. 16. Leipzig 1954, 1916 beginnen erst im 19. Jh.
70 Anz: Spannung, 465.
71 Riedel, Friedrich Just: Theorie der schönen Künste. Ein Auszug aus den Werken verschiedener Schriftsteller. Jena 1767, 50.
72 Baumgarten: Ästhetik, 33 (= § 36); vgl. dazu die Anmerkungen auf S. 942–943; ebenso auf S. 1084–1086 zusätzlich die zitierten ausführlicheren Bemerkungen aus Baumgartens älterer *Metaphysica*, §§ 595–597 u. 602. Meier (Anfangsgründe, Bd. 2) hat dies in seinen Kapiteln „Von

ordnen die Fähigkeit, Künftiges vorherzusehen (*praevidere*) und ahnend zu erwarten (*praesagire*), als sinnlich dem unteren Erkenntnisvermögen zu und begreifen sie als dichtungsrelevant. Sie diskutieren dies aber außerhalb ihrer Überlegungen zur Aufmerksamkeit, sprechen diesbezüglich auch noch nicht von Spannung.

Spannung mit Zukunft verbunden hat offenbar zuerst Johann Georg(e) Sulzer. In seiner *Allgemeinen Theorie der Schönen Künste*, die ästhetische Begriffe in alphabetischer Folge abhandelt und deren erster Band 1771 erschien, findet sich ein hierfür zentraler Artikel über ‚Ankündigung'. Sulzer versteht darunter hauptsächlich die Exposition im Drama. Der Artikel beginnt:

> Es trägt sehr viel zur guten Würkung eines Werks bey, wenn man gleich von Anfang einige Hauptbegriffe gefaßt hat, welche die Aufmerksamkeit durch das ganze Werk hindurch lenken und unterhalten. In redenden Künsten [womit neben der eigentlichen Redekunst auch Dichtung gemeint ist] kann diese vortheilhafte Lage des Geistes durch eine geschikte Ankündigung des Inhalts hervorgebracht werden. Dadurch wird der Aufmerksamkeit die nöthige Spannung gegeben, und sie wird zugleich dahin, wo es die Absicht des Künstlers erfodert [!], gerichtet.[73]

Auch wenn *Spannung* hier vor allem die affektive Intensität, also ein Attribut der Aufmerksamkeit bedeutet, das seit den 1790er Jahren in der Formulierung der *gespannten Aufmerksamkeit* noch deutlicher zutage tritt (1794 bei Sophie Mereau, 1813 in Schopenhauers Dissertation und danach etwa bei Karl May), ist doch die Zukunftsausrichtung mit gemeint. Sulzer unterstreicht dies speziell für die „dramatische Ankündigung" durch den Hinweis, „daß deren Ungewißheit den Zuschauer in beständiger Erwartung erhalten muß". Für die Tragödie verdeutlicht er:

> Im Trauerspiel sollte man aus den ersten Reden der Personen sogleich erkennen, daß man am Anfang einer wichtigen Handlung ist, deren Ausgang zwar ungewiß ist, aber, von welcher Seite er kommen möge, merkwürdig seyn muß. Je genauer die Verwiklung der Sachen, die Schwierigkeiten und Gefahren, die der Fortgang der Handlung heranbringen wird, durch die Ankündigung erkennt werden, je gewisser wird die Aufmerksamkeit gereizt.[74]

Ähnlich lange wie *gespannte Aufmerksamkeit* ist auch *gespannte Erwartung* redensartlich verbreitet. Über die *Ilias*-Übersetzung von Johann Heinrich Voß soll

---

dem Vermögen vorherzusehen" (537–575) und „Von dem Vermögen zu vermuthen" (575–609) übernommen und weiter ausgebaut.

73 Sulzer, Johann Georg: Allgemeine Theorie der Schönen Künste. Bd. 1. Leipzig 1792, 145; textgleich mit der Erstauflage von 1771. Auch in seinem Artikel ‚Tragödie; Trauerspiel' in Bd. 4 spricht Sulzer von Spannung der Aufmerksamkeit, dort sogar mehrfach (561, 562, 564).

74 Sulzer: Allgemeine Theorie. Bd. 1, 146.

Goethe am 14. November 1794 gesagt haben: „Nur den einzigen Agamemnon nennt uns Homer nicht im voraus und hebt ihn durch die so gespannte Erwartung vor den übrigen heraus."[75]

Dass das Substantiv *Spannung* gegen Ende des 18. Jahrhunderts vermehrt vorkommt, wurde durch Galvanis und Voltas oben erwähnte Erkenntnisse zur Elektrizität befördert. Georg Christoph Lichtenberg (1742–99), selber Experimentalphysiker, bemerkt: „vorsätzliche Spannung würkt Überspannung". Er ergänzt, dies sei ein „übliches ‚Verderben' bei Romanschreibern".[76] Laut Schiller neigt der sentimentalische Dichter zum „Fehler der Überspannung"; „der entgegengesetzte der Schlaffheit" kennzeichnet, wie er meint, den naiven Dichter.[77]

Die nach Sulzer wichtigste Äußerung zur *dramatischen* Spannung, die zweitwichtigste aus deutscher Feder überhaupt, stammt von August Wilhelm Schlegel, und zwar aus seinen *Vorlesungen über dramatische Kunst und Literatur*. Die erste Vorlesung von 1809 enthält eine „kurze Erörterung der Grundbegriffe des *Dramatischen*"[78], die der Brockhaus-Artikel ‚Drama' von 1827 aufgreift[79] und auf die auch andernorts verwiesen wird.[80] Schlegel orientiert sich an Platons philosophischem Dialog *Hippias*. Er findet dessen

> Gespräch nicht bloß philosophisch unterrichtend, sondern es enthält ein kleines Drama. Und mit Recht hat man diese lebendige Bewegung in dem Gedankengange, diese Spannung auf den Ausgang, mit einem Wort das Dramatische an den Dialogen des Plato gerühmt.[81]

Im Schauspiel selber, in dem alles Unwesentliche beiseite bleibe, fährt Schlegel fort, „weiß die Kunst des Dichters vieles die Aufmerksamkeit und Erwartung Spannende in einen engen Raum zusammenzudrängen"[82].

---

75 Biedermann, Woldemar von (Hrsg.): Goethes Gespräche. Bd. 9. Leipzig 1891, 164 (bezogen auf *Ilias*, 3. Gesang, Verse 166ff.); weitere Beispiele bei Asmuth: Strenge Aufmerksamkeit.
76 Lichtenberg, Georg Christoph: Auserlesene Schriften. Bayreuth 1800, 16; zitiert auch in Grimm; Grimm: Deutsches Wörterbuch. Bd. 16, 1915.
77 Schiller, Friedrich: Über naive und sentimentalische Dichtung. In: Schiller. Sämtliche Werke. Bd. 5. München 1962, 693–779; hier: 758.
78 Schlegel, August Wilhelm: Vorlesungen über dramatische Kunst und Literatur. Heidelberg 1817; Auszug in: Hammer, Klaus (Hrsg.): Dramaturgische Schriften des 19. Jh. Bd. 1. Berlin 1987, 93–165; hier: 102.
79 Allgemeine deutsche Real-Encyclopädie für die gebildeten Stände (Conversations-Lexikon). Neue, wörtlich nach dem zweiten durchgesehenen Abdruck der Leipziger siebenten Original-Ausgabe [Erstdruck 1827] abgedruckte Auflage. Bd. 3. Reutlingen 1831, 351f.
80 Vgl. Pierer's Universal-Lexikon. Bd. 5. Altenburg 1858, 293–296 (Artikel ‚Drama').
81 Schlegel: Vorlesungen, 103.
82 Ebd.

Bis sich Schlegels Verständnis und Gebrauch des Wortes *Spannung* allgemein durchsetzte, vergingen allerdings noch Jahre. In Pierers Universal-Lexikon ist von einer „Spannung bis zum Culminationspunkte der Handlung" die Rede.[83] Wenn Gustav Freytag in seiner *Technik des Dramas* von 1863 schreibt: „Das Wesen des Dramas ist Kampf und Spannung"[84], so meint er wohl eher die psychosoziale als die eigentlich dramatische futurische Spannung. Letztere berührt er immerhin mit dem von ihm formulierten „Moment der letzten Spannung"[85]. Unmittelbar an August Wilhelm Schlegel knüpft Bertolt Brecht an, indem er dessen „Spannung auf den Ausgang" die „Spannung auf den Gang" entgegensetzt.[86] Manchmal wird die erste auch Was-Spannung, die auf den Gang Wie-Spannung genannt. Das begriffsgeschichtliche Nacheinander von momentaner und futurischer Aufmerksamkeitsspannung hat sich damit umgekehrt, insofern die Spannung auf den Ausgang, die frühere Fortsetzung, nun den Ausgangspunkt bildet.

4.4 Vorprägungen aus Antike und Renaissance

Ähnlich wie der Begriff *Anschaulichkeit* ist auch das literarische Verständnis von *Spannung* eine Neuerung aus der Zeit um 1770. Aber auch hier gibt es antike Vorgaben. Dass Baumgarten mit seinen Äußerungen über die *Anstrengung* der Aufmerksamkeit, die spätere *Spannung*, an Quintilians Bemerkung über leicht ablenkbare Richter anknüpft, wurde schon erwähnt. Bekannter und wichtiger als diese Vorbereitung der augenblicksbezogenen ist die der futurischen Spannung. Für diese, die heute im Zusammenhang von Vorausdeutung und mantischem Glauben diskutiert wird, ist – schon von Sulzer zitiert – der Kommentar des Grammatikers Donatus aus dem 4. Jahrhundert zu den Komödien des römischen Dichters Terenz grundlegend. Dort heißt es, dass im ersten Akt eines Dramas, den Donat Protasis nennt, „ein Teil der Handlung bekannt gegeben und ein Teil noch verschwiegen wird",[87] um die Erwartung des Publikums wachzuhalten: „Pars argumenti explicatur, pars reticetur, ad populi exspectationem tenendam."[88]

---

83 Pierer's Universal-Lexikon, Bd. 5, 295.
84 Freytag, Gustav: Die Technik des Dramas. Leipzig 1922, 96.
85 Ebd., 118.
86 Brecht, Bertolt: Werke. Hrsg. v. Werner Hecht. Bd. 23: Schriften 3. Bearb. v. Barbara Wallburg. Berlin, Weimar, Frankfurt/Main 1993, 85; zitiert nach Anz: Spannung, 465–466.
87 Asmuth, Bernhard: Exposition. In: Weimar, Klaus (Hrsg.): Reallexikon der deutschen Literaturwissenschaft. Bd. 1. Berlin, New York 1997, 548–550; hier: 549.
88 Donatus, Aelius: Excerpta de comoedia VII, 4. In: Commentum Terenti. Leipzig 1902, 27; vgl. Asmuth: Exposition, 549.

Daran knüpft Julius Caesar Scaliger mit seiner 1561 postum in Lyon erschienenen lateinischen Poetik an, die übrigens auch das Verständnis von Spannung als *suspense* vorbereitet:

> Die Protasis ist der Teil, in dem das Resümee vorgestellt und erzählt wird, und zwar ohne Mitteilung des Ausgangs [Protasis est, in qua proponitur et narratur summa rei sine declaratione exitus]; so ist sie nämlich raffinierter, indem sie den Geist des Zuhörers ständig in der Erwartung schweben läßt [ita enim argutior est, animum semper auditoris suspensum habens ad exspectationem]. Kündigt man nämlich das Ende an, wird die Handlung ziemlich langweilig. Obwohl man der Inhaltsangabe die ganze Intrige entnehmen kann, bleibt sie dennoch eine so nüchterne und kurze Skizze, daß sie den Geist weniger sättigt als neugierig macht.[89]

Der Ausdruck *animum suspendere* geht, wie der englische Romanist Terence Cave deutlich gemacht hat,[90] auf eine nicht dichtungs-, sondern redebezogene Formulierung Quintilians zurück.[91] Der um 30 n. Chr. schreibende Universalgelehrte Celsus hat, wie Quintilian berichtet, die entsprechende Redefigur *sustentatio* genannt. Sie bedeutet „das *Hinhalten* der Zuhörer, die *Spannung*"[92]. Cave fand entsprechende Formulierungen, älter als die Scaligers, schon in der *Ars poetica* des Hieronymus Vida von 1527.[93]

Scaliger äußert sich ähnlich wie zum Drama auch zur Epik, bestimmt deren Spannungsstruktur allerdings gattungsbedingt anders. Die folgende Äußerung, von Cave nicht erwähnt, kündigt er als „Gesetz" an, das schon Vergil, für ihn „der Größte aller Dichter", in seiner *Aeneis* beachtet habe:

> Die Erzählung [narratio] darf nicht völlig geradlinig verlaufen, damit sie keine Langeweile zeitigt. [...] Eben das also, wovon man die Handlung ihren Anfang nehmen läßt, soll man nicht an den Anfang stellen. So bleibt der Geist des Zuhörers nämlich angespannt [suspensus], weil er das erfahren möchte, was sich noch nicht zugetragen hat. Das ist nämlich die

---

89 Scaliger, Iulius Caesar: Poetices libri septem. Sieben Bücher über die Dichtkunst. Hrsg. v. Luc Deitz u. Gregor Vogt-Spira. Bd 1. Stuttgart-Bad Cannstatt 1994, 152–155 (= Buch 1, Kap. 9).
90 Vgl. Cave, Terence: „Suspendere animos". Pour une histoire de la notion des suspens. In: Mathieu-Castellani, Gisèle; Plaisance, Michel (Hrsg.): Les commentaires et la naissance de la critique littéraire. France/Italie. Actes du Colloque International sur le Commentaire. Paris 1990, 211–218; hier: 212, Anmerkung 2.
91 Vgl. Quint. IX, 2, 22.
92 Georges, Karl-Ernst; Georges, Heinrich: Ausführliches lat.-dt. Handwörterbuch. Bd. 2. Hannover 1959, 2981–2982 (=Nachdruck der 8. Aufl. von 1913/18).
93 Vgl. Cave: „Suspendere animos", 212.

einzige oder zumindest eine herausragende Tugend: den Zuhörer gewissermaßen gefangenzuhalten [auditorem quasi captivum detinere].[94]

„Diese Art des Aufbaus" registriert Scaliger auch in Heliodors *Aethiopica*, einem spätantiken griechischen Roman, den er „als leuchtendes Vorbild" empfiehlt.[95] Dessen „Form der großen chronologischen Umstellung", wie Günther Müller sie nennt,[96] wurde in Romanen der Barockzeit bis hin zu Wielands *Geschichte des Agathon* von 1766/67 zum bevorzugten Strukturmodell. Der Italiener Viperano wiederholt Scaligers Empfehlung gefangennehmenden – heute sagen wir: fesselnden – Erzählens in seiner Poetik von 1579 fast wörtlich, ebenfalls unter Hinweis auf Vergil.[97]

Mitunter wird Spannung, insofern sie auf eine schließliche Lösung hinausläuft, auch mit des Aristoteles Vorstellung von tragischer Knüpfung (δέσις, *désis*) und Lösung (λύσις, *lýsis*) in Verbindung gebracht, also mit dem dramatischen Knoten (πλοκή, *ploké*) assoziiert.[98]

Mit der dramatischen und epischen Spannungseröffnung berührt sich in der Rhetorik die Ankündigung des Redeverlaufs. Hier geht es allerdings nicht wie bei der Spannung um partielle Verdunkelung, sondern im Gegenteil um klärende Orientierung. Zur Organisation des entsprechenden Proömiums hat sich bereits Aristoteles geäußert.[99] Quintilian bespricht diese Vorankündigung, nach ihrer griechischen Form Prolepse genannt, nur kurz.[100] Deutlicher äußert er sich zur *partitio*, einem späteren, zwischen *narratio* und *argumentatio* platzierten Redeteil über die weitere Gliederung:

> Wenn aber nun die Gliederung [partitio] auch nicht immer notwendig oder auch nützlich ist, so trägt sie, richtig angewandt, dazu bei, die Rede licht- und reizvoll zu machen. Denn sie bringt es nicht nur zuwege, daß dadurch, daß die Dinge gleichsam aus dem Gedränge herausgehoben und den Richtern unter die Augen gebracht werden, das, was gesagt wird, klarer wird, sondern sie bietet auch dem Hörer eine Erholung durch die festen Eckpunkte der einzelnen Teile – nicht anders als den Reisenden die Meilensteine mit ihren Entfernungsangaben viel von ihrer Ermüdung nehmen.[101]

---

94 Scaliger: Poetices libri septem, Bd. 3, 20–21 (= Buch 3, Kap. 95).
95 Ebd., 23.
96 Müller, Günther: Aufbauformen des Romans (1953). In: Müller, Günther: Morphologische Poetik. Gesammelte Aufsätze. Darmstadt 1968, 556–569; hier: 563.
97 Vgl. Viperano, Giovanni Antonio: De poetica libri tres. Antwerpen 1579, 88.
98 Vgl. Arist. Poet. 1456a; vgl. Anz: Spannung, 465.
99 Vgl. Arist. Rhet. 1414b 7f.
100 Vgl. Quint. IX, 2, 16.
101 Quint. IV, 5, 22.

5 Anziehungskraft, besonders bei Goethe

Die im Titel dieses Beitrags formulierte Attraktivität von Anschaulichkeit und Spannung ist eine heutige Zuordnung, deren Anwendung auf Texte des 18. Jahrhunderts zunächst anachronistisch anmutet. Als sprachliches Wertkriterium ist Attraktivität nämlich erst in jüngster Zeit zu beobachten, wohl in Anlehnung an die Werbesprache. Der Sprachwissenschaftler Willy Sanders registrierte kurz vor der Jahrtausendwende spöttisch: „Die ‚Attraktivmacher' sind da! [...] Attraktivität ist Trumpf!"[102] Das hielt Wolf Schneider nicht davon ab, 2005 ein *Handbuch für attraktive Texte* zu veröffentlichen.[103]

Außersprachlich gelten *Attraktivität* und deren deutsche Entsprechung *Anziehungskraft* schon länger und stärker als hochwertig. *Geheime Anziehungskräfte* heißt ein im 19. Jahrhundert von Josef Strauss komponierter Walzer (Opus 173). Ein im Herbst 2013 erschienenes Buch des Modedesigners Guido Maria Kretschmer mit dem kleidsamen Titel *Anziehungskraft* belegte monatelang einen Spitzenplatz auf der *Spiegel*-Bestenliste für Sachbücher. Verwurzelt ist Attraktivität oder einfacher Attraktion als Wertkriterium aber letztlich in eben jener Zeit, der wir auch Anschaulichkeit und Spannung als literarische Begriffe verdanken. Deshalb hierzu einige abschließende Überlegungen.

In der Mitte des 18. Jahrhunderts bezeichnete *Attraktion* unter dem Eindruck von Newtons 1687 veröffentlichter, seit etwa 1740 allgemein akzeptierter Gravitationstheorie hauptsächlich die auf Schwerkraft beruhende wechselseitige Anziehung der Himmelskörper, besonders die von Sonne, Mond und Erde. Davon ist etwa der kurze Artikel ‚Attractio' in Zedlers *Universal-Lexikon* geprägt.[104] Noch Kant versteht den Begriff physikalisch und definiert: „anziehungskraft ist diejenige bewegende Kraft, wodurch eine materie die ursache der annäherung anderer zu ihr sein kann"[105]. Er und seine philosophischen Nachfolger (Schelling, Hegel) unterschieden als gegensätzliche Kraftformen Attraktion und Repulsion (oder Expansion). Im späten 18. Jahrhundert machte der Arzt Franz Anton Mesmer durch eine medizinische Variante der Attraktion, den von ihm mit einem Magneteisen praktizierten animalischen Magnetismus oder Mesmerismus, eine Vorform heutiger Außenseiter-Medizin, auf sich aufmerksam. Über seine Behandlung der blinden, noch jugendlichen Wiener Pianistin Maria Theresia

---

102 Sanders, Willy: Sprachkritikastereien. Darmstadt 1998, 52.
103 Schneider, Wolf: Deutsch! Das Handbuch für attraktive Texte. Reinbek 2005 und öfter.
104 Zedler, Johann Heinrich: Universal-Lexicon. Bd. 2. Halle, Leipzig 1732, 2087–2088.
105 Zitiert in: Grimm, Jacob; Grimm, Wilhelm: Deutsches Wörterbuch. Bd. 1. Leipzig 1854, 529 (Artikel ‚anziehen').

Paradis im Jahre 1777 hat Alissa Walser 2010 einen Roman vorgelegt. *Am Anfang war die Nacht Musik* lautet der Titel.

Im 18. Jahrhundert wurde *Attraktion* bzw. *Anziehungskraft*, bei Goethe auch *Anziehungsgabe*, zwar noch nicht auf sprachliche Phänomene, aber immerhin schon auf zwischenmenschliche Beziehungen übertragen. Kronzeuge dafür ist Goethe selbst. In seiner *Italienischen Reise* schreibt er, dem Heiligen Philipp Neri sei

> eine entschiedene Anziehungsgabe, welche auszudrücken die Italiener sich des schönen Wortes „attrattiva" bedienen, kräftig verliehen, die sich nicht allein auf Menschen erstreckte, sondern auch auf Tiere.[106]

Ähnliche Kraft hatte die Antike dem mythischen Dichtersänger Orpheus zugesprochen. Eben diese „Gabe, alle Menschen an sich zu ziehn (attrattiva)", verlieh Goethe auch dem niederländischen Grafen Egmont, der Titelfigur einer seiner Tragödien.[107] In Bezug auf seinen eigenen Schaffensprozess bemerkt Goethe, „daß die Anziehungskraft meiner Tragödie sich zu vermindern [...] drohte"[108]. Im Zusammenhang von Egmonts Charakter entwickelt er allgemeine, für sein Welt- und Dichtungsverständnis zentrale Gedanken über das „Dämonische" herausragender Menschen:

> Es sind nicht immer die vorzüglichsten Menschen, weder an Geist noch an Talenten, selten durch Herzensgüte sich empfehlend; aber eine ungeheure Kraft geht von ihnen aus, und sie üben eine unglaubliche Gewalt über alle Geschöpfe, ja sogar über die Elemente, und wer kann sagen, wie weit sich eine solche Wirkung erstrecken wird? Alle vereinten sittlichen Kräfte vermögen nichts gegen sie; vergebens, daß der hellere Teil der Menschen sie als Betrogene oder als Betrüger verdächtig machen will, die Masse wird von ihnen angezogen.[109]

In seinen *Wahlverwandtschaften* (1809) bescheinigt Goethe den außerehelich sich Liebenden Eduard und Ottilie in Anlehnung an die Chemie seiner Zeit „eine unbeschreibliche, fast magische Anziehungskraft gegeneinander"[110]. Über

---

106 Goethe, Johann Wolfgang von: Italienische Reise. Zweiter römischer Aufenthalt. In: Goethes Werke. Hamburger Ausgabe in 14 Bänden. Bd. 11. Hamburg 1959, 350–556; hier: 467.
107 Goethe: Dichtung und Wahrheit, Teil 4, Buch 20. In: Goethes Werke. Bd. 10, 176.
108 Ebd., 181–182.
109 Ebd., 177.
110 Goethe, Johann Wolfgang von: Wahlverwandtschaften. In: Goethes Werke. Hamburger Ausgabe in 14 Bänden. Bd. 6. Hamburg 1960, 478. Vgl. dazu Adler, Jeremy: „Eine fast magische Anziehungskraft". Goethes „Wahlverwandtschaften" und die Chemie seiner Zeit. München 1987. Zum selben Thema gab es 2008 eine Ausstellung.

Herder berichtet Goethe: „seine anziehungskraft wirkte immer stärker auf mich"[111]. In *Dichtung und Wahrheit* erzählt er von der „Anziehungsgabe"[112] seiner Frankfurter Verlobten Lili Schönemann,

> daß sie eine gewisse Gabe anzuziehen an sich habe bemerken müssen. [...] Hiedurch gelangten wir im Hin- und Widerreden auf den bedenklichen Punkt, daß sie diese Gabe auch an mir geübt habe, jedoch bestraft worden sei, indem sie auch von mir angezogen worden.[113]

Zwischen dem in der Goethezeit erkennbaren, von Goethe selbst reichlich formulierten und in naturmagischen Gedichten wie *Der Fischer* und *Erlkönig* poetisch gestalteten Interesse für Anziehungskraft, für Anziehendes überhaupt, und dem Wandel von der Rhetorik zur Ästhetik als neuer Leitdisziplin im 18. Jahrhundert besteht ein, soweit ich sehe, bisher kaum beachteter Zusammenhang.[114] Sulzer erwähnt in seinem Artikel über ästhetische ‚Kraft' ohne nähere Unterscheidung antreibende und anziehende Kräfte.[115] Der Übergang vom rhetorisch-persuasiven, aktiven und eher rationalen Antreiben zur ästhetischen Anziehung, genauer gesagt zum irrationalen und passiven Hingezogensein, ist typisch für die Epoche, auch für den am Ende des 18. Jahrhunderts sich abzeichnenden Übergang von der nüchternen Aufklärung zur sehnsuchtsvollen Romantik.

Der Philosoph Gottfried Gabriel hat Formen der Literatur, die „durch die Präsentation eines besonderen Falles auf Allgemeineres abzielen"[116], eine „Richtungsänderung des Bedeutens"[117] zugeschrieben. Diese Formulierung eignet sich besonders zur Definition von Metapher, Parabel und anderen Arten der Uneigentlichkeit.[118] Schon Cicero hatte bemerkt, dass bei der Metapher „der Zuhörer in

---

111 Grimm, Jacob; Grimm, Wilhelm: Deutsches Wörterbuch. Bd. 1. Leipzig 1854, 529.
112 Goethe: Dichtung und Wahrheit, Teil 4, Buch 17. In: Goethes Werke. Bd. 10, 96.
113 Ebd., 94.
114 Zur Forschung über das Verhältnis von Rhetorik und Ästhetik im 18. Jh. vgl. Till, Dietmar: Rhetorik der Aufklärung. Theorie und Praxis der Rhetorik im Deutschland des 18. Jh. Aufriß eines Forschungsfeldes. Magisterarbeit Tübingen 1997, 45–53 (Internetfassung, https://core.ac.uk/download/pdf/14510361.pdf, 25. September 2018); siehe auch Till, Dietmar: Transformationen der Rhetorik. Untersuchungen zum Wandel der Rhetoriktheorie im 17. und 18. Jh. Tübingen 2004.
115 Sulzer, Johann Georg: Kraft. In: Allgemeine Theorie der Schönen Künste. Bd. 3. Leipzig 1793, 61–66; hier: 62.
116 Zymner, Rüdiger: Uneigentlichkeit. Studien zur Semantik und Geschichte der Parabel. Paderborn u. a. 1991, 98.
117 Gabriel, Gottfried: Über Bedeutung in der Literatur. Zur Möglichkeit ästhetischer Erkenntnis. In: Allg. Zeitschrift für Philosophie 2 (1983), 7–21; hier: 14ff.
118 Vgl. Zymner: Uneigentlichkeit, 98–99.

Gedanken in eine andere Richtung geführt wird" (*alio ducitur cogitatione*),[119] und Harsdörffer hatte die Tropen überhaupt als „Deutungs-Aenderungen" verdeutscht.[120] Die Umorientierung vom rhetorischen Antrieb zur ästhetischen Anziehung ist anderer Art. Sie meint einen historischen Wandel. Aber sie lässt sich ähnlich beschreiben: Hier geht es um eine *Richtungsänderung des Bewirkens*. Das ist ein großes, besser separat zu behandelndes Thema.

Literatur

Ackermann, Kathrin; Moser-Kroiss, Judith (Hrsg.): Gespannte Erwartungen. Beiträge zur Geschichte der dramatischen Spannung. Wien 2007.
Adelung, Johann Christoph: Ueber den Deutschen Styl. Bd. 1. Berlin 1789.
Adelung, Johann Christoph: Ueber den Deutschen Styl. Bd. 2. Berlin 1785.
Adler, Hans; Gross, Sabine (Hrsg.): Anschauung und Anschaulichkeit. Visualisierung im Wahrnehmen, Lesen und Denken. Paderborn 2016.
Adler, Jeremy: „Eine fast magische Anziehungskraft". Goethes „Wahlverwandtschaften" und die Chemie seiner Zeit. München 1987.
Allgemeine deutsche Real-Encyclopädie für die gebildeten Stände (Conversations-Lexikon) in 12 Bänden. Neue, wörtlich nach dem zweiten durchgesehenen Abdruck der Leipziger siebenten Original-Ausgabe [Erstdruck 1827] abgedruckte Auflage. Bd. 3. Reutlingen 1831.
Anz, Thomas: Spannung. In: Reallexikon der deutschen Literaturwissenschaft. Bd. 3. Berlin, New York 2003, 464–467.
Apel, Friedmar: Das Auge sieht mit. Zur Visualität der Literatur. München 2010.
Aristoteles: Poetik. Übers. u. erl. v. Arbogast Schmitt. Berlin 2008 (= Aristoteles, Werke in deutscher Übersetzung 5).
Aristoteles: Rhetorik. Übers. u. erl. v. Christof Rapp. 2 Halbbände. Berlin 2002 (= Aristoteles. Werke in deutscher Übersetzung, 4.1–4.2).
Asmuth, Bernhard: Anschaulichkeit. Varianten eines Stilprinzips im Spannungsfeld zwischen Rhetorik und Erzähltheorie. In: Ueding, Gert; Kalivoda, Gregor (Hrsg.): Wege moderner Rhetorikforschung. Berlin, Boston 2014, 147–184.
Asmuth, Bernhard: Strenge Aufmerksamkeit im 18. Jh. Ihre Ausdehnung von der Rhetorik zur Ästhetik: In: Rhetorik 33 (2014), 1–16.
Asmuth, Bernhard: Geschäftsstil. Seine Prägung durch Sonnenfels und Adelung um 1784. In: Deutsch, Andreas (Hrsg.): Historische Rechtssprache des Deutschen. Heidelberg 2013, 175–206.
Asmuth, Bernhard: Perspicuitas. In: Ueding, Gert (Hrsg.): Historisches Wörterbuch der Rhetorik. Bd. 6. Tübingen 2003, 814–874.

---

119 Cic. De or. III, 16. Übers. zitiert nach Cicero, Marcus Tullius: De oratore. Über den Redner. Übers. u. hrsg. v. Harald Merklin. 2. Aufl. Stuttgart 1981.
120 Harsdörffer, Georg Philipp: Poetischer Trichter. Teil 3. Darmstadt 1969, 56.

Asmuth, Bernhard: Exposition. In: Weimar, Klaus (Hrsg.): Reallexikon der deutschen Literaturwissenschaft. Bd. 1. Berlin, New York 1997, 548–550.
Bahr, Petra: Darstellung des Undarstellbaren. Religionstheoretische Studien zum Darstellungsbegriff bei A. G. Baumgarten und I. Kant. Tübingen 2004.
Baumgarten, Alexander Gottlieb: Ästhetik. Lat.-dt. Übers., mit einer Einführung, Anmerkungen und Registern hrsg. v. Dagmar Mirbach. 2 Bde. (fortlaufend paginiert). Hamburg 2007.
Baumgarten, Alexander Gottlieb: Meditationes philosophicae de nonnullis ad poema pertinentibus. Halle 1735.
Biedermann, Woldemar von (Hrsg.): Goethes Gespräche. Bd. 9. Leipzig 1891.
Borgmeier, Raimund; Wenzel, Peter (Hrsg.): Spannung. Studien zur englischsprachigen Literatur. Für Ulrich Suerbaum zum 75. Geburtstag. Trier 2001.
Brecht, Bertolt: Werke. Hrsg. v. Werner Hecht. Bd. 23: Schriften 3. Bearb. v. Barbara Wallburg. Berlin, Weimar, Frankfurt/Main 1993.
Busch, Wilhelm: Sämtliche Briefe. Kommentiert v. Friedrich Bohne. Bd. 2. Hannover 1982.
Campe, Rüdiger: Vor Augen Stellen. Über den Rahmen rhetorischer Bildgebung. In: Neumann, Gerhard (Hrsg.): Poststrukturalismus. Herausforderung an die Literaturwissenschaft. Stuttgart, Weimar 1997, 208–225.
Cave, Terence: „Suspendere animos". Pour une histoire de la notion des suspens. In: Mathieu-Castellani, Gisèle; Plaisance, Michel (Hrsg.): Les commentaires et la naissance de la critique littéraire. France/Italie. Actes du Colloque international sur le Commentaire. Paris 1990, 211–218.
Cicero, Marcus Tullius: Hortensius, Lucullus, Academici libri. Hrsg. u. übers. v. Laila Straume-Zimmermann. München 1997.
Cicero, Marcus Tullius: De oratore. Über den Redner. Übers. u. hrsg. v. Harald Merklin. 2. Aufl. Stuttgart 1981.
Donatus, Aelius: Excerpta de comoedia. In: Commentum Terenti. Hrsg. v. Paul Wessner. Leipzig 1902, 22–31 (V1–VIII11).
Engel, Eduard: Deutsche Stilkunst. Leipzig 1922.
Freytag, Gustav: Die Technik des Dramas. Leipzig 1922.
Gabriel, Gottfried: Über Bedeutung in der Literatur. Zur Möglichkeit ästhetischer Erkenntnis. In: Allg. Zeitschrift für Philosophie 2 (1983), 7–21.
Galvani, Luigi: De viribus electricitatis in motu musculari. Bologna 1791.
Gatterer, Johann Christoph: Vorrede von der Evidenz in der Geschichtkunde. In: Boysen, Friedrich Eberhard (Hrsg.): Die allgemeine Welthistorie. Alte Historie. Bd. 1. Halle 1767, 1–38.
Georges, Karl-Ernst; Georges, Heinrich: Ausführliches lat.-dt. Handwörterbuch. Bd. 2. Hannover 1959 (= Nachdruck der 8. Aufl. von 1913/18).
Goethe, Johann Wolfgang von: Wahlverwandtschaften. In: Goethes Werke. Hamburger Ausgabe in 14 Bänden. Bd. 6. Hamburg 1960.
Goethe, Johann Wolfgang von: Dichtung und Wahrheit. In: Goethes Werke. Hamburger Ausgabe in 14 Bänden. Bde. 9 u. 10. Hamburg 1959 u. 1960.
Goethe, Johann Wolfgang von: Italienische Reise. Zweiter römischer Aufenthalt. In: Goethes Werke. Hamburger Ausgabe in 14 Bänden. Bd. 11. Hamburg 1959, 350–556.
Grimm, Jacob; Grimm, Wilhelm: Deutsches Wörterbuch. 16 Bde. Leipzig 1854–1961.
Gruber, J. G.: Wielands Leben. 4. Theil mit Einschluß vieler noch ungedruckter Briefe Wielands. In: Gruber, J. G. (Hrsg.): C. M. Wielands Sämmtliche Werke. Bd. 53. Leipzig 1828.

Haller, Albrecht von: Grundriss der Physiologie. Nach der 4. lat. Aufl. übers. v. Samuel Thomas von Sömmerring. Berlin 1788.
Hammer, Klaus (Hrsg.): Dramaturgische Schriften des 19. Jh. Bd. 1. Berlin 1987.
Harsdörffer, Georg Philipp: Poetischer Trichter. Teil 3. Darmstadt 1969.
Herder, Johann Gottfried: Sämmtliche Werke. 33 Bde. Hrsg. v. Bernhard Suphan. Berlin 1877–1913.
Jean Paul: Vorschule der Ästhetik. 2. Aufl. 1813. Hrsg. u. kommentiert v. Norbert Miller. München 1963.
Kemmann, Ansgar: Evidentia. In: Ueding, Gert (Hrsg.): Historisches Wörterbuch der Rhetorik. Bd. 3. Tübingen 1996, 33–47.
Klopstock, Friedrich Gottlieb: Von der Darstellung. In: Ausgewählte Werke. Hrsg. v. Karl August Schleiden. München 1962, 1031–1038.
Laak, Lothar van: Hermeneutik literarischer Sinnlichkeit. Historisch-systematische Studien zur Literatur des 17. und 18. Jh. Tübingen 2003.
Lämmert, Eberhard: Bauformen des Erzählens. Stuttgart 1967, 139–194.
Lange, Friedrich Albert: Geschichte des Materialismus und Kritik seiner Bedeutung in der Gegenwart. Norderstedt 2008 [basierend auf der 9. Aufl. 1915].
Leibniz, Gottfried Wilhelm: Sämtliche Schriften. Reihe 6. Bd. 4. Teil A. Berlin 1999.
Lichtenberg, Georg Christoph: Auserlesene Schriften. Bayreuth 1800.
Mahlmann-Bauer, Barbara: Anschaulichkeit als humanistisches Ideal. Johannes Dryander, „Medicus atque Mathematicus Marpurgensis". In: Kiefer, Jürgen; Reich, Karin (Hrsg.): Gemeinnützige Mathematik. Adam Ries und seine Folgen. Erfurt 2003, 223–268.
Meier, Georg Friedrich: Anfangsgründe aller schönen Wissenschaften. Bd. 2. Halle 1755.
Mendelssohn, Moses: Abhandlung von der Evidenz in metaphysischen Wissenschaften. Berlin 1764.
Müller, Günther: Aufbauformen des Romans (1953). In: Müller, Günther: Morphologische Poetik. Gesammelte Aufsätze. Darmstadt 1968, 556–569.
Pfeifer, Wolfgang (Hrsg.): Etymologisches Wörterbuch des Deutschen. Erarbeitet unter der Leitung von Wolfgang Pfeifer. Berlin 1993.
Plett, Heinrich F.: Enargeia in Classical Antiquity and the Early Modern Age. The Aesthetics of Evidence. Leiden 2012.
Pütz, Peter: Die Zeit im Drama. Zur Technik dramatischer Spannung. Göttingen 1970. 2. Aufl. 1977.
Quintilianus, Marcus Fabius: Ausbildung des Redners. Zwölf Bücher, zwei Teile. Hrsg. u. übers. v. Helmut Rahn. 2. Aufl. Darmstadt 1988 (= Texte zur Forschung 2–3).
Reiners, Ludwig: Stilkunst. Ein Lehrbuch deutscher Prosa. Sonderausgabe. München 1961.
Reissmann, August: Felix Mendelssohn-Bartholdy. Leipzig 1893.
Riedel, Friedrich Just: Theorie der schönen Künste. Ein Auszug aus den Werken verschiedener Schriftsteller. Jena 1767.
Rupp, Gerhard: Ästhetische Schulung durch Stilübungen im Literaturunterricht des 18. und 19. Jahrhunderts. In: Gumbrecht, Hans Ulrich; Pfeiffer, K. Ludwig (Hrsg.): Stil. Frankfurt/Main 1986, S. 394–410.
Sanders, Willy: Sprachkritikastereien. Darmstadt 1998.
Scaliger, Iulius Caesar: Poetices libri septem. Sieben Bücher über die Dichtkunst. Hrsg. v. Luc Deitz u. Gregor Vogt-Spira. 6 Bde. Stuttgart-Bad Cannstatt 1994.
Scharloth, Joachim: Evidenz und Wahrscheinlichkeit. Wahlverwandtschaften zwischen Romanpoetik und Historik in der Spätaufklärung. In: Fulda, Daniel; Tschopp, Silvia Serena

(Hrsg.): Literatur und Geschichte. Ein Kompendium zu ihrem Verhältnis von der Aufklärung bis zur Gegenwart. Berlin, New York 2002, 247–276.
Schiller, Friedrich: Wilhelm Tell. Stuttgart 1974.
Schiller, Friedrich: Über naive und sentimentalische Dichtung. In: Schiller. Sämtliche Werke. Bd. 5. München 1962, 693–779.
Schlegel, August Wilhelm: Vorlesungen über dramatische Kunst und Literatur. Heidelberg 1817.
Schneider, Helmut J.; Simon, Ralf; Wirtz, Thomas (Hrsg.): Bildersturm und Bilderflut um 1800. Zur schwierigen Anschaulichkeit der Moderne. Bielefeld 2001.
Schneider, Wolf: Deutsch! Das Handbuch für attraktive Texte. Reinbek 2011.
Schneider, Wolf: Deutsch für Kenner. München 1996.
Schopenhauer, Arthur: Parerga und Paralipomena, Bd. 2. Wiesbaden 1947 (= Sämtliche Werke 6).
Sowinski, Bernhard: Deutsche Stilistik. Frankfurt/Main 1973.
Staiger, Emil: Grundbegriffe der Poetik. Zürich 1956.
Stieler, Kaspar: Der teutschen Sprache Stammbaum und Fortwachs oder teutscher Sprachschatz. Nürnberg 1691.
Stieler, Kaspar: Die Dichtkunst des Spaten, 1685. Hrsg. v. Herbert Zeman. Wien 1975.
Sulzer, Johann Georg: Kraft. In: Allgemeine Theorie der Schönen Künste. Bd. 3. Leipzig 1793, 61–66.
Sulzer, Johann Georg: Allgemeine Theorie der Schönen Künste. 4 Bde. 2. Aufl. Leipzig 1792–94.
Till, Dietmar: Rhetorik der Aufklärung. Theorie und Praxis der Rhetorik im Deutschland des 18. Jh. Aufriß eines Forschungsfeldes. Magisterarbeit Tübingen 2007, 45–53 (Internetfassung, https://core.ac.uk/download/pdf/14510361.pdf, 25. September 2018).
Till, Dietmar: Transformationen der Rhetorik. Untersuchungen zum Wandel der Rhetoriktheorie im 17. und 18. Jh. Tübingen 2004.
Viperano, Giovanni Antonio: De poetica libri tres. Antwerpen 1579.
Volta, Alessandro: Osservazioni sulla capacità de' conduttori elettrici in una lettera al Sig.[nor] de Saussure. In: Opuscoli scelti sulle scienze e sulle arti. Bd. 1. Mailand 1778, 273–280.
Zedler, Johann Heinrich: Universal-Lexicon. Bd. 2. Halle, Leipzig 1732.
Zymner, Rüdiger: Uneigentlichkeit. Studien zur Semantik und Geschichte der Parabel. Paderborn u. a. 1991.

Jessica Güsken
Beispiele geben.
Zur Problematik einer unumgänglichen Praxis im Diskurs der Ästhetik (1750–1850)

Um die Mitte des 18. Jahrhunderts wird eine neue philosophische Disziplin erfunden, die Ästhetik. Ihren Namen hat sie von dem, worüber sie spricht: Seit Alexander Gottlieb Baumgarten wird hier *aísthēsis*, die sinnliche Wahrnehmung und Empfindung, thematisch – und diese hat es mit Einzeldingen und Ereignissen, kurz, mit Singularitäten zu tun, die sich nicht vollends auf den Begriff bringen lassen, sondern zu diesem in ein problematisches Verhältnis geraten. Ob ihrer Gegenstände ist die Ästhetik daher in besonderem Maße darauf angewiesen, Beispiele zu geben. Weil reine Theorie über die konstitutiv an die sinnliche Anschauung gekoppelte Schönheit oder Hässlichkeit mangelhaft erscheint, entsteht ein besonderes Begehren nach Beispielen, die jenen Mangel ausgleichen sollen: Sie bekommen im Diskurs der Ästhetik theoretisch wie darstellungstechnisch einen neuen Stellenwert (und entsprechende Brisanz) als unverzichtbare Agenten der Herstellung und Sicherung von Evidenz.

Von der Sonderstellung ihrer Disziplin in Bezug auf das Beispielgeben haben sich die Autoren immer wieder Rechenschaft abgelegt: Hier seien „Beyspiele noch weit nothwendiger, noch weit behülflicher, als bloße Theorie und Regeln"[1], heißt es etwa bei Johann Joachim Eschenburg. Die Ästhetik muss mit der Erwartungshaltung umgehen, dass Leserinnen und Leser nach konkreten Beispielen dafür verlangen, was genau denn schön, hässlich, komisch oder gar erhaben sei. ‚Bloße Theorie' erscheint hier jedenfalls wenig überzeugend und auch kaum vermittelbar: Ohne entsprechende Beispiele lassen sich ihre Sätze weder belegen, noch in propädeutisch-didaktischer oder geschmackserzieherischer Absicht vermitteln und in die Praxis ästhetischen Urteilens überführen. Sie sollen die andernfalls ganz abstrakt bleibenden Begriffe ebenso veranschaulichen und erläutern, wie diese auch mit Sachhaltigkeit ausstatten, ihre Triftig- und Gültigkeit versichern und ihre Wahrheit erweisen – oder umgekehrt als konkrete, gleichsam in der ästhetischen Erfahrung gelegene Ausgangspunkte der Theorie dienen. In

---

[1] Eschenburg, Johann Joachim: Beispielsammlung zur Theorie und Literatur der schönen Wissenschaften. Bd. 1. Berlin, Stettin 1788, VII („Vorbericht"). Das Gewicht, das Eschenburg den Beispielen zuspricht, lässt sich tatsächlich mit Händen greifen: Immerhin fügt er seiner in einem Band herausgegebenen *Theorie der schönen Wissenschaften* eben diese voluminöse *Beispielsammlung* an, welche insgesamt ganze acht Bände umfasst.

diesem Sinne warnt schon Gotthold Ephraim Lessing: „Bloß aus allgemeinen Begriffen über die Kunst zu vernünfteln, kann zu Grillen verführen, die man über lang oder kurz, zu seiner Beschämung, in den Werken der Kunst widerlegt findet"[2]. Die Ästhetik gehört, so kann man im Anschluss an die Forschungen um das *Archiv des Beispiels* sagen, in besonderer Weise zu jenen Wissenschaften, „die im 18. Jahrhundert immer entschiedener von den Geltungsgrößen Tradition und Autorität Abschied nehmen und auf Empirie, Innovation und Aktualität umstellen" und dabei „eine neue Theorie und Praxis des Beispielgebens entwickeln".[3]

Wie sich beobachten lässt, geht das allerdings nicht ohne Streit ab, der bereits mit den Begründungsbemühungen der Ästhetik als philosophische Disziplin seinen Anfang nimmt. Dieser Beispielstreit dreht sich sowohl um einzelne Beispiele, als auch in grundsätzlicher Weise um ihren Gebrauch – um die Frage, wie mit Beispielen umgegangen werden kann, welchen epistemologischen Status sie eigentlich haben und welche Rolle sie in den Texten der neuen Philosophendisziplin überhaupt spielen dürfen. Insbesondere sehen sich die großen systematischen Entwürfe der Ästhetik, wie sie zwischen 1750 und 1850 entstehen, mit dem Begehren nach Beispielen zugleich vor gewichtige Schwierigkeiten gestellt: Hier entsteht ein problematisches Spannungsverhältnis zwischen dem begrifflich-systematischen Anspruch der Theorie und ‚ihren' Beispielen, die doch stets mehr und anderes als das Allgemeingültige zeigen, aber gleichwohl einen irreduziblen Platz einnehmen. Das Beispiel lässt sich nicht unter die Kategorie des Falls subsumieren, vielmehr wird das Eigentümliche des Beispielgebens in der Opposition von Besonderem und Allgemeinem, von Begriff und Fall gerade verfehlt. Beispiele firmieren, so kann man zunächst mit Mirjam Schaub formulieren, als ‚Ersatz-Allgemeines': Exemplarität tritt in der Ästhetik „als Quasi-Allgemeinheit" auf den Plan, „als epistemische Ersatz-Auszeichnung, [...] als *alternative* Spielart und als *Sekundärform* von Allgemeinheit".[4] Wie im Folgenden in drei Szenen – Baumgarten, Mendelssohn und Lessing, Rosenkranz – schlaglichtartig beleuchtet

---

2 Lessing, Gotthold Ephraim: Laokoon: oder über die Grenzen der Malerei und Poesie. Hrsg. v. Wilfried Barner. Frankfurt/Main 2007, 183.
3 Lück, Christian; Niehaus, Michael; Risthaus, Peter; Schneider, Manfred (Hrsg.): Archiv des Beispiels. Vorarbeiten und Überlegungen. Zürich 2013, 7. Zum DFG-geförderten Forschungsprojekt gehört die gleichnamige digitale Datenbank *Archiv des Beispiels*, siehe Archiv des Beispiels. Datenbank zur Erforschung des Beispielgebrauchs in der Moderne. http://beispiel.germanistik.rub.de/ (31.10.2018). Verwiesen sei hier auch auf die 2018 von den BetreiberInnen gegründete *z.B. Zeitschrift zum Beispiel*, siehe Güsken, Jessica u.a. (Hrsg.): z.B. Zeitschrift zum Beispiel 1 (2018). https://ub-deposit.fernuni-hagen.de/receive/mir_mods_00001320 (31.10.2018).
4 Schaub, Mirjam: Das Singuläre und das Exemplarische. Zu Logik und Praxis der Beispiele in Philosophie und Ästhetik. Zürich 2010, 21.

werden soll, wird allerdings die Infragestellung der Möglichkeit rein begrifflich-theoretischer Reflexion auf dem Gebiet der Ästhetik und die sich im Beispielgeben immer schon vollziehende Überlagerung von Denken und Darstellung, Wissen und Vermittlung, Theorie und Praxis zur beständigen, immer wieder neu reflektierten Herausforderung für die Systementwürfe selbst. Dabei erscheint das Beispielgeben als eine ebenso unumgängliche, wie zugleich nicht richtig legitimierte oder unausgewiesene Praxis der generativen Verfertigung ästhetischen Wissens. Insofern sind Beispiele zentrale Agenten der Evidenzherstellung ästhetischer Theorie wie zugleich auch Störgrößen, die sich nicht vollends in den gehegten Rahmen eines begrifflich-systematisierend verfahrenden Wissensdiskurses fügen.

1 Baumgarten: Das Beispiel als Figur und Verfahren *schönen Denkens*

Alexander Gottlieb Baumgarten begründet bekanntlich die Ästhetik als „Wissenschaft der sinnlichen Erkenntnis", und bestimmt sie zugleich als „Theorie der freien Künste, untere Erkenntnislehre, Kunst des schönen Denkens, Kunst des Analogons der Vernunft".[5] Er entwirft damit unter dem Titel *Ästhetik* (1750/58) eine Erkenntnis- und Darstellungstheorie, die den Bereich des Erkennens über das Rational-Begriffliche hinaus um eigenlogische Strukturen des Sinnlichen erweitert, und dabei das Schöne als eigenwertiges epistemisches Medium fasst. Dem Doppelsinn der Ästhetik als Theorie der sinnlichen Erkenntnis sowie als Lehre vom Schönen und seiner (künstlerischen) Herstellung entsprechend, steht also mit der philosophischen Untersuchung der *aísthēta* „nicht nur das Schöne als Gegenstand – Schönes zu denken –, [sondern] auch die Darstellbarkeit, also der Ausdruckscharakter des Denkens selbst – das schöne Denken"[6] zur Debatte. In diesem Rahmen wird die Frage nach dem Beispiel in mehrerlei Hinsicht und auf verschiedenen Ebenen thematisch und ist für Baumgartens Projekt der Ästhetik insgesamt fundamental.

Bereits Schaub hat an den Anfang ihrer thematisch einschlägigen Studie die metareflexive Einsicht gestellt, dass „[d]ie Frage nach den Beispielen seit

---

[5] Baumgarten, Alexander Gottlieb: Ästhetik. Lat.-dt. Übers., mit einer Einführung, Anmerkungen und Registern hrsg. v. Dagmar Mirbach. Bd. 1. Hamburg 2007, 11 (= § 1).
[6] Allerkamp, Andrea; Mirbach, Dagmar: Unter produktiver Spannung: 300 Jahre Baumgarten. In: Allerkamp, Andrea; Mirbach, Dagmar (Hrsg.): Schönes Denken. A. G. Baugarten im Spannungsfeld zwischen Ästhetik, Logik und Ethik. Hamburg 2016, 7–34; hier: 8.

Baumgarten auf das Engste mit einem entscheidenden Moment und Einsatz der ästhetischen Gründungstheorie verbunden ist"[7], nämlich der Behauptung einer spezifisch sinnlichen Erkenntnis. Wie Schaub es formuliert, „besteht das Skandalon der Ästhetik seit Baumgarten darin, ein Einzelding, ein sinnliches, endliches, konkretes Etwas in den Rang einer Erkenntnis zu befördern", – eine Erkenntnis also, „die mit dem antiken Muster bricht, dass sich Wahrheit und Allgemeinheit nur jenseits der sinnlichen Welt der Sichtbarkeit zu offenbaren vermag".[8] Damit sei „[d]as Projekt der Ästhetik von Anfang an ein ketzerisches, weil es den Wahrheitsanspruch des Abstrakten, Allgemeinen mit seinem Pochen auf die Wahrheit des Einzeldings unterläuft"[9]. Tatsächlich unternimmt Baumgarten mit der Theorie einer spezifisch sinnlichen Erkenntnis eine dezidierte Aufwertung des sogenannten ‚unteren' Vermögens der Sinnlichkeit, indem er gegenüber dem ‚oberen' Erkenntnisvermögen (Verstand und Vernunft) und seinen abstrakten Begriffen einen eigenen Erkenntnis- und Wahrheitswert der von ihm *sinnlich* genannten Vor- bzw. Darstellungen (*repraesentationes sensitivae*) philosophisch zu explizieren sucht. Grob gesagt lautet sein Argument, dass sinnliche Erkenntnis im Unterschied zur vernünftigen Erkenntnis die Dinge zwar nicht klar und deutlich-distinkt (mit anderen Worten: begrifflich), sondern klar-verworren (*confuse*) repräsentiert.[10] Damit bietet sie allerdings eine anders nicht einzuholende Hinsicht auf die metaphysische Wahrheit und erschließt einen Zugang zur Welt, der von eigener Qualität ist. Baumgarten stellt der rational-begrifflichen Erkenntnis also einen zweiten Typ von Erkenntnis gegenüber: die entlang von sechs Perfektionskategorien zum „schönen Denken" vervollkommnete sinnliche Erkenntnis.[11] Diese kann als „Logik des Individuellen"[12] expliziert werden,

---

7 Schaub: Das Singuläre und das Exemplarische, 16.
8 Ebd., 16–17.
9 Ebd., 17.
10 Eine Einführung zu Baumgartens Begriff der sinnlichen Erkenntnis bietet Mirbach, Dagmar: Einführung. In: Baumgarten: Ästhetik, Bd. 1, XV–LXXX. Siehe dazu außerdem die nach wie vor einschlägige Studie von Ursula Franke: Kunst als Erkenntnis. Wiesbaden 1972.
11 Indem Baumgartens *Ästhetik* ihrem Anspruch nach allgemeingültige Regeln für das schöne Denken aufstellt – systematisch entlang von sechs der tradierten Logik aber auch Rhetorik entlehnten Perfektionskategorien der Schönheit: Reichtum (*ubertas*), Größe (*magnitudo*), Wahrheit (*veritas*), Klarheit (*claritas*), Gewissheit (*certitudo*), Leben (*vita*) –, führt sie die sinnliche Erkenntnis, wie Ursula Franke erläutert hat, „zur ästhetischen Repräsentation von Schönem, wie die Logik dem Verstand den Weg zur intellektuellen Erkenntnis weist" (Franke: Kunst als Erkenntnis, 83). Entsprechend bezeichnet Baumgarten „die Logik" als „ältere Schwester" der Ästhetik (Baumgarten: Ästhetik, Bd. 1, 17 [= § 13]).
12 Paetzold, Heinz: Ästhetik des deutschen Idealismus. Zur Idee ästhetischer Rationalität bei Baumgarten, Kant, Schelling, Hegel und Schopenhauer. Wiesbaden 1983, 18.

insofern sie auf Individuelles zielt: Anders als die rationale Erkenntnis verfährt sinnliche Erkenntnis nicht analytisch-zergliedernd und abstrahierend, um zu gattungsmäßigen Allgemeinbestimmungen und Begriffen zu gelangen, sondern stellt die Phänomene gerade in ihrem je besonderen Dieses-Sein dar, nämlich einem größtmöglich angehäuften Reichtum von Merkmalen in ihrem komplexen Zusammenhang, ihrer nicht-distinkten Kon-Fusion zu einem Ganzen.

In diesem Rahmen gewinnt das Beispiel zunächst auf einer theoretischen Ebene Relevanz. Baumgarten entwirft in seiner *Ästhetik* (sowie in den diese vorbereitenden *Meditationes*) eine eigene Theorie des Beispiels, das dabei zu einem zentralen Agenten sinnlicher Erkenntnis avanciert: Er behandelt das Beispiel nämlich als rhetorische Figur und poetisches Verfahren, und zeichnet es vor den anderen Mitteln des schönen Denkens besonders aus – womit er ihm zugleich einen modellgebenden Status für Struktur und Verfahrensweise sowie auch die spezifische Qualität sinnlicher Erkenntnis verleiht. Wie schon Frauke Berndt bemerkt hat, „[isoliert] Baumgarten das Beispiel [...] aus dem Katalog der symbolischen Figuren", und „derart ausgestellt" fungiere es wiederum „als Microdouble sinnlicher Erkenntnis".[13] Damit bekommt allerdings, so ist zu ergänzen, unter der Hand die Frage nach dem eigentlichen diskursiven Ort des Beispiels eine besondere Dringlichkeit und stellt sich letztlich als die Frage nach der Art der Darstellung im Text der Philosophie. Denn in Baumgartens eigentümlicher Beispieltheorie geht es erstaunlicherweise nicht um Beispiele in der *Ästhetik*, sondern um solche in literarischen Texten. Entsprechend profiliert er dabei die spezifisch ästhetischen, genauer, die poetisch-literarischen Leistungen des Beispiels, indem er das Verfahren des Beispielgebens und die „Gesetze der Beispiele"[14] immer wieder anhand ihres Gebrauchs in dichterischen Texten wie etwa Homers *Illias*, Vergils *Aeneis* oder Lukrez' Lehrdichtungen exemplifiziert. Damit wird das Beispielgeben vor allem als Praxis desjenigen betrachtet, der schön denken und darstellen will – also des Künstlers. Und insofern nach Baumgarten der Dichter den Künstler paradigmatisch verkörpert, handelt es sich um eine diskursive Praxis. Dagegen erscheint es Baumgarten jedoch schwierig und nur in ganz bestimmten Grenzen vertretbar, im philosophischen Text der *Ästhetik* mit Beispielen zu operieren: Hier geraten sie nun gerade ob ihrer ästhetisch-poetischen Leistungen in ein problematisches Verhältnis zum erklärten Vorhaben, die Ästhetik „in die

---

13 Berndt, Frauke: Die Kunst der Analogie. A. G. Baumgartens literarische Epistemologie. In: Allerkamp, Andrea; Mirbach, Dagmar (Hrsg.): Schönes Denken. A.G. Baumgarten im Spannungsfeld zwischen Ästhetik, Logik und Ethik. Hamburg 2016, 183–199; hier: 188.
14 Baumgarten: Ästhetik, Bd. 2, 761 (= § 757).

Form einer Wissenschaft zu erheben"[15] – d. h. ein begrifflich verfahrendes, verstandesmäßig gewisses und ebenso „vollständiges" wie universal-allgemeingültiges „System der Schönheit im Erkennen darzubieten".[16]

Baumgarten wird bereits in seinem allerersten Buch über Ästhetik, den *Meditationes philosophicae de nonnullis ad poema pertinentibus* von 1735, auf das Beispiel aufmerksam. Dort definiert er es zunächst wie folgt: „Ein BEISPIEL ist die Vorstellung von etwas stärker Bestimmtem, die zur Erklärung einer Vorstellung von weniger Bestimmtem beigebracht wird."[17] Mit dieser Definition gibt sich Baumgarten höchst innovativ – gleichwohl sie auf den ersten Blick einer Subsumtionslogik des Besonderen unter das Allgemeine zu folgen scheint, wie sie zuletzt die Wolff'sche Schulphilosophie entwickelt hatte. Wie er beteuert, habe er aber „diese vorgetragene Definition nirgendwo gelesen"[18]. Ihr zufolge *erklärt* also ein Beispiel das, wofür es steht, dem es unterschoben oder an dessen Stelle es gegeben wird (*suppeditare*), es macht etwas *klarer* durch Mehrbestimmung, d. h. durch Konkretion. Im unmittelbar vorangehenden Paragraphen hatte Baumgarten bereits hinführend erläutert: „Je mehr die Dinge bestimmt werden, desto mehr umfassen die Vorstellungen von ihnen. Je mehr indessen in einer verworrenen Vorstellung angehäuft wird, desto *extensiv klarer* […] wird sie."[19]

Für Baumgarten sind Vorstellungen grundsätzlich Einheiten von Merkmalen der in ihnen gemeinten Gegenstände. Eine Vorstellung ist klar, wenn durch sie die gemeinte Sache wiedererkannt werden kann. Dabei enthält eine bestimmtere Vorstellung mehr Merkmale als eine weniger bestimmte. Die größere Bestimmtheit, die durch diese Vermehrung oder Anhäufung von Merkmalen, durch eine reichhaltigere Fülle des Vielen erreicht wird, nennt Baumgarten *extensive Klarheit*. Diese unterscheidet er von *intensiver Klarheit*, welche „durch die Deutlichkeit der Merkmale zur Vertiefung der Erkenntnis"[20] führe. Deutliche Merkmale sind solche, die einzeln aufgezählt, also zergliedert, analysiert werden können und zur adäquaten, begrifflichen Bestimmung des gemeinten Gegenstands

---

15 Baumgarten: Ästhetik, Bd. 1, 57 (= § 74).
16 Ebd., 55 (= § 71).
17 Baumgarten, Alexander Gottlieb: Meditationes philosophicae de nonnullis ad poema pertinentibus / Philosophische Betrachtungen über einige Bedingungen des Gedichtes. Übers. und mit einer Einleitung hrsg. v. Heinz Paetzold. Hamburg 1983, 21 (= § XXI); Hervorhebung im Original: „EXEMPLUM est repraesentatio magis determinati ad declarandam repraesentationem minus determinati suppeditata".
18 Ebd.
19 Ebd., 19 (= § XVIII); eigene Hervorhebung, J.G.
20 Ebd., 17 (= § XVI). In § XIV hatte Baumgarten bereits erklärt: „*Deutliche Vorstellungen*, vollständige, adäquate, durch alle Stufen tiefgehende Vorstellungen sind *nicht* sensitiv".

hinreichen. Dabei wird die intensive Klarheit einer Vorstellung durch eine Reduktion der Merkmale auf allgemeine Bestimmungen erreicht, und diesen Vorgang nennt Baumgarten Abstraktion.[21] Intensive Klarheit gehört also ins Kontinuum rational-begrifflichen Erkennens. Dagegen ist extensive Klarheit konstitutiv für die sinnliche Erkenntnis, kann nämlich nur sinnlichen, als solchen *verworrenen*, *confusen* Vorstellungen eignen – also jenen, deren Merkmale nicht voneinander unterschieden (und distinkt-begrifflich angegeben) werden können, sondern miteinander in Kon-Fusion stehen, in einem nicht einfachen Zusammenhang – in integraler Komplexion, wenn man so will.[22] Die extensive Klarheit einer verworrenen Vorstellung lässt sich steigern, wenn diese mit mehr Merkmalen angereichert wird (ohne dass dabei die Konfiguration der Vorstellung im Ganzen in einzelne Teile zerlegt würde). Dabei haben extensiv klare, sinnliche Vorstellungen eine eigene Qualität, nämlich Poetizität. Denn sinnliche Vorstellungen versammeln nicht nur mehr, sondern auch konstitutiv andere Merkmale als jene, die intensiv-klare Vorstellungen enthalten.

Wie Rüdiger Campe gezeigt hat, handelt es sich bei einer sinnlichen Vorstellung in Baumgartens Verständnis um „paradigmatisch als Vorstellungen aufgefasste Affekt- und Begehrenskomplexe" – wo dem tradierten Verständnis nach

---

[21] Vgl. Campe, Rüdiger: Effekt der Form. Baumgartens Ästhetik am Rande der Metaphysik. In: Ders.; Haverkamp, Anselm; Menke, Christoph (Hrsg.): Baumgarten-Studien. Zur Genealogie der Ästhetik. Berlin 2014, 117–146; hier: 131. Berühmt geworden ist in diesem Zusammenhang Baumgartens monumentaler Ausruf in der späteren *Ästhetik*: „Denn was ist die Abstraktion, wenn nicht ein Verlust? Ebenso brächtest Du aus einem Marmor von unregelmäßiger Form keine Marmorkugel heraus, wenn nicht durch wenigstens soviel Einbuße an Material, in welchem Maße sie der höhere Wert der Rundheit verlangen wird" (Baumgarten: Ästhetik, Bd. 1, 538 [= § 560]).

[22] Baumgarten knüpft damit an Leibniz' Lehre von den *petits perceptions* als verworrenen Vorstellungen an, die dieser bekanntlich am Meeresufer und dem Geräusch der Brandung entdeckt hatte, das sich akustisch aus „hunderttausend Wellen" zusammensetzt, die wir aber nicht als einzelne unterschieden, sondern in ihrer „verworrenen Gemeinschaft" zu einem „Ganzen", eben als Gesamtgeräusch der Meeresbrandung wahrnehmen: „Um die geringfügigen Wahrnehmungen, die wir in der Menge nicht unterscheiden können, noch besser zu fassen, bediene ich mich gewöhnlich des Beispiels vom Getöse oder Geräusch des Meeres, welches man vom Ufer aus vernimmt. Um dieses Geräusch, wie tatsächlich geschieht, zu hören, muß man sicherlich die dieses Ganze bildenden Teile, d.h. das Geräusch einer jeden Welle hören, obgleich jedes dieser geringen Geräusche nur in der verworrenen Gemeinschaft mit allen übrigen zusammen erkannt werden kann, und man es nicht bemerken wurde, wenn die es verursachende Welle die einzige wäre. Denn man muß von der Bewegung dieser Welle ein wenig affiziert worden sein und von jedem dieser Geräusche, mögen sie auch noch so gering sein, einige Wahrnehmung haben, sonst würde man nicht die von hunderttausend Wellen haben, da hunderttausend Nichtse auch nichts wirken können." (Leibniz, Gottfried Wilhelm: Neue Abhandlungen über den menschlichen Verstand. Leipzig 1904, 10).

die Sinne der Kontrolle der Vernunft entglitten sind –, jedoch „verkürzt um ihren physiologischen und motorischen Anteil": „‚sinnlich' heißt, was man nicht zur Vernunft bringen und in ihren Kategorien nicht erklären kann".[23] Wie Campe expliziert hat, ist Baumgartens Paradigma einer sinnlichen Vorstellung die verworrene, „nichtdistinktive Vorstellung eines Erstrebenswerten [= Guten] oder zu Meidenden [= Schlechten] beim sensitiven Begehren", womit er „das Prädikat ‚sinnlich' vom affektiven Begehren auf die involvierte Vorstellung verschiebt" und letztlich einen „von der Energetik und Motorik der Strebung wie abgetrennten Wahrnehmungskomplex [meint]".[24] Demnach ist „[a]ll das an Vorstellungen, was nicht begrifflich distinkt oder gegenstandsadäquat erscheint ‚sinnlich', wenn man nach dem Modell der Affekte und des Begehrens das Verformte oder Nichtrepräsentierende in Vorstellungskomplexen dennoch *als Vorstellung* behandelt".[25]

Aus dem so verstandenen Sinnlichen stammt jedenfalls der besondere Merkmalsreichtum, die Fülle des Vielen in der extensiv klaren Vorstellung sowie deren eigentümlich nicht-distinkter, kon-fusionierter Zusammenhang, ihre Komplexität. Und von daher kann Baumgarten den sinnlichen Vorstellungen auch poetische Qualität zuschreiben: Sie sind in ihrem mannigfaltigen Reichtum an Merkmalen „vielsagend (*praegnantes*)"[26]. Kraft ihrer spezifischen Klarheit und Prägnanz eignet den sinnlichen Repräsentationen zudem *Lebhaftigkeit*: Baumgarten definiert die extensiv klare Vorstellung als „LEBHAFTE Vorstellung"[27]. Sinnlichen, extensiv klaren Vorstellungen ist ein Aufmerksamkeit erregender, „schimmernder Glanz" sowie eine besondere, eindrückliche Kraft eigen: Sie sind nicht nur anschaulich, sondern bewegen zugleich unser Gemüt und sind emphatischer, eindrucksvoller, stärker, mithin *sinnlich überredender* als „trockene" Gedanken oder abstrakte Begriffe.[28]

---

23 Campe: Effekt der Form, 129.
24 Ebd., 128–129.
25 Ebd., S. 130; Hervorhebung im Original. Damit unternimmt Baumgarten eine „Umschrift des Rhetorisch-Poetischen in den Begriff der Vorstellung" (ebd., 125).
26 Baumgarten, Alexander Gottlieb: Metaphysica, § 517; zit. nach Baumgarten: Ästhetik, Bd. 1, XLIV (= ‚Einführung' v. Dagmar Mirbach).
27 Baumgarten: Metaphysica, § 531; zit. nach Baumgarten: Ästhetik, Bd. 2, 1077 (= ‚Anhang' v. Dagmar Mirbach). Vgl. auch Campe: Effekt der Form, 132.
28 Baumgarten: Metaphysica, § 517; zit. nach Baumgarten: Ästhetik, Bd. 2, 1075. Anschaulichkeit und affektive Lebhaftigkeit – oder „lux aesthetica" und „persuasio aesthetica" – sind wiederum die zentralen Aspekte von ästhetischer Evidenz, die bei Baumgarten einen letztlich ununterscheidbar „kognitiv-performativen Doppelsinn" bekommt (Campe: Effekt der Form, 142).

Wie Baumgarten in direktem Anschluss an die Definition des Beispiels in einem weiteren Paragraphen bestimmt, sind „Beispiele" eben „extensiv klarere [...] Vorstellungen als diejenigen, denen sie zur Erklärung beigegeben werden (§ 21), daher poetischer, und unter den Beispielen sind wiederum die Einzelbeispiele die besten (§ 19)".[29] Im Kommentar zu diesem Paragraphen erklärt er dies an folgendem Beispiel:

> Wenn wir ein Beispiel eines Beispiels suchen, dann finden wir uns beinahe – wie Tantalus – in einen solchen Überfluß versetzt, unsicher, woher wir gerade schöpfen sollen. Laßt uns ans Meer des unglücklichen Naso eilen: Die weniger bestimmte Vorstellung:
> „*Oft, wenn ein Gott uns zusetzt, bringt ein anderer Gott Hilfe,*"
> (Ovid, Tristien I, 2. Vers 4)
> war kaum dem Munde entwichen, der feucht ist vom salzigen Naß der Tränen und des Meeres, siehe da! plötzlich folgt ein zehnfacher Strom von Beispielen, 6 Verse beanspruchend:
> „*Mulciber ergreift gegen Troja, Apoll für Troja Partei*"
> usw. (Ovid, Tristien I, 2. Vers 5)[30]

Das Stoßgebet des ans Ende der Welt verbannten Dichters, das er auf stürmischer See an die Götter sendet, kann Baumgarten bei seinen zeitgenössischen Lesern als bekannt voraussetzen. Ebenso bekannt ist auch die hier angeführte „weniger bestimmte Vorstellung" der wohlgesonnenen oder abgeneigten Götter, anders gesagt: Es handelt sich um einen Gemeinplatz, eine Aussage mit Sprichwortcharakter, im Grunde selbst schon eine Art Exempel. So weit, wie Baumgarten es hier imaginiert, musste er für diesen Beispielfund jedenfalls gar nicht reisen, sondern kennt es vermutlich aus dem Klassenzimmer: Zumindest sind Ovids *Tristia* seit dem 17. Jahrhundert das Schulbeispiel gewesen, an dem Rhetorik gelehrt wurde.[31] Baumgarten geht es mit diesem für ihn besonders exemplarischen „Beispiel für ein Beispiel" nun aber um Folgendes: Zur *Erklärung*, zum spezifisch sinnlichen Klarer-Machen seiner misslichen Situation lässt der Dichter die Beispiele fließen wie die Tränen. Mit den so vorgestellten größeren Mengen von Merkmalen können sich seine Leser die Sache lebhaft, eindrücklich und bewegend vorstellen.

Am besten werde das wiederum mit „Einzelbeispielen" erreicht – und das heißt mit Vorstellungen von Individuen, wie Baumgarten mit seinem Musterbeispiel zeigen will: „*Mulciber* ergreift gegen Troja, *Apoll* für Troja Partei". Mit der Regel, dass „Einzelbeispiele die besten" unter den Beispielen seien, geht es zunächst nochmal um den Aspekt der von Beispielen geleisteten „stärkeren

---

29 Baumgarten: Meditationes, 23 (= § XXII).
30 Ebd., 23–25 (= § XXII). Absätze so im Original; eigene Hervorhebungen, J.G.
31 Vgl. Schiller, Hermann: Geschichte der Pädagogik. 2. Aufl. Leipzig 1891, 104.

Bestimmung". Diese besteht nämlich nicht nur in einer größeren Anzahl an sinnlichen Merkmalen, sondern trägt gerade auch dazu bei, etwas als Individuum in seiner ihm eigenen *haecceitas*, seinem konkreten Dieses-Sein vorzustellen. In § 19, auf den Baumgarten im oben zitierten § 22 verweist, hatte er bereits definiert: „Individuen sind durchgängig bestimmt. Folglich sind Einzelvorstellungen [*repraesentationes singulares*] besonders poetisch."[32] Dies erklärt und belegt er im dazugehörigen Kommentar an folgendem Text und Verfahren, das er dort zwar noch nicht als Beispiel adressiert (in der späteren *Ästhetik*, wo er eine Reihe von „Gesetzen der Beispiele"[33] aufstellt, dann allerdings für die „bedeutenderen Beispiele von Beispielen"[34] anführt):

> Weit entfernt, daß unsere Dichterlinge diese Feinheit eines Gedichts beachten. Vielmehr rümpfen sie über Homer die Nase, wenn er in der *Illias* sagt: Die Führer und Herrscher und Lenker der Schiffe will ich jetzt aufzählen und die Schiffe selbst.[35]

Der allgemeinere, weniger bestimmte Begriff – die Streitmacht der Griechen vor Troja – wird hier, ganz analog zur Ovidschen Götterhilfe, *erklärt*, indem man viele Individualnamen als Beispiele aufzählt: und zwar, wie gerade das Beispiel des Homerischen Schiffskatalogs zeigt, in ebenso epischer wie enzyklopädischer Breite. Wie man mit Campe beschreiben kann, „borgt" das Beispiel dabei die Form oder „Einheit, zu der es die überschüssige Menge der Merkmale zusammenstellt", „von der Beziehung zum Begriff".[36] Während Baumgarten die sinnliche Vorstellung als „die Konfiguration von Merkmalen an den Erfordernissen der Adäquation vorbei und über sie hinaus" mit „dem rhetorischen Namen ,Lebhaftigkeit'" benennt, so erscheint *Beispiel* bei ihm als Ausdruck für „den Effekt, eine überschüssige Menge von Merkmalen zur Einheit zu bringen".[37]

Das gelingt allerdings nicht immer: weder im literarischen Text – wo es, wie Baumgarten dann in der *Ästhetik* expliziert, „häßlich" werden, nämlich die Einheit der Form stören kann, wenn man zu viele Beispiele gibt, die dann „eine klare Sache unklar" und diffus machen[38] –, noch im philosophischen Text, wo die Beispiele durchaus Abwege bereithalten können. Baumgarten bringt Homers Schiffskatalog nicht zufällig als bestes Beispiel für die Leistungen des Beispiels,

---

32 Baumgarten: Meditationes, 19 (= § XIX).
33 Baumgarten: Ästhetik, Bd. 2, 761 (= § 757).
34 Ebd., 751 (= § 750); der Homerische Schiffskatalog findet sich als Beispiel in § 751.
35 Baumgarten: Meditationes, 19 (= § XIX).
36 Campe: Effekt der Form, 132.
37 Ebd.
38 Baumgarten: Ästhetik, Bd. 2, 672 (= § 637).

handelt es sich dabei doch gewissermaßen um die Schilderung einer ganzen Welt. Insofern es zutrifft, dass Baumgarten, wie Friedrich Kittler gesagt hat, mit der Ästhetik „eine elegante und zudem höchst wirkungsmächtige Lesertheorie" liefert, dann schleicht sich damit zum Ersten fortan „in Texte, obwohl sie weiterhin auf bloßem Papier standen, eine Pseudo-Sinnlichkeit, die Leserinnen und Leser angeblich genauso vergnügte, als hätten sie das im Text Beschriebene wirklich und wahrhaftig vor Augen oder Ohren"[39], ein. Damit „senkte sich" zum Zweiten „in Leserseelen der Befehl, die Texte um jeden Preis als vollkommen ausgemalte Welten zu delirieren, in denen streng nach Leibniz Widersprüche gar nicht auftreten durften".[40] Allerdings kann man gegen die Schlagkraft des Schiffskatalogs als Beispiel für die poetische Qualität von in Serie gesetzten Einzelbeispielen wiederum einwenden, dass der Schiffkatalog zwar eine Welt vor Augen stellt, dabei allerdings nicht nur lebhaft-bewegende, sondern ebenso ermüdend-langweilige Lesewirkungen zeitigt.

Die Frage, wie man Maß in eine Aufzählung oder Serie von Beispielen bringt, scheint dabei nun unter der Hand auf Ebene von Baumgartens eigenem Umgang mit Beispielen wiederzukehren. Nicht von Ungefähr belässt er es, wie schon bei Ovids Beispiel-Strom, auch hier bei der Ankündigung des Schiffskatalogs und zählt die einzelnen Beispiele selbst gar nicht auf – womit er offenbar versucht, die den Beispielen eigentümliche extensive Klarheit hier möglichst zu vermeiden. Anders als in der Dichtung, erscheint es Baumgarten tatsächlich nur in ganz bestimmten Grenzen vertretbar, im philosophischen Text der *Ästhetik* mit Beispielen zu operieren. Das liegt gerade an ihrer besonderen epistemischen Verfasstheit und Leistung als sinnliche Vorstellungen. Für das erklärte Vorhaben, die Ästhetik „in die Form einer Wissenschaft [zu] erheben"[41] und „endlich ein wahrhaft vollständigeres System der Schönheit im Erkennen dar[zu]bieten"[42], erscheinen Beispiele Baumgarten in verschiedenen Hinsichten unzureichend. Denn erstens seien

> Gesetze, die nur von dem einen oder anderen Beispiel abstrahiert wurden und ohne entfernten Grund [*sine ulteriori ratio*] als allgemeine verkauft werden, [nichts] anderes, als eine genugsam lückenhafte Folgerung vom Besonderen auf das Allgemeine. Wie oft gehen sie, wenn sie auch nicht gänzlich falsch sind, doch hinsichtlich des Umfangs ihrer Geltung fehl? Außerdem kann ein vollständiger Schluss vom Besonderen auf das Allgemeine niemals erreicht werden.[43]

---

39 Kittler, Friedrich: Philosophien der Literatur. Berlin 2013, 104.
40 Ebd.
41 Baumgarten: Ästhetik, Bd. 1, 56 (= § 74).
42 Ebd., 55 (= § 71).
43 Ebd., 57 (= § 73).

Überdies könnten „die Grundlagen für [die] Überführung [der Ästhetik] in die Form einer Wissenschaft nicht allein auf eben derselben unzuverlässigen Erwartung ähnlicher Fälle gelegt werden."[44] Um eine „vollständigere, durch die Autorität der Vernunft noch empfehlenswertere, genauere, weniger verworrene, gewissere und weniger unsichere Theorie"[45] und so letztlich ein ebenso universales wie umfassendes System der Ästhetik entwerfen zu können, gelte es vielmehr „zu den Quellen sowohl der Schönheit als auch der Erkenntnis und zur Natur beider hinauf[zu]steigen"[46]. Dafür sei ein „entfernter Grundsatz [*ulteriori principio*]" und „eine aus gemeinen Gründen [*a priori*] gewonnene Einsicht in die Wahrheit der wichtigeren Regeln notwendig, die dann auch die Erfahrung bestätigen oder erhellen [*confirmet ac illustret*] mag, so wie diese vielleicht auch das erste Hilfsmittel gewesen ist, jene Wahrheit zu finden".[47] Die Regeln des schönen Denkens müssen also zunächst „deutlich und mit verstandesmäßiger Faßlichkeit erkannt"[48], d. h. auf den Begriff gebracht werden und vorangehen; die Beispiele dürfen geregelt folgen, um jene Regeln zu veranschaulichen und gleichsam in der Erfahrung zu bestätigen. Zwar gesteht Baumgarten dabei der ästhetischen Erfahrung und Beobachtung den Wert eines ersten Behelfs zur Auffindung der Wahrheit zu. Wenn aber die Regeln sodann nicht auch deutlich-distinkt erkannt, sondern allein „in ihrer die Augen blendenden ganzen Zierde und prächtigen Zurüstung an Beispielen betrachtet werden", dann geschehe das „nicht ohne ernsteren Schaden".[49] Während Beispiele für Baumgarten ob ihrer ästhetischen Eigenschaften – ihrer *extensiven* Klarheit und *Lebhaftigkeit*, die an den Erfordernissen des Begriffs vorbei und darüber hinaus geht, und dabei einen spezifischen Bezug auf Affekt und Begehren hat – ausgezeichnete Mittel sinnlicher Erkenntnis sind, können sie im philosophischen Text offenbar leicht zu riskanten, ja geradezu schädlichen Elementen geraten: Ihre in einem mannigfaltigen, prächtigen Reichtum von Merkmalen bestehende Anschaulichkeit kann hier in eine Blendung umschlagen; ihre vielsagende Prägnanz die Aufmerksamkeit ablenken, zumal in ihrem Überschuss an Bedeutung die distinkte Eindeutigkeit der Begriffe unterlaufen oder überborden, und letztlich zu falschen Schlüssen führen. Ohnehin ist ihre Evidenz für Baumgarten keine vernünftige Gewissheit: Als extensiv-klare Vorstellungen können Beispiele nicht verstandesmäßig *überzeugen*, sondern ob ihres eigentümlichen

---

44 Baumgarten: Ästhetik, Bd. 1, 57 (= § 73).
45 Ebd., 17 (= § 11).
46 Ebd., 55 (= § 71).
47 Ebd., 56 (= § 73).
48 Ebd., 57 (= § 74).
49 Ebd., 55 (= § 72).

Bezugs auf Begehren und Affekt nur sinnlich *überreden*. Die Wissenschaft der Ästhetik bedarf daher a priori gegebener und auf vernünftige, deutlich-distinkte Weise erkannter Prinzipien des schönen Denkens, um hier „wahre von unechten Regeln absondern"[50] zu können.

Es geht Baumgarten dabei nicht allein in epistemologischer Hinsicht um einen Ausgang seiner Theorie von a priori gegebenen, vernünftigen Grundsätzen, sondern zugleich auch um deren systematischen Zusammenhang, mithin um die Darstellung der Theorie: Entlang einer allein „verworrene[n] Erkenntnis" des Schönen in Form von Beispielen würde sich wohl „irgendeine bloße Zusammenordnung"[51] partikularer und verstreuter Regeln, nicht aber ein vernunftmäßig gewisses und wahres, und damit schließlich ebenso allgemeingültiges wie auch „vollständiges System der Schönheit im Erkennen" darstellen lassen. Zudem komme in einer solchen bloß ‚anschauenden Erkenntnis' der Schönheit oder Hässlichkeit durch Beispiele schöner oder hässlicher Dinge aus den verschiedenen „besonderen Künsten"[52] schließlich auch „die der Wissenschaft notwendige Unterscheidung unter der Masse der Anmutigkeiten oder Makel [...] gleichsam begraben zum Erliegen"[53]. Entsprechend versucht Baumgarten die von ihm gebrachten Beispiele möglichst knapp zu halten, um eine sowohl inhaltliche als auch die Form seines Buchs betreffende Weitläufigkeit, einen Formverlust, zu vermeiden.

Wie bereits deutlich wurde, kommt Baumgarten aber trotz der von ihm reflektierten Schwierigkeiten keineswegs ohne Beispiele aus. Nicht zuletzt kommt dabei den „Beispielen – gleichsam als Substituten des Realen, Konkreten, Singulären, Sinnlichen – eine besondere Beweislast zu"[54]. Sie leisten damit etwas, das reine Theorie auf dem Gebiet der Ästhetik zu leisten gar nicht im Stande scheint. Dabei lässt sich das Beispiel nun als Medium einer Fiktion adressieren, welche zumal von der Pseudo-Sinnlichkeit herrührt, die Baumgarten mit seinem Begriff der sinnlichen Vorstellung nun in den Text der Philosophie einführt. Eine besondere Angewiesenheit der „Wissenschaft der sinnlichen Erkenntnis" auf konkrete Sachbezüge in Form von Beispielen hat dann Frauke Berndt auch mit Blick auf die Frage herausgestellt, wie Baumgarten überhaupt zu den Gesetzen sinnlicher Erkenntnis kommt, die in seiner *Ästhetik* systematisch entfaltet werden. Insofern „der Diskursivitätsbegründung der modernen Ästhetik schlicht und ergreifend apriorische Begriffe fehlen", sei Baumgarten das Erreichen seines Ziels, „die

---

50 Baumgarten: Ästhetik, Bd. 1, 57 (= § 73).
51 Ebd., 57 (= § 74).
52 Ebd., 57 (= § 73).
53 Ebd., 21 (= § 17).
54 Schaub: Das Singuläre und das Exemplarische, 181.

Gesetze der Logik in diejenigen der Ästhetik zu übersetzen", nur durch einen „Umweg" möglich – nämlich „allein über die Beobachtung und Beschreibung des literarischen Texts (*poema*)": „Der Wissenschaft der sinnlichen Erkenntnis dient der literarische Text als Beispiel für eben diese"[55]. Wie Berndt es sieht, sei dabei nun „der literarische Text für die wichtigeren Regeln der Ästhetik weder Ausgangsbeispiel noch Belegbeispiel": Vielmehr stelle Baumgarten „eine Analogie zwischen literarischem Text und sinnlicher Erkenntnis her, aufgrund derer beide einander in einem epistemologischen Balanceakt nun wechselseitig erhellen"[56]. Diese Analogiebildung sieht sie wiederum „in der rhetorischen Epistemologie des Beispiels verankert"[57]. Mit anderen Worten: Der literarische Text ist bei Baumgarten Paradigma sinnlicher Erkenntnis – und zwar in dem Sinn, den Aristoteles dem Beispiel bzw. *parádeigma* in seiner *Rhetorik* gegeben hat. Aristoteles erklärt, das Paradigma verhalte sich „weder wie ein Teil zum Ganzen noch wie ein Ganzes zum Teil", sondern „wie ein Teil zum Teil, wie Ähnliches zu Ähnlichem" (Arist. Rhet. 1357b)[58]. Es verfährt also, um eine Formulierung Giorgio Agambens zu nutzen, nicht logisch, sondern vielmehr *analogisch*: „Das Beispiel konstituiert eine besondere Erkenntnisform", nämlich das „Fortschreiten vom Partikularen zum Partikularen".[59] Insofern also das oppositionelle Verhältnis von Allgemeinem und Besonderem, mithin die Auffassung des Beispiels als saubere Subsumtion eines besonderen Falls unter eine gegebene allgemeine Regel das Eigentümliche des Beispielgebens verfehlt, verhalten sich, wie man mit Alexander Gelley sagen kann, *examples* gewissermaßen immer *unruly*: The „example cannot assume a whole on wich it draws. Rather, it is oriented to the recovery of a lost whole or the discovery of a new one"[60]. In diesem Sinne beschreibt Berndt dann Baumgartens ästhetische Erkenntnistheorie als eine *Kunst der Analogie*, deren „Hintergrund die rhetorische Epistemologie des Exemplarischen" bilde; die Beispiele kämen hier

> dort zum Einsatz, wo Wissen überhaupt keine propositionale Form mehr hat. Die Entdeckung der neuen, ästhetischen Wahrheit treibt Baumgarten dazu, aus dem begrifflichen in den poetischen Modus zu wechseln. In diesem Augenblick wird der Philosoph zum Dichter.[61]

---

[55] Berndt: Die Kunst der Analogie, 183.
[56] Ebd., 184.
[57] Ebd., 188.
[58] Übers. zitiert nach Aristoteles: Rhetorik. Übers. u. erl. v. Christoph Rapp. Berlin 2002.
[59] Agamben, Giorgio: Was ist ein Paradigma? In: Agamben, Giorgio: Signatura rerum. Zur Methode. Übers. v. Anton Schütz. Frankfurt/Main 2009, 9–40; hier: 23.
[60] Gelley, Alexander: Introduction. In: Gelley, Alexander (Hrsg.): Unruly Examples. On the Rhetoric of Exemplarity. Stanford 1995, 1–24; hier: 3.
[61] Berndt: Die Kunst der Analogie, 198.

2 Beispielstreit: Mendelssohns und Lessings Kritik an Baumgartens Beispielen

Welche Brisanz Beispiele im Diskurs der Ästhetik erlangen, bekundet sich dann ganz besonders im Beispielstreit, der bereits mit den Begründungsbemühungen dieser neuen Wissenschaft seinen Anfang nimmt. Baumgartens *Ästhetik* wird gleich nach Erscheinen ihres zweiten Bandes von Moses Mendelssohn in einer zweiteiligen Rezension kritisiert. Zwar begrüßt dieser ganz ausdrücklich den Ansatz Baumgartens, „die ersten Grundsätze der schönen Erkenntnis" zu explizieren und so an der „Verbesserung des Geschmacks und der untern Kräfte der Seele überhaupt" zu arbeiten.[62] Dabei würdigt er es als kaum genug zu dankende Leistung, dass Baumgarten „den philosophischen und systematischen Geist in eine Wissenschaft eingeführt hat, in welcher man nur zu schwatzen gewohnt war, und daß er uns richtige Erklärungen und gründliche Beweise, statt der sonst üblichen flüchtigen Raisonnements geliefert hat".[63] Allerdings stellt Mendelssohn nun sogleich den zunächst gelobten Anspruch begrifflich-systematischer Allgemeingültigkeit der „Grundsätze und Erklärungen" dieser allerersten Systemästhetik in Frage – und zwar gerade aufgrund der Beispiele, die dort gegeben werden:

> Betrachtet man aber die *Ästhetik* des Hr. Pr. Baumgarten […], so scheinet es, als wenn man bei der ganzen Einrichtung des Werks bloß die schönen Wissenschaften, d.i. die Poesie und Beredsamkeit zum Augenmerke gehabt hätte. […] [A]lle Beyspiele sind aus diesen entlehnt (welches gewiß unschicklich ist, wenn die Grundsätze und Erklärungen allgemein sein sollen)."[64]

In dieser Kritik an der ungeschickten Beispielwahl wird nun von Leserseite ausdrücklich, welchen hohen epistemischen und konzeptuellen Stellenwert Beispiele im Diskurs der Ästhetik bekommen: An den Beispielen entscheidet sich für Mendelssohn, ob sie tatsächlich halten kann, was „der Erfinder dieser Wissenschaft" mit „seiner Erklärung dieses Worts versprochen" hätte, nämlich nichts weniger als die „Wissenschaft der schönen Erkenntnis *überhaupt*, die Theorie *aller* schönen Wissenschaften und Künste" zu liefern.[65] Baumgartens gesamtes

---

62 Mendelssohn, Moses: Georg Friedrich Meiers Auszug aus den Anfangsgründen aller schönen Künste und Wissenschaften (1758). In: Bibliothek der schönen Wissenschaften und freyen Künste. Bd. 4, Stück 1. Leipzig 1758, 130–138; hier: 131.
63 Ebd., 132.
64 Ebd., 133.
65 Ebd., 132; eigene Hervorhebung, J. G.

Systemgebäude steht und fällt demnach mit den Beispielen, die dort gegeben werden. Mendelssohn problematisiert hier die Diskrepanz, die sich für ihn zwischen jenem vollmundigen Versprechen und dem dazu ungeeigneten, weil allzu einseitigen, bloß auf Dichtung und Redekunst beschränkten, andere Künste aber nicht berücksichtigenden Beispielinventar dieser Systemästhetik auftut. Wenn die Ästhetik allgemeingültige „Grundsätze und Erklärungen" liefern will, so könne sie dies nicht bloß mit Beispielen aus Poesie und Redekunst tun. Vielmehr müsse sie als Theorie mit ebenso begrifflich-allgemeingültigem wie auch systematisch-umfassendem Anspruch gerade den verschiedenen Künsten, also etwa ebenfalls der Baukunst, der Bildhauerei, der Malerei, der Musik usw. in ihren Beispielen Rechnung tragen. In Mendelssohns Kritik bekundet sich, dass sich die Dichtung kaum als exemplarisch für das Funktionieren aller Künste, gar als Paradigma ‚der Kunst' behaupten lässt, wie Baumgarten es durch seinen Beispielgebrauch tut – gleichwohl er anderes will und wiederholt betont, die Ästhetik sei mitnichten „ein und dasselbe mit der Rhetorik und Poetik", sondern „erstreckt sich weiter" und sei entsprechend „jedweder Kunst" angemessen.[66] Man kann zum einen sagen, dass Mendelssohn damit gegenüber Baumgarten die wahrgenommenen Objekte in ihrer medialen sowie auch wirkungsästhetischen Spezifik als eigentliche Gegenstände der Ästhetik betont. Darüber hinaus werden aber mit dieser Kritik an Baumgartens Beispielwahl ebenso die Zweifel laut, die Mendelssohn offenbar grundsätzlich am Vorhaben einer Systemästhetik hat. Der „systematische Geist" des „Weltweisen" Baumgarten wird von ihm nämlich nicht nur gelobt – und man kann sich kaum des Eindrucks verwehren, dass dem von vornherein eine gewisse rationalismuskritische Ironie eignet. Immer wieder konturiert Mendelssohn jedenfalls ein begrifflich-systematisches Vorgehen als eigentümlich problematisch, insofern es offenbar empfindlich schnell nicht zu vernünftiger Gewissheit, sondern zu bloßer Willkür gerät: So habe sich „Herr Baumgarten in der Aesthetik" zwar „als Erfinder gezeigt", aber „das heißt als einen Eigenthumsherrn, der auf seinem Grunde bauen und niederreissen kann, was er will".[67] Schließlich seien „die mehresten Stellen, welche der Herr Verfasser zu Exempeln anführt, so künstlich ausgesucht, daß sie vollkommen in seine Worte passen und man glauben sollte, es wären seine eigene Gedanken"; und „Herr Baumgarten unterläßt auch nicht,

---

66 Baumgarten: Ästhetik, Bd. 1, 13 (= § 5).
67 Mendelssohn, Moses: Aestheticorum Pars altera. Scripsit Alexander Gottlieb Baumgarten, Professor Philosophiae. In: Bibliothek der schönen Wissenschaften und freyen Künste. Bd. 4, Stück 1. Stück. Leipzig 1758, 438–456; hier: 440.

mitten in den häufig angeführten Stellen aus den Alten seine eigene §§ zu citiren, als ob die Stellen mit zu seiner Schrift gehöreten".[68]

Mendelssohn bemängelt in seiner Rezension nicht nur Baumgartens Auswahl und Umgang mit Beispielen, sondern fordert prinzipiell einen stärker empirischen Ausgang der Theorie von den ästhetischen Gegenständen und deren „Erfahrung" und „Beobachtung"; auch dabei kritisiert er die Vorrangstellung, die Baumgarten der abstrakten Theorie sinnlicher Erkenntnis gegeben habe:

> Man glaube ja nicht, daß man nur die Natur der untern Kräfte zu untersuchen habe, um auf Folgerungen zu gelangen, die in allen schönen Künsten und Wissenschaften zu fruchtbaren Grundsätzen dienen können. Dieser Leitfaden führt uns nicht sehr weit. So wenig der Weltweise die Erscheinungen in der Natur, ohne Beyspiele der Erfahrungen, bloß durch Schlüsse *a priori* errathen kann, eben so wenig kann er die Erscheinungen in der schönen Welt, wenn man sich so ausdrucken darf, ohne fleißige Beobachtungen ergründen.[69]

Ästhetische Grundsätze und Begriffe können demnach nicht „a priori errathen" werden. Vielmehr wird hier ästhetische Theorie prinzipiell auf konkrete, erfahrungsmäßige, gleichsam naturwissenschaftlich-empirische Sachbezüge in Beispielen verwiesen – ja, sie muss sich sogar in gewisser Weise von diesen leiten lassen, um tatsächliche Erkenntnis bieten zu können. Nicht die Logik (wie es Baumgarten propagiert hatte), sondern die Naturwissenschaft mit ihren empirischen Verfahren gibt hier also das Vorbild für die Ästhetik als Wissenschaft. Reine Theorie befindet Mendelssohn jedenfalls für mangelhaft – denn womöglich können deren „Hypothesen" am Ende gegen jene „Beyspiele der Erfahrungen", zumal möglichst verschiedener Kunstgattungen, gar nicht „Stich halten":

> Der sicherste Weg allhier, so wie in der Naturlehre, ist dieser: Man muß gewisse Erfahrungen annehmen, den Grund derselben allenfalls durch eine Hypothese erklären, als denn diese Hypothese gegen Erfahrungen von einer ganz verschiedenen Gattung halten, und nur diejenigen Hypothesen, welche durchgehends Stich halten, für allgemeine Grundsätze annehmen; diese Grundsätze muß man endlich in der *Naturlehre* durch die Natur der Körper und der Bewegung, in der *Aesthetik* aber durch die Natur der untern Kräfte unserer Seele zu erklären suchen. Alsdenn nur kann man hoffen, ein System aufzurichten, das mit der Natur und mit der Wahrheit übereinkömmt, und eben so gründlich als fruchtbar ist.[70]

Nur wenige Jahre später formuliert dann auch Gotthold Ephraim Lessing eine Warnung vor allzu abstrakten, nicht hinreichend an ihren Objekten orientierten

---

68 Mendelssohn: Aestheticorum Pars altera, 444.
69 Mendelssohn: Georg Friedrich Meiers Auszug aus den Anfangsgründen, 133–134; Hervorhebung im Original.
70 Ebd., 134; Hervorhebungen im Original.

Bestimmungen ästhetischer Begriffe: „Bloß aus allgemeinen Begriffen über die Kunst zu vernünfteln, kann zu Grillen verführen, die man über lang oder kurz, zu seiner Beschämung, in den Werken der Kunst widerleget findet"[71]. Gegenüber diesem als geradezu wahnwitzig abgehoben vorgestellten, bloß abstrakt-begrifflichen und darin womöglich empfindlich schnell zu widerlegenden ‚Vernünfteln über die Kunst' reklamiert Lessing in seiner besonders wirkmächtigen ästhetischen Schrift ein anderes Verfahren – und nennt bereits mit dem Titel *Laokoon* jenen Gegenstand, der ihm bekanntlich als Paradigma für die Reflexionen *Über die Grenzen der Malerei und Poesie* (1766) dient. Über seinen Umgang mit Beispielen und ihren Stellenwert für das ästhetiktheoretische „Raisonnement" erklärt er gleich in der Vorrede zu diesen Reflexionen:

> Sie sind zufälliger Weise entstanden, und mehr nach der Folge meiner Lectüre, als durch methodische Entwickelung allgemeiner Grundsätze angewachsen. Es sind also mehr unordentliche Collectanea zu einem Buche, als ein Buch. Doch schmeichle ich mir, daß sie auch als solche nicht ganz zu verachten sein werden. An systematischen Büchern haben wir Deutschen überhaupt keinen Mangel. Aus ein paar angenommenen Worterklärungen in der schönsten Ordnung alles, was wir nur wollen, herzuleiten, darauf verstehen wir uns, trotz einer Nation in der Welt. Baumgarten bekannte, einen großen Teil der Beispiele in seiner Aesthetik Gesners Wörterbuche schuldig zu sein. Wenn mein Raisonnement nicht so bündig ist als das Baumgartensche, so werden doch meine Beispiele mehr nach der Quelle schmecken.[72]

Wie schon für Mendelssohn, entzündet sich auch Lessings Kritik der Gründungstheorie der philosophischen Ästhetik an den Beispielen, die dort gegeben werden. Doch Lessing stellt die Wahl der Beispiele nun noch in anderer Hinsicht zur Debatte, ihm geht es um die Erstellung dieses Beispielinventars. Er weist die Herkunft und Heuristik von Baumgartens Beispielen als für das Vorhaben der Ästhetik nicht qualifiziert aus: Wie Lessing in auffällig inquisitorischem Ton bemerkt, habe Baumgarten die Beispiele seiner *Ästhetik* eben gar nicht selbst, nicht aus (s)einer konkreten Erfahrung mit Kunstwerken heraus gefunden, sondern müsse sich ihrer Herkunft aus „Gesners Wörterbuche schuldig"[73] bekennen. Dagegen rühmt sich Lessing, dass seine „Beispiele mehr nach der Quelle schmecken". Woran es in der Ästhetik mangelt, sind nicht „systematische Bücher", sondern die

---

71 Lessing: Laokoon, 183.
72 Ebd., 15.
73 Mit „Gesners Wörterbuche" ist der *Novus Linguae Et Eruditiones Romanae Thesaurus* gemeint, den Johann Matthias Gessner – Professor für Rhetorik und Leiter der Göttinger Universitätsbibliothek, der bereits an den Neuauflagen des Thesaurus von Basilius Faber mitgewirkt hatte – nach zwölfjähriger Arbeit 1749 publiziert.

richtigen Beispiele: Er sieht also das neue ästhetische Wissen auf neue, nicht so sehr (in einem Thesaurus) gefundene als in gewisser Weise vielmehr *er*fundene, spezifisch ‚quellfrische' Beispiele angewiesen. Damit kommt nichts weniger als eine neue Evidenz ins Spiel. In der allenthalben laut werdenden Forderung nach Empirie, Originalität und Innovation bekundet sich eine Ablösung der Beispiele von der alten Rhetorik und das Hinfälligwerden der exemplarischen Wissensordnung der frühen Neuzeit und ihrer Topik, was auf dem Gebiet der Ästhetik eine besondere Dringlichkeit bekommt. Was vormals Anzeichen einer Fülle, *copia*, war, erscheint hier nun als bloßer Abklatsch, als sekundäre Kopie. Wie Stefan Willer in anderen Zusammenhängen bemerkt hat, bedeutet die mit der modernen „Wende zur Originalität" sich vollziehende Verabschiedung der exemplarischen Wissensordnung der frühen Neuzeit eine folgenreiche „Umbesetzung im Konzept des Exemplarischen":[74] Das einzelne Beispiel verweist nun nicht mehr auf jenen mit Autorität und Glaubwürdigkeit ausgestatteten topischen Vorrat, in dem sich das Wissen in einer Art zeitloser Dauer verbürgt sah, „sondern verwandelt sich in eine Störgröße".[75]

In diesem Sinne macht Lessings Kritik an Baumgartens Beispielgebrauch deutlich, dass sich mit dem Rückgriff auf einen Thesaurus topischer Muster und überkommener Exempel keine Glaubwürdigkeit der Theorie mehr erreichen lässt. Vielmehr macht ein solches Vorgehen die ganze Sache für Lessing glatt verdächtig: Insofern sich aus jenen „angenommenen Worterklärungen in der schönsten Ordnung alles, was wir nur wollen, herleiten" lässt, fördert man so womöglich bloß scheinbare Erkenntnis. Gegenüber dem bekannten Beispielinventar macht Lessing gerade die Originalität und Innovativität seiner Beispiele stark: Sie ‚schmecken nach der Quelle', haben ihren Sitz also nicht in einem Inventar von Gemeinplätzen, sondern in der ästhetischen Erfahrung einzelner konkreter Kunstwerke und Schönheiten. Er findet sie an Ort und Stelle, sie fallen ihm im Laufe seiner eigenen Lektüren und Beobachtungen zu, und geben so „zufällig" Anlass zu Reflexion und „Raisonnement". Dabei korrespondiert Lessing seinen neuen Beispielen mit Sitz in konkreten ästhetischen Erfahrungen nun keine systematisch verfahrende, sondern gerade konzeptuell andere Form der Theorie –, nämlich die der kleinen und potentiell offenen Form „unordentlicher Collectanea"[76], also einer losen, angeblich keiner vorgängigen Ordnung folgenden Sammlung von Notizen

---

74 Willer, Stefan: Was ist ein Beispiel? Versuch über das Exemplarische. In: Fehrmann, Gisela et al. (Hrsg.): Originalkopie. Praktiken des Sekundären. Köln 2004, 51–65; hier: 56.
75 Ebd.
76 Nähere Analysen dieser kleinen Form und Methode bietet der Sammelband von Robert, Jörg et al. (Hrsg.): Unordentliche Collectanea. Berlin, Boston 2013.

und ‚Lesefrüchten'. Anders als die Baumgartens, so Lessing, sei seine Argumentation nicht „bündig": Sie entstehe vielmehr „nach der Folge meiner Lectüre", und ganz bewusst nicht „durch methodische Entwickelung allgemeiner Grundsätze"; sie soll entsprechend auch kein weiteres jener großen „systematischen Bücher" liefern. Allerdings zeigen sich Lessings medientheoretische Reflexionen bekanntlich nicht gänzlich „unordentlich". Vielmehr liefert gerade eines dieser ‚quellfrischen' Beispiele den konzeptuellen Faden dieser medienästhetischen Theorie: nämlich jenes, das es auf den Titel seines Buchs geschafft hat und dort sogar, so installiert es die Konjunktion, metonymisch den Untertitel *Über die Grenzen der Malerei und Poesie* ersetzen darf. Lessing erklärt dazu: „Da ich vom Laokoon gleichsam aussetze, und mehrmals auf ihn zurückkomme, so habe ich ihm auch einen Anteil an der Aufschrift lassen wollen"[77]. Laokoon – als Bildhauerei/Plastik sowie als Figur der Dichtung – dient Lessing nicht nur als Ausgangsbeispiel für den Entwurf seiner kunsttheoretischen Reflexionen, sondern ist für diese insgesamt zentral: Sie kommen gleichsam leitmotivisch immer wieder auf dieses Beispiel zurück und werden von diesem strukturiert, weshalb es hier den besonders hohen konzeptuellen Stellenwert eines Paradigmas erlangt.

3 ‚Konzession' zum Denken in Beispielen: Rosenkranz' *Ästhetik des Häßlichen*

Die Unumgänglichkeit und gleichzeitige Problematik eines ‚Denkens in Beispielen' sowie der Beispielwahl lässt sich in zahlreichen Reflexionen und Rechtfertigungen der Ästhetiker über ihren Beispielgebrauch verfolgen. Abschließend sollen hier nun die Ausführungen des späten Hegelianers Karl Rosenkranz betrachtet werden, in denen dies besonders plakativ thematisch wird.

Bereits im Vorwort seiner *Ästhetik des Häßlichen* von 1853 schreibt Rosenkranz:

> Im Verlauf der Abhandlung habe ich mich einmal darüber gewissermaßen entschuldigt, so viel in Beispielen zu denken. Allein ich sehe ein, daß ich es gar nicht nötig gehabt hätte, denn alle Ästhetiker, auch Winkelmann, auch Lessing, auch Kant, auch Jean Paul, auch Hegel, auch Vischer, und Schiller selbst, der den sparsamen Gebrauch des Beispiels empfiehlt, verfahren in dieser Weise.[78]

---

77 Lessing: Laokoon, 15.
78 Rosenkranz, Karl: Ästhetik des Häßlichen. Hrsg. und mit einem Nachwort v. Dieter Kliche. Stuttgart 2007, 7.

Das ‚Denken in Beispielen' wird hier zum einen als im Rahmen einer Systemästhetik nicht richtig legitimierte Praxis thematisch, für die es sich zu entschuldigen gilt. Die Entschuldigung wird jedoch sofort zurückgenommen, indem Rosenkranz gleichsam im Rückblick auf 100 Jahre Ästhetikdiskurs das Beispielgeben als übliches, mithin etabliertes Verfahren „alle[r] Ästhetiker" ausweist, das sich, trotz anderslautender Empfehlung, nicht vermeiden lässt, sondern eine gewisse Notwendigkeit hat.

An der Stelle seiner systematischen „Abhandlung", auf die Rosenkranz hier rekurriert, beschreibt er Problematik und Unumgänglichkeit des Beispielgebens ausführlicher:

> Nun würde das Bedürfnis der Wissenschaft, wie es scheint, am gründlichsten durch die logische Präzision gefördert werden, denn wer in der Erkenntnis etwas leisten will, muß, wie Schiller sagt, tief eindringen, scharf unterscheiden, vielseitig verbinden und standhaft beharren. Niemand wird dies leugnen. Allein der Schriftsteller wird den Begriff auch durch Beispiele erläutern müssen, zumal auf einem Gebiete, das noch weniger angebauet ist; erst mit dem Beispiel wird er oft den Zweifel zerstreuen, welcher seinen abstrakten Bestimmungen sich noch anheften kann. Mit dem Beispiel läuft er jedoch eine neue Gefahr, weil dasselbe, als ein besonderer Fall, die Allgemeinheit des Wahren beschränkt und das Zufällige mit dem Notwendigen zu vermischen droht. Ein Schriftsteller, sagt daher Schiller mit Recht, dem es um wissenschaftliche Strenge zu tun ist, wird sich deswegen der Beispiele sehr ungern und sehr sparsam bedienen. Dennoch werden wir im Verfolg dieser Abhandlung gegen diese im Allgemeinen richtige Regel verstoßen müssen, weil wir es hier mit einem Gegenstande zu tun haben, welcher der Anschauung angehört und für dessen abstrakte Begriffsbestimmung wir an dem Beispiel gleichsam die Probe seiner Wahrheit zu machen haben. Die Ungeduld der Menschen, das Allgemeine auf ein Besonderes anzuwenden, die Ungeübtheit der meisten Leser, in rein begrifflichen Bestimmungen lange zu verweilen, wird den heutigen Schriftsteller, sobald er für einen größeren Kreis, als den der bloßen Schule, darstellen will, zu der Konzession zwingen, viel in Beispielen zu denken.[79]

Demnach gilt es also für denjenigen, der Wissenschaft betreiben will, auf Grundlage streng definierter, fester Begriffe und systematisch entlang des „logischen Leitfaden[s] der Idee"[80] zu arbeiten. Gegen diese „im Allgemeinen richtige Regel" wird der Wissenschaftler nun allerdings auf dem speziellen Gebiet der Ästhetik „verstoßen müssen", denn dort hat er es „mit einem Gegenstande zu tun, welcher der Anschauung angehört". Hier zeigt sich ein allein abstraktes begriffliches Erfassen und Unterscheiden als eigentümlich unzureichend und Erkenntnis sowie Vermittlung der Sache vielmehr auf Beispiele angewiesen: Es bedarf der Beispiele zunächst, um (zumal neue) Begriffsbestimmungen – wie sie Rosenkranz'

---

79 Rosenkranz: Ästhetik des Häßlichen, 169–170.
80 Ebd., 169.

Ästhetik gerade für die Kategorie des *Häßlichen* in Angriff nimmt – sowohl in propädeutischer Absicht zu „erläutern", zugleich aber ebenso, um etwaige „Zweifel" an einer Bestimmung erst eigentlich zu „zerstreuen", ihre Sachhaltigkeit zu verbürgen und den theoretische Begriffen Evidenz zu verleihen. Dabei macht Rosenkranz hier zum einen den *epistemologischen* Wert der Beispiele stark, die als „Probe der Wahrheit" dienen sollen. Überdies klingt dabei auch die Funktion seiner Beispiele in einer *konzeptuellen* Hinsicht an, insofern sie eingesetzt werden, um ein „Gebiet [...], das noch weniger angebaut ist", zu erschließen und auszudifferenzieren. Wie Rosenkranz bereits im Vorwort erklärt, habe er sich bemüht, „die Entwicklung der Begriffe durch passende Beispiele zu erläutern", und hoffe damit „einem sehr fühlbaren Mangel abzuhelfen, da der Begriff des Häßlichen bisher nur teils zerstreut und nebenbei, teils in einer sehr großen Allgemeinheit abgehandelt worden ist, welche ihn bereits in Gefahr brachte, in sehr einseitigen Bestimmungen fixiert zu werden".[81] Drittens betont Rosenkranz aber auch eine im engeren Sinne *rhetorische* Dimension des Beispielgebens mit Blick auf das Publikum, nämlich eine breite Öffentlichkeit, die er mit seiner Schrift erreichen will: Damit der Text sein Ziel erreicht, damit er seine Sache vor Augen stellen, von der Theorie überzeugen kann und die ‚ungeübten' Leser nicht ‚ungeduldig' werden (und womöglich geistig ‚abschalten' oder die Schrift ganz aus der Hand legen), muss er möglichst anschaulich sein. Hiermit kommt nun auch die *normative* Dimension seines Beispielgebrauchs ins Spiel. Nicht von Ungefähr betont Rosenkranz die „Notwendigkeit" seiner Untersuchung „für das Gesamtwohl"[82], nämlich die Bildung und Erziehung des Geschmacks (als Vermögen, mit dem sich die bürgerliche Gesellschaft ihrer Gemeinschaftlichkeit versichert). Mit der *Ästhetik des Häßlichen* geht es Rosenkranz nicht zuletzt darum, die ihm zufolge bislang herrschende „Zufälligkeit des ästhetischen Urteils" in Hinsicht auf das Hässliche „aus ihrer Unsicherheit und Unklarheit heraus"[83] zu heben, mithin wahre von scheinbarer Hässlichkeit unterscheiden zu lehren. Wie sich im Einzelnen zeigen ließe, dienen Rosenkranz' Beispiele – wie alle ästhetischen Beispiele – dabei auch einer auf den Körper und die sinnliche Wahrnehmung zielenden Übung, an und mit ihnen wird die rechte ästhetische Erfahrung eingeübt (und auch diszipliniert). Nur anhand von Beispielen lässt sich die Theorie in die Praxis ästhetischen Urteilens überführen.

Aus all diesen Gründen sieht sich Rosenkranz zur ‚Konzession', also zu einem ausnahmsweisen Gebrauchsrecht von Beispielen ‚gezwungen'. Damit ist

---

81 Rosenkranz: Ästhetik des Häßlichen, 6.
82 Ebd., 7.
83 Ebd., 16.

nun auch deutlicher, warum er sich im Vorwort für sein ‚Denken in Beispielen' nur „*gewissermaßen* entschuldigt". Denn für etwas, zu dem man ‚gezwungen' ist, kann man sich nicht eigentlich entschuldigen. Und dennoch – Rosenkranz nimmt seine Entschuldigung zwar zurück, ganz entledigen kann er sich einer etwaigen Unrechtmäßigkeit aber nicht, gleichwohl er im selben Zug sozusagen auf ein durch das Vorgehen „aller Ästhetiker" etabliertes Gewohnheitsrecht verwiesen hatte. Denn Schiller hatte ja, wie Rosenkranz schreibt, wiederum „mit Recht" einen sehr sparsamen Einsatz von Beispielen empfohlen.[84] Auch Rosenkranz erscheint das ‚Denken in Beispielen' als spezifisch riskant: „Mit dem Beispiel" verbinde sich nämlich die „Gefahr", die angestrebte Allgemeingültigkeit seiner Begriffe auf bloß Besonderes und Partikuläres einzuschränken, und zumal auch „das Zufällige mit dem Notwendigen zu vermischen". Jene Vermischungsgefahr bedroht die „*rein* begrifflichen Bestimmungen", die Reinheit der Theorie, die das Wahre als solches aussprechen soll.[85]

Das Beispiel hat demnach für Rosenkranz einen prekären epistemologischen Status zwischen einem alle Zweifel zerstreuenden, für die Evidenz der Theorie notwendigen Sachhaltigkeitsbeleg und einer unzulässigen Vermischungs- bzw. Verschmutzungsgefahr. Während Rosenkranz das Beispielgeben zunächst als saubere Subsumtion eines Besonderen unter ‚seinen' bereits gegebenen allgemeinen Begriff profiliert, bekundet sich in der Rede von einer „Vermischung" nun eine andere Bewegung und entsprechend auch ein ganz anderes Verhältnis des Beispiels zu dem, wofür es gegeben wird oder an Stelle dessen es steht. Das Beispiel erscheint dabei als etwas, von dem ausgehend die Theorie erst entworfen und dabei in gewisser Weise fingiert werden muss.[86] Wenn Rosenkranz abermals

---

84 Vgl. dazu Schiller, Friedrich: Über die notwendigen Grenzen beim Gebrauch schöner Formen. In: Schillers Werke. Nationalausgabe. Hrsg. v. Benno von Wiese. Bd. 21. Weimar 1963, 3–27; hier insb. 6ff.
85 Siehe Rosenkranz: Ästhetik des Häßlichen, 169–170.
86 So hat Jaques Derrida mit Blick auf Immanuel Kants Bestimmung des ästhetischen Urteils hingewiesen, die auf einen solchen Zug des Fingierens der Theorie verweist: Nach Kant kann die Modalität des Geschmacksurteils „nur exemplarisch genannt werden", insofern es nämlich „wie [das] Beispiel einer allgemeinen Regel, die man nicht angeben kann, angesehen wird" (Kant, Immanuel: Kritik der Urteilskraft. Hrsg. v. Wilhelm Weischedel. Frankfurt/Main 1974, 134 [= § 9, B 32]). Derrida hat nicht nur diesen besonderen Stellenwert des Beispiels beim Kantischen ästhetischen Urteil festgehalten, sondern auch dessen besondere Stellung betont, nämlich eine vor dem Gesetz: „In der Kunst und im Leben, überall, wo man, nach Kant, mit reflektierenden Urteilen arbeiten und [...] eine Zweckmäßigkeit voraussetzen muß, deren Begriff wir nicht besitzen, *geht das Beispiel voran*. Daraus geht eine einzigartige Geschichtlichkeit und (einschließlich fingierter Zeit) eine gewisse (geregelte, relative) Fingierung (*ficture*) des Theoretischen hervor"

im Vorwort erklärt, dass er sich habe davor hüten wollen, „durch das Beispiel [...] eine beschränkte Auffassung des Allgemeingültigen zu veranlassen", birgt dies nun auch eine solche invers-logische oder analogische Beziehung des Beispiels zu Theorie und Begriff. In diesem Zusammenhang kommt Rosenkranz unter dem Schlagwort der Sparsamkeit auch auf die Frage des Maßhaltens zu sprechen, die bereits bei Baumgarten thematisch wurde. Dabei bekundet sich nun eine ganz andere, neue Ökonomie: „Von dem Material, das ich eine Reihe von Jahren über zu diesem Zweck angehäuft hatte, habe ich übrigens nur etwas über die Hälfte verwendet und darf insofern behaupten, recht sparsam gewesen zu sein"[87]. Die Sparsamkeit des Beispielgebrauchs will Rosenkranz also nicht so sehr am Umfang seines Texts bemessen wissen, sondern am insgesamt zu diesem Zweck „angehäuften" Material – an der empirischen Datenmenge, die ihm zum Gegenstand seiner Abhandlung über das Hässliche vorliegt. Zumal habe er „[a]lle Künste und alle Epochen der Kunst bei den verschiedensten Völkern [...] herangezogen", und bei „der Auswahl der Beispiele" sei es ihm „nur darauf angekommen, vielseitig zu sein", um eben jene andernfalls drohende „beschränkte Auffassung des Allgemeingültigen" zu vermeiden.[88] Dieser Beschränkungsgefahr begegnet Rosenkranz also nicht durch weniger, sondern durch mehr Beispiele. Das birgt, zumal im Rahmen einer Systemästhetik, nun wiederum andere Schwierigkeiten und Abwege. So hat etwa Günter Oesterle mit Blick auf Rosenkranz' *Ästhetik* bemerkt: „Die empirische Bestandsaufnahme an Häßlichem wuchert auf weiten Strecken über ihre kategoriale Bewältigung hinaus"[89]. Ganz ähnlich hat auch Dieter Kliche einen „Widerspruch zwischen der empirischen Bestandsaufnahme und der kategorialen Bewältigung des Häßlichen" bemerkt: „Das empirische Material und die opulente Menge der Beispiele überborden gegenüber der Theorie des Häßlichen."[90] Insofern die von Rosenkranz' gegebenen Beispiele also bereits hinsichtlich ihrer „wucher[nden]", „überborden[den]" Menge über den Rahmen hinausweisen, bedrohen sie nun die Theorie, deren Evidenz sie gerade sichern sollten, in neuer Weise.

Wie deutlich geworden sein dürfte, lässt sich also der Frage, wie die Ästhetik (und ebenfalls andere Wissensdiskurse) ihren Erkenntnis- und Evidenzanspruch

---

(Derrida, Jaques: Parergon. In: Derrida, Jaques: Die Wahrheit in der Malerei. Wien 1992, 31–177; hier: 103–104).
87 Rosenkranz: Ästhetik des Häßlichen, 7–8.
88 Ebd., 7.
89 Oesterle, Günter: Entwurf einer Monographie des ästhetisch Häßlichen. In: Bänsch, Dieter (Hrsg.): Zur Modernität der Romantik. Stuttgart 1977, 217–297; hier: 267.
90 Kliche, Dieter: Pathologie des Schönen – Die „Ästhetik des Häßlichen" von Karl Rosenkranz. In: Rosenkranz, Karl: Ästhetik des Häßlichen. Stuttgart 2007, 458–485; hier: 476.

diskursiv verfolgen, in ausgezeichneter Weise anhand ihres Beispielgebrauchs nachgehen.

Literatur

Agamben, Giorgio: Was ist ein Paradigma? In: Agamben, Giorgio: Signatura rerum. Zur Methode. Übers. v. Anton Schütz. Frankfurt/Main 2009, 9–40.

Allerkamp, Andrea; Mirbach, Dagmar: Unter produktiver Spannung: 300 Jahre Baumgarten. In: Allerkamp, Andrea; Mirbach, Dagmar (Hrsg.): Schönes Denken. A. G. Baugarten im Spannungsfeld zwischen Ästhetik, Logik und Ethik. Hamburg 2016, 7–34.

Archiv des Beispiels: Datenbank zur Erforschung des Beispielgebrauchs in der Moderne. http://beispiel.germanistik.rub.de/ (31.10.2018).

Aristoteles: Rhetorik. Übers. u. erl. v. Christoph Rapp. Berlin 2002.

Baumgarten, Alexander Gottlieb: Ästhetik. Lat.-dt. Übers., mit einer Einführung, Anmerkungen und Registern hrsg. v. Dagmar Mirbach. 2 Bde. (fortlaufend paginiert). Hamburg 2007.

Baumgarten, Alexander Gottlieb: Meditationes philosophicae de nonnullis ad poema pertinentibus / Philosophische Betrachtungen über einige Bedingungen des Gedichtes. Übers. und mit einer Einleitung hrsg. v. Heinz Paetzold. Hamburg 1983.

Berndt, Frauke: Die Kunst der Analogie. A. G. Baumgartens literarische Epistemologie. In: Allerkamp, Andrea; Mirbach, Dagmar (Hrsg.): Schönes Denken. A.G. Baumgarten im Spannungsfeld zwischen Ästhetik, Logik und Ethik. Hamburg 2016, 183–199.

Campe, Rüdiger: Effekt der Form. Baumgartens Ästhetik am Rande der Metaphysik. In: Ders.; Haverkamp, Anselm; Menke, Christoph (Hrsg.): Baumgarten-Studien. Zur Genealogie der Ästhetik. Berlin 2014, 117–146.

Derrida, Jaques: Parergon. In: Derrida, Jaques: Die Wahrheit in der Malerei. Wien 1992, 31–177.

Eschenburg, Johann Joachim: Beispielsammlung zur Theorie und Literatur der schönen Wissenschaften. Bd. 1. Berlin, Stettin 1788.

Franke, Ursula: Kunst als Erkenntnis. Die Rolle der Sinnlichkeit in der Ästhetik des Alexander Gottlieb Baumgarten. Wiesbaden 1972.

Gelley, Alexander: Introduction. In: Gelley, Alexander (Hrsg.): Unruly Examples. On the Rhetoric of Exemplarity. Stanford 1995, 1–24.

Güsken, Jessica; Lück, Christian; Niehaus, Michael; Risthaus, Peter (Hrsg.): z.B. Zeitschrift zum Beispiel 1 (2018). https://ub-deposit.fernuni-hagen.de/receive/mir_mods_00001320 (31.10.2018).

Kant, Immanuel: Kritik der Urteilskraft. Hrsg. v. Wilhelm Weischedel. Frankfurt/Main 1974 (= Werkausgabe 10).

Kittler, Friedrich: Philosophien der Literatur. Berlin 2013.

Kliche, Dieter: Pathologie des Schönen – Die „Ästhetik des Häßlichen" v. Karl Rosenkranz. In: Rosenkranz, Karl: Ästhetik des Häßlichen. Stuttgart 2007, 458–485.

Leibniz, Gottfried Wilhelm: Neue Abhandlungen über den menschlichen Verstand. Leipzig 1904.

Lessing, Gotthold Ephraim: Laokoon: oder über die Grenzen der Malerei und Poesie. Hrsg. v. Wilfried Barner. Frankfurt/Main 2007.

Lück, Christian; Niehaus, Michael; Risthaus, Peter; Schneider, Manfred (Hrsg.): Archiv des Beispiels. Vorarbeiten und Überlegungen. Zürich 2013.
Mendelssohn, Moses: Aestheticorum Pars altera. Scripsit Alexander Gottlieb Baumgarten, Professor Philosophiae. In: Bibliothek der schönen Wissenschaften und freyen Künste, Bd. 4, Stück 1. Leipzig 1758, 438–456.
Mendelssohn, Moses: Georg Friedrich Meiers Auszug aus den Anfangsgründen aller schönen Künste und Wissenschaften (1758). In: Bibliothek der schönen Wissenschaften und freyen Künste. Bd. 3, Stück 1. Leipzig 1758, 130–138.
Mirbach, Dagmar: Einführung. In: Baumgarten, Alexander Gottlieb: Ästhetik. Lat.-dt. Übers., mit einer Einführung, Anmerkungen und Registern hrsg. v. Dagmar Mirbach. Bd. 1. Hamburg 2007, XV–LXXX.
Oesterle, Günter: Entwurf einer Monographie des ästhetisch Häßlichen. In: Bänsch, Dieter (Hrsg.): Zur Modernität der Romantik. Stuttgart 1977, 217–297 (= Literaturwissenschaft und Sozialwissenschaften 8).
Paetzold, Heinz: Ästhetik des deutschen Idealismus. Zur Idee ästhetischer Rationalität bei Baumgarten, Kant, Schelling, Hegel und Schopenhauer. Wiesbaden 1983.
Robert, Jörg et al. (Hrsg.): Unordentliche Collectanea. Berlin, Boston 2013.
Rosenkranz, Karl: Ästhetik des Häßlichen. Hrsg. und mit einem Nachwort v. Dieter Kliche. Stuttgart 2007.
Schaub, Mirjam: Das Singuläre und das Exemplarische. Zu Logik und Praxis der Beispiele in Philosophie und Ästhetik. Zürich 2010.
Schiller, Friedrich: Über die notwendigen Grenzen beim Gebrauch schöner Formen. In: Schillers Werke. Nationalausgabe. Hrsg. v. Benno von Wiese. Bd. 21. Weimar 1963, 3–27.
Schiller, Hermann: Geschichte der Pädagogik. 2. Aufl. Leipzig 1891.
Willer, Stefan: Was ist ein Beispiel? Versuch über das Exemplarische. In: Fehrmann, Gisela et al. (Hrsg.): Originalkopie. Praktiken des Sekundären. Köln 2004, 51–65.

Anna Kurz
„Die Verwandlung der Kunstfigur in einen Menschen" – Literarische Evidenz in Christa Wolfs Roman *Stadt der Engel oder The Overcoat of Dr. Freud* (2010)

1 Einleitung

In Märchen wird uns von verzauberten Menschen berichtet, von Menschen und Wesen mit magischen Kräften – Zauberern und Feen etwa, die uns mit ihrer Kraft, Menschen von einem Zauber zu erlösen, beeindrucken. Mit ihrem Zauberstab als magischem Hilfsmittel sind sie imstande, Zauberworte wirken zu lassen und Unmögliches zu schaffen.[1] – Die Prosaschriftstellerin Christa Wolf wünscht sich dieses magische Hilfsmittel in der Wirklichkeit, damit Literatur dort wirke und ‚verzauberte' Menschen (die sich beispielsweise in die Konsumwelt flüchten und sich selbst kaum mehr kennen) erlöse und verwandle.[2] So beschließt sie ihren Essay *Einiges über meine Arbeit als Schriftsteller* mit folgender Aussage:

> Auch heute noch kommt mir insgeheim mancher Mensch wie verzaubert vor, und ich wünsche mir oft, die Literatur wäre etwas wie ein Zauberstab, ihn, sie alle zu erlösen: Die toten Seelen zum Leben zu erwecken, ihnen Mut zu sich selbst zu machen, zu ihren oft unbewußten Träumen, Sehnsüchten und Fähigkeiten ...[3]

„Sie zaubert. Bezaubert. Wie geht das zu: Zaubern in nüchterner Zeit?"[4], reflektierte Christa Wolf über die Freundin und Dichterkollegin Anna Seghers, die sie mit der geheimnisvollen Fähigkeit begabt sah, Menschen Lebensmut zu machen.

---

[1] Die aktuelle Märchenforschung versteht die „magische Welt" als wesentliches Merkmal des Märchens. Innerhalb dieser magischen Welt werden „Kräfte als natürlicher Bestandteil gesehen, die nach dem Wissensstand der europäischen Gesellschaften seit der Aufklärung die Regeln der Natur übersteigen" (Neuhaus, Stefan: Märchen. Tübingen 2005, 21). Das Märchen beansprucht dabei nicht, transzendente Zusammenhänge zu erklären.
[2] Vgl. Wolf, Christa: Stadt der Engel oder The Overcoat of Dr. Freud. Berlin 2011, 92.
[3] Wolf, Christa: Einiges über meine Arbeit als Schriftsteller [Anfang 1965]. In: Wolf, Christa: Die Dimension des Autors. Essays und Aufsätze, Reden und Gespräche. 1959–1985. Bd. 1. Frankfurt/Main 1990, 7–12; hier: 12.
[4] Wolf, Christa: Bei Anna Seghers [November 1970]. In: Wolf, Christa: Die Dimension des Autors. Essays und Aufsätze, Reden und Gespräche. 1959–1985. Bd. 1. Frankfurt/Main 1990, 332–338; hier: 332.

Anna Seghers erschuf ihrer Ansicht nach eine fiktive Wirklichkeit, „nach der wir im Traum uns sehnen; intensives Dasein in seinem künstlerischen Widerschein, das aber weniger scheinhaft, künstlich und ersatzweis ist als das wirkliche Leben der meisten"[5]. Diese Wirklichkeit ist das Leben in Fülle, eine andere, menschlichere Wirklichkeit, wie sie Christa Wolf im alltäglichen Leben gelegentlich erkennt und ebenso in ihrem Prosawerk verarbeitet. Christa Wolf verwandelt gelebtes Leben in Prosa, kleidet die Humanität, die menschliche Freiheit, die Lebenserfahrung einer autobiografischen Ich-Erzählerin in ein poetisches Gewand:

> Es gibt, sagte ich zu Peter Gutman, immer einen Point of no return. Aber man bemerkt ihn nicht immer.
> Wir ließen uns treiben im Strom der Menschen, die sich an den Darbietungen der Gaukler und Straßenkünstler vergnügten. Etwas wie Neid kam in mir auf. So konnte man auch leben. Absurd erschien mir die Vorstellung, diesen zumeist jüngeren Leuten, die ihr kostbares Ich in den wunderlichsten Verkleidungen zur Geltung brachten und sich ganz dem Augenblick hingaben, etwas erzählen zu wollen über die Leidenschaft, mit der ebenfalls junge Leute vor Jahrzehnten auf der anderen Seite der Erdkugel tage- und nächtelang zusammengehockt und versucht hatten, eine Zukunft herbeizureden, in der der Mensch dem Menschen kein Wolf sein sollte. Ich sagte etwas darüber zu Peter Gutman, der erwiderte, auch er kenne solche Diskussionen. Bei uns, sagte er, hingen sie aber in der Luft, während doch ihr, so dachten wir, Boden unter den Füßen hattet: Die neuen Besitzverhältnisse, die euch heute als Verbrechen angerechnet und eilig rückgängig gemacht werden. Wo doch das eigentliche Verbrechen die „giftige Geldwirtschaft" ist, das hat schon Ludwig Börne gewußt. Aber was für Verbrechen neue Besitzverhältnisse hervorrufen können, wenn sie auf totalitäre Strukturen treffen, das hat er nicht gewußt.
> Wir gingen schweigend. Hüte und Mützen lagen vor den Tänzern, Musikern und Zauberkünstlern auf der Straße, die Dollars saßen den vorüberschlendernden Zuschauern locker, ich blieb gebannt stehen vor einem sehr dünnen schwarzen Mann, der auf einem Podest stand, als Uncle Sam kostümiert: Auf dem Kopf einen mit der amerikanischen Flagge bezogenen Zylinder, in Zeitlupe einen in winzigen Rucken sich bewegenden Maschinenmenschen darstellend, angetrieben, mußte man denken, von einer in seiner menschlichen Hülle verborgenen Apparatur, so daß ich unwillkürlich erwartete, die Scharniere knirschen zu hören, und fasziniert verfolgte, wie er, unendlich langsam, ruckhaft die Arme anwinkelte, sie wieder ausstreckte, den Oberkörper beugte, ihn wieder aufrichtete, was viele Minuten in Anspruch nahm und totale Körperbeherrschung voraussetzte. Das Publikum klatschte begeistert. Wir gingen weiter, bis zum Ende der Second Street, wo wir an einem Stand warme Waffeln mit Akazienhonig aßen.
> Als wir wieder an dem schwarzen Uncle Sam vorbeikamen, warf ich ihm den Dollar in seinen Zylinder, der ihm zustand, wendete mich zum Gehen. Jetzt winkt er! rief Peter Gutman. Tatsächlich. Der Apparatemensch bewegte ruckhaft winkend seinen rechten Zeigefinger,

---

[5] Wolf, Christa: Zeitschichten [Mai 1983]. In: Wolf, Christa: Die Dimension des Autors. Essays und Aufsätze, Reden und Gespräche. 1959–1985. Bd. 1. Frankfurt/Main 1990, 353–363; hier: 357.

ein maskenhaftes Lächeln erschien auf seinem Gesicht. Ich trat näher. Im Zeitlupentempo streckte er mir seine Hand entgegen, beugte sich vor, umarmte mich, und ich versuchte seine Bewegungen nachzuahmen, lachte, ging. Jetzt kommt er! rief Peter Gutman. Da hatte der schwarze Mann sich von der Mechanik befreit, hatte schnellen Schritts sein Podest verlassen, kam auf mich zu mit den gelösten geschmeidigen Bewegungen vieler Afroamerikaner, strahlte, schüttelte mir noch einmal die Hand, jetzt erst richtig, locker, locker, noch einmal umarmten wir uns, als sei die Umarmung der Maschinenmenschen nicht gültig gewesen, dann ließ er mich gehen, winkte mir nach. Und mir saß ein Schreck in den Gliedern über die Verwandlung der Kunstfigur in einen Menschen, als sei eben dies das Unnatürliche gewesen, als sei eben dabei eine Klammer zersprungen, eine Feder gebrochen, die ihn so lange gehalten hatten.
Als hätte es dieses Anstoßes bedurft, fühlte ich, etwas war geschehen, Peter Gutman schien es mir anzumerken. Still und eilig gingen wir zum MS. VICTORIA, verabschiedeten uns fast wortlos vor meiner Zimmertür. Ich setzte mich an den Tisch und schrieb wie unter Diktat, was ich heute, in den alten Aufzeichnungen blätternd, mit Erstaunen lese: […].[6]

In diesem Aufsatz analysiere und interpretiere ich die Szene ‚Begegnung Third Street',[7] die in Christa Wolfs autobiografischen Roman *Stadt der Engel* eingebettet ist, in Hinsicht auf deren rhetorische und literarische Gestaltung. Zudem erläutere ich Aussagen im essayistischen Werk Christa Wolfs über die Bedeutung der Literatur. Auf folgende Fragen habe ich den Fokus gelegt: Wie konstruiert Christa Wolf die Szene bzw. mit welchen rhetorischen Stilmitteln gestaltet sie diese Szene aus, um Evidenz zu erzeugen? Welche rhetorischen Stilfiguren machen diese die Sinne ansprechende Szene lebendig? Wie regt Christa Wolf die Phantasie des Lesers an? Und: Was soll die Literatur als ‚Zauberstab' nach Christa Wolf bewirken?

Die Kunst ist nach Christa Wolf ein Medium, das den Menschen dazu anstößt, sich mit sich selbst auseinanderzusetzen, um sich selbst besser kennen zu lernen. „Die Kunst lehrt seit Jahrhunderten die Menschen, sich selbst zu sehen"[8], schreibt Christa Wolf in ihrem Seghers-Essay *Glauben an Irdisches*. Zum Auftrag der Kunst finden sich in ihrem Essay *Tagebuch – Arbeitsmittel und Gedächtnis*, in dem sie über die Art und Weise zeitgemäßen Schreibens reflektiert, folgende rhetorische Fragen:

---

6 Wolf: Stadt der Engel, 91–92.
7 Die ausgewählte Szene aus *Stadt der Engel* wird in diesem Aufsatz ‚Begegnung Third Street' genannt – nach dem Titel der Erzählung *Begegnungen Third Street* von Christa Wolf. Siehe Wolf, Christa: Begegnungen Third Street. In: Wolf, Christa: Mit anderem Blick. Erzählungen. Frankfurt/Main 2007, 43–79.
8 Wolf, Christa: Glauben an Irdisches [Februar 1968]. In: Wolf, Christa: Die Dimension des Autors. Essays und Aufsätze, Reden und Gespräche. 1959–1985. Bd. 1. Frankfurt/Main 1990, 293–322; hier: 321.

> Wer sonst als die Kunst soll die Synthese finden all jener oft schwer erklärbaren menschlichen Verhaltensweisen unserer Tage? Wer, wenn nicht sie eine vernünftige, uns gemäße Ordnung bringen in die Sturzflut der sogenannten Fakten?[9]

Literatur sollte nach Christa Wolf Widersprüche und Disharmonien auf humane Weise überwinden, Verkehrt- und Verrücktheiten zurechtrücken, zur Stärkung des Selbstbewusstseins, zur Aufklärung von Selbstzerstörung und in der Folge zur Humanisierung der Gesellschaft beitragen. Die Stärkung des Selbstbewusstseins bedeutet einen Widerstand gegen die Verführung, d. h. die Schärfung des Urteils- und Unterscheidungsvermögens und das Bewusstmachen der Verantwortung des Menschen in dieser Welt.

Christa Wolfs schriftstellerisches Selbstverständnis ist geprägt von der Auffassung, dass Literatur, indem sie den Menschen sehen lehrt, einen Beitrag zur Humanisierung der Gesellschaft leistet. Die Prosaschriftstellerin Christa Wolf haucht ihrer fiktiven Romanwelt durch eine anschauliche, gefühlsbetonte Sprache Leben ein; sie verdeutlicht Wissen und Erkenntnis durch eindrucksvolle Bilder, um das Schauen und Verstehen des Lesers zu aktivieren und neue Sichtweisen zu eröffnen. Dazu verwendet sie Stilmittel, die eindringlich und einprägsam wirken – und dabe die Sinne des Menschen ansprechen, insbesondere das bildhafte Denken anregen.

Christa Wolf prägt dem Leser durch ihre eindringliche Sprache die Szene ‚Begegnung Third Street' im Gedächtnis ein – aber nicht manipulativ oder gar vereinnahmend. Ohne explizite Wertung schildert die Ich-Erzählerin ihre Beobachtungen – immer im Sinne der Humanität, als Anregung und Anstoß, ein bewusstes Leben zu führen, und um dem Leser für ein erfülltes und glückliches Leben Hoffnung und Mut zu machen.

2 Hintergrundmotive und Charakteristika des Erzählens bei Christa Wolf

Christa Wolfs aufklärerisches Ziel und ihre bildhafte Sprache verleihen ihrer Literatur poetische Qualität. Funktion und Form bilden eine Einheit. Die Autorin bildet durch ihr Werk den Menschen ab: „das, was sich am Menschen findet und zum Menschen gehört: menschlicher Fuß, menschliche Nahrung, menschliche

---

9 Wolf, Christa: Tagebuch – Arbeitsmittel und Gedächtnis [Dezember 1964]. In: Wolf, Christa: Die Dimension des Autors. Essays und Aufsätze, Reden und Gespräche. 1959–1985. Bd. 1. Frankfurt/Main 1990, 13–27; hier: 14.

Kleidung, menschliche Behausung"[10]. Sie wirft den Blick auf die Ganzheit, auf das Zusammenwirken von Geist und Materie, und sie sieht auch den Menschen aus dieser holistischen Perspektive und spricht ihn als Einheit an. Das Wort „Individuum" bedeutet „der Mensch als Einzelwesen, die einzelne Person" (lat. *individuum* „das Unteilbare", eine Lehnübersetzung von griech. *átomos* [Atom] mit verneinendem ‚in' – zu lat. *dividere* „trennen, zerteilen").[11] Alle Kräfte des Körpers, alle geistigen und seelischen Kräfte spielen zum Wohl des Ganzen, zur Wahrnehmung und zum Ausdruck auf harmonische Weise zusammen. Mit dem Beispiel des ‚Uncle Sam' wird diese Tatsache dem Leser besonders deutlich vor Augen geführt. Ein Straßenkünstler stellt einen Menschen dar, der aus dem Lot gekommen ist, was ihn ganz, d. h. Körper, Geist und Seele, erfasst. Und als befreiter Mensch ist er ebenso ganz befreit.

Christa Wolf bildet tiefgreifende Verwurzelungen und subtile Vernetzungen des Lebens und der Zeit in einem facettenreichen Erzählgewebe ab, dessen Fäden dicht miteinander verwoben sind. Sie wiederholt und entfaltet variantenreich den Sinn ihrer Aussagen aus verschiedenen Perspektiven. Sie setzt Denken und Handeln, sich wiederholende Ereignisse etc. in Beziehung. Sie assoziiert gegenwärtige Ereignisse mit vergangenen, die markante Spuren hinterlassen haben. Die Straßenkünstler in ‚Begegnung Third Street', die ihr Talent entfalten, sind ein Erinnerungspunkt, mit dem die Ich-Erzählerin ihr Engagement in jungen Jahren verbindet, als sie in regen Diskussionen und mit literarischen Projekten am Aufbau einer menschlichen Gesellschaft mitwirkte.

Das Bild *Für Christa zum 18.3.79*[12] des Künstlers Carlfriedrich Claus, einem ‚Malerfreund' Christa Wolfs, veranschaulicht Aspekte ihrer Prosa. Es zeigt ein dichtes Gewebe mit offenen Augen, die nach Klarheit und Harmonie streben, was durch die Farbe Blau in verschiedenen Schattierungen markiert ist. Die Augen suchen das Dunkle und Unbewusste zu durchdringen, um das Selbstbewusstsein

---

10 Schadewaldt, Wolfgang: Humanitas Romana. In: Temporini, Hildegard; Haase, Wolfgang (Hrsg.): Aufstieg und Niedergang der römischen Welt. Bd. 1/4. Berlin, New York 1973, 43–62; hier: 44.
11 Vgl. den Eintrag ‚Individuum'. In: Dudenredaktion (Hrsg.): Herkunftswörterbuch. Etymologie der deutschen Sprache. 3. Aufl. Bd. 7. Mannheim u.a. 2001, 362.
12 Claus, Carlfriedrich: Für Christa zum 18.3.79 [1979]. In: Wolf, Christa; Wolf, Gerhard: Malerfreunde. Leben mit Bildern. Essays. Reden. Hrsg. v. Manfred Jendryschik und Reinhardt O. Cornelius-Hahn. Halle 2010, 8. Das Bild war ein Geschenk für Christa Wolf zu ihrem 50. Geburtstag. Zur Farbe Blau siehe Wolf, Christa: Assoziationen in Blau [2003]. In: Wolf, Christa: Mit anderem Blick. Erzählungen. Frankfurt/Main 2007, 35–39 (Erstveröffentlichung in: Pommerin-Götze, Gabriele [Hrsg.]: Neruda Blau. Ein poetisches Spiel mit der „schönsten aller Farben". Gräfelfing 2003).

zu erweitern. Christa Wolf versucht, die Wirklichkeit zu begreifen, „noch nicht Begriffenes in das Licht des Bewußtseins [zu] rücken"[13], mehr zu erkennen als nur „die kleine Spitze des Eisbergs":

> Wie lange noch soll die kleine Spitze des Eisbergs beschrieben werden, und sechs Siebentel darunter bleiben unbekannt, unbenannt, unerlöst? / Was ist das: Zeit? Was verändert in wenigen Jahren das Gewebe dieser Stadt?[14]

Diese Gedanken wirft Christa Wolf in *Tagebuch – Arbeitsmittel und Gedächtnis* auf. In Hinsicht auf die Selbstaufklärung setzt sich die Schriftstellerin zudem auch mit folgenden Fragen auseinander: Was prägt Mensch und Gesellschaft? Wovon lebt der Mensch? Woran geht der Mensch zugrunde? Was verändert den Menschen? „Wie sind wir so geworden, wie wir heute sind?"[15] Sie versucht, die „blinden Flecken"[16] zu verringern, das Es zu begreifen, das Tieferliegende, das dem Menschen Unbewusste und Unsichtbare, und gewohnheitsmäßige, sich wiederholende Denkweisen und Handlungen sichtbar zu machen, um gesellschaftliche Entwicklungen sowie den Menschen bzw. sich selbst mit seinen Bedürfnissen und seinen Werten zu verstehen. Im Roman *Stadt der Engel* finden sich in diesem Zusammenhang – typografisch hervorgehoben durch Großbuchstaben – Tagebucheinträge der autobiografischen Ich-Erzählerin, darunter folgender zum „blinden Fleck":

> DER BLINDE FLECK
> schrieb ich zu Hause auf meinem Maschinchen, VIELLEICHT IST ES UNS AUFGEGEBEN, DEN BLINDEN FLECK, DER ANSCHEINEND IM ZENTRUM UNSERES BEWUSSTSEINS SITZT UND DESHALB VON UNS NICHT BEMERKT WERDEN KANN, ALLMÄHLICH VON DEN RÄNDERN HER ZU VERKLEINERN. SO DASS WIR ETWAS MEHR RAUM GEWINNEN, DER UNS SICHTBAR WIRD. BENENNBAR WIRD. ABER, schrieb ich, WOLLEN WIR DAS ÜBERHAUPT. KÖNNEN WIR DAS ÜBERHAUPT WOLLEN. IST ES NICHT ZU GEFÄHRLICH. ZU SCHMERZHAFT.[17]

---

13 Wolf, Christa: Das siebte Kreuz [1963]. In: Wolf, Christa: Die Dimension des Autors. Essays und Aufsätze, Reden und Gespräche. 1959–1985. Bd. 1. Frankfurt/Main 1990, 263–278; hier: 275.
14 Wolf: Tagebuch, 26.
15 Wolf, Christa: Kindheitsmuster. Frankfurt/Main 2007, 328. Die beiden Romane *Kindheitsmuster* und *Stadt der Engel* stehen laut Christa Wolfs eigener Aussage im Zusammenhang und sind durch den Einfluss ihrer Freud-Lektüre entstanden (vgl. Wolf, Christa: Buchpremiere. 16. Juni 2010. Tonbandaufnahme im Lesesaal der Akademie der Künste in Berlin).
16 Wolf, Christa: Nachdenken über den blinden Fleck [2007]. In: Wolf, Christa: Rede, daß ich dich sehe. Berlin 2012, 72–95.
17 Wolf: Stadt der Engel, 48.

Die Ich-Erzählerin schildert einen für sie als traumatisch empfundenen Schockmoment, als sie über die Medien von ihrer Täterakte in Kenntnis gesetzt wird, und als Folgen von diesem Schock ihre Sprachlosigkeit, Verdrängungsmechanismen und körperliche Schmerzen. Auf der Suche nach einem Ausweg aus ihrer Krise diagnostiziert sie aus einer sozialistischen Perspektive individuelle und gesellschaftliche Konfliktursachen: Die soziale Rangordnung in einer unfreien Gesellschaft, das Ich in politischen und religiösen Systemen, Irrwege und Verwirrungen bzw. die Sogwirkung verführerischer Angebote und zerstörerischer Gewohnheiten. – Indirekt wird vor der Gefahr gewarnt, in einen Sog zu geraten. Dieses ausgesprochen anschauliche sprachliche Bild findet sich beispielsweise in einem Gespräch über: „[...] ‚tiefe Denker', wie Peter Gutman sie nenne, die sich aus dem Sog des Wortes ‚Vergeblichkeit' nicht mehr befreien konnten."[18] – Die Ich-Erzählerin richtet das Augenmerk auf das „Prinzip Hoffnung" und sucht vernünftige Auswege aus ihrer Krise.

Insbesondere wird in *Stadt der Engel* die bedeutende Rolle der Medien in der Vermittlung von Wahrheit untersucht. Die Ich-Erzählerin vermittelt eine Begegnung mit einer Journalistin: „Ich machte sie darauf aufmerksam [...] daß sie alle, um an der Futterkrippe zu bleiben, schön stillhielten."[19] Dieses Beispiel macht die Unfreiheit des Menschen, der mehr oder weniger gezwungen ist, sich dem gesellschaftlichen System zu unterwerfen, evident. Die Journalistin verteidigt und rechtfertigt schließlich dieses System:

> Ja, der Kapitalismus – aber sie würde die westliche Welt nicht „Kapitalismus" nennen, sondern „Freie Marktwirtschaft" –, da sei natürlich jeder Mensch dem anderen ein Wolf, das bringe der Wettbewerb so mit sich, aber sie habe fast die ganze Welt bereist und habe nirgends eine bessere Wirtschafts- und Gesellschaftsordnung gefunden.[20]

Durch die Metapher der „Futterkrippe" werden menschliche bzw. biologische Bedürfnisse und Konflikte literarisch anschaulich gemacht. Mit der alten römischen Sentenz des *Homo homini lupus* wird ein Ursprung sozialer Macht- und Ausbeutungsverhältnisse vergegenwärtigt. Der Wolf gilt als „wildes, reißendes, unersättliches (Wolfshunger!) Raubtier."[21] Übertragen auf den Menschen werden

---

18 Wolf: Stadt der Engel, 296.
19 Ebd., 231.
20 Ebd., 231.
21 Köster, Rudolf: „mit den Wölfen heulen" und „unter die Wölfe geraten". In: Dudenredaktion (Hrsg.): Redensarten. Herkunft und Bedeutung. 2. Aufl. Mannheim, Wien, Zürich 2007, 281–282; hier: 281. Sebastian Franck übersetzte bereits 1548 den Spruch „homo homini lupus" in seinem Druck *Sprichwörter* als „Ein Mensch ist des andern wolff [...]", und bekanntlich knüpfte auch Thomas Hobbes später an diese Sentenz an.

damit unmenschliche Verhaltensweisen wie „brutal behandelt, ausgenutzt, ausgebeutet werden" assoziiert.[22] Der Kapitalismus wird dem Leser hier als das Übel, das eine friedliche Gesellschaft verhindert, vor Augen gestellt.

Mit der Abwandlung dieser *Sentenz* bringt Christa Wolf den Kerngedanken der utopischen sozialistischen Idee zum Ausdruck, nämlich die menschliche Selbstwerdung, die der menschlichen Selbstzerstörung entgegenwirken sollte und für deren Realisierung sich die Ich-Erzählerin engagiert: „[D]er Mensch [sollte] dem Menschen kein Wolf sein"[23] und sich ihm gegenüber menschlich verhalten.

3 Sprachliche Evidenz als Hilfsmittel des Verstehens

Das Verstehen des Fremden und Unbewussten ist durch Grenzen beschränkt. Wie aber kann der Leser das Fremde besser verstehen und sich selbst erkennen? Da Sehen und Schauen zur Selbsterkenntnis erforderlich sind und Bilder das Sehen und Verstehen aktivieren, schreibt Christa Wolf in einer anschaulichen, bildreichen Sprache. Metaphern bilden die Konkretion allgemein und abstrakt formulierter Gedanken. Die Schriftstellerin verdichtet abstrakte Aussagen auch durch Beispiele, die dem Leser unmittelbar einleuchten sollen. Eine Antithese liegt der kontrastreich ausgemalten Szene ‚Begegnung Third Street' zugrunde. So werden die menschlichen Grunderfahrungen des Gefangen- und Freiseins oder, weiter gefasst, Dimensionen erstarrten und befreiten Lebens beispielhaft dargestellt und miteinander kontrastiert.

Zunächst stellt Christa Wolf den Menschen in ‚Begegnung Third Street' als erstarrte Kunstfigur vor, der wie verzaubert scheint – sich selbst entfremdet in Abhängigkeit von einer „verborgenen Apparatur"[24] in seinem Inneren. Uncle Sam bemüht sich, dem Publikum mühsam erscheinende, außerordentlich langsame Bewegungen vorzutragen. Diese Stellen sind durch Mittel literarischer Evidenz, welche den Bild- und Klangeindruck der Szene verstärken und detaillieren, poetisch ausgestaltet. Beim langsamen Lesen kann man sich die Kraftlosigkeit und die anstrengenden Bewegungen der Kunstfigur vorstellen; eine *lautmalerische* Wortwahl (wie etwa im Falle der „knirschen[den]" Scharniere) fängt die

---

22 Köster: „mit den Wölfen heulen", 281.
23 Wolf: Stadt der Engel, 91.
24 Ebd., 91–92.

Geräusche der Szene ein. *Alliterationen* und *Lautwiederholungen* rhythmisieren an diesen Stellen zudem die Sprache und konstruieren die mechanischen, automatisierten Bewegungen des Maschinenmenschen, der in einer unnatürlichen Situation eingebunden (oder vielmehr eingefangen) scheint:

> Auf dem Kopf einen mit der amerikanischen Flagge bezogenen Zylinder, in Zeitlupe einen in winzigen Rucken sich bewegenden Maschinenmenschen darstellend, angetrieben, mußte man denken, von einer in seiner menschlichen Hülle verborgenen Apparatur, so daß ich unwillkürlich erwartete, die Scharniere knirschen zu hören, und fasziniert verfolgte, wie er, unendlich langsam, ruckhaft die Arme anwinkelte, sie wieder ausstreckte, den Oberkörper beugte, ihn wieder aufrichtete, was viele Minuten in Anspruch nahm und totale Körperbeherrschung voraussetzte.[25]

Offen bleiben in dieser Passage jedoch die Fragen, wie der Mensch geworden ist und welche Mächte ihn in diese Abhängigkeit verwickeln – wesentliche Fragen, mit denen sich Christa Wolf in *Stadt der Engel* auseinandersetzt, da sie zur Aufklärung und Humanisierung der Gesellschaft beitragen. In anderen Begegnungen, die in den Roman eingebettet sind, erforscht die Ich-Erzählerin diese Fragen und gibt, von unterschiedlichen Standpunkten aus, Antworten; sie entschlüsselt dort auch die Apparatur, welche in ‚Begegnung Third Street' als Metapher erscheint, als Triebkraft: „Der Apparatemensch bewegte ruckhaft winkend seinen rechten Zeigefinger, ein maskenhaftes Lächeln erschien auf seinem Gesicht."[26] In dieser Szene tragikomisch gezeichnet, veranschaulicht der Maschinenmensch den reduzierten Menschen,[27] der als Objekt oder Sklave im Lauf der Geschichte lebt, der unterdrückt ist und dadurch seine Lebendigkeit verliert.

Um die tiefgründigen Vernetzungen im dichten Erzählgewebe sichtbar zu machen und die Metapher des Maschinenmenschen zu entschlüsseln, seien hier einige Motive notiert, die mit dem Bild des Uncle Sam in seinem erstarrten Dasein verknüpft sind: Die Ich-Erzählerin nimmt die befangene Haltung, die der Straßenkünstler spielt, in sich selbst wahr und hört, angesichts eines Ereignisses in der Vergangenheit, in ihrem Kopf ein altes Tonband, das zeitweise anspringt – ein Bild, das die Erfahrung, belastende Zwangsgedanken zu kennen, vermittelt.[28] Sie begegnet auch verschiedenen Romanfiguren, die sich in einer unglücklichen Situation wie der in eine Starre gefallene Uncle Sam befinden, die also mehr

---

25 Wolf: Stadt der Engel, 91–92; eigene Hervorhebungen, A.K.
26 Wolf: Stadt der Engel, 92.
27 Vgl. Wolf: Stadt der Engel, 150.
28 Vgl. Wolf: Stadt der Engel, 40, 45, 50, 114 („das Meeresrauschen. Ein Tonband. Ein Mittel von Doktor Kim, seine Patienten zu beruhigen"), 123, 192, 193, 205 („das in einer Endlosschleife lief"), 229, 289, 298.

überleben als leben.²⁹ Diese Menschen sind gepanzert, von ihrer Umwelt gewissermaßen isoliert – und haben sich so in ihrer Wahrnehmung begrenzt. Es sind gebrochene, entwurzelte, ausgebürgerte, vertriebene und heimatlose Menschen, die ihren Heimatverlust nicht überwinden können, über Ungerechtigkeiten nicht hinwegkommen, die in Angst und ohne Zuversicht ihr Dasein fristen, aus Furcht vor dem Verlust von Wertschätzung in Selbstbeherrschung geübt sind, oder die hilflos sind und sinnlosen Zwecken dienen. In diesem Bild, das reduziertes Menschsein illustriert, spiegelt sich beispielsweise auch der Kulturmensch, der sich im Lauf der Zeit eingeschränkt hat und ein „Ersatzleben" lebt.³⁰ In *Das Unbehagen in der Kultur* reflektierte Sigmund Freud über das „Wesen dieser Kultur [...], deren Glückswert in Zweifel gezogen wird"³¹.

Im starken Kontrast zum Apparatemenschen begegnet die Ich-Erzählerin dem freien Menschen, der das wirkliche Leben lebt, „das aber weniger scheinhaft, künstlich und ersatzweis ist"³². Der alte Mensch hat sich selbst als neuen Menschen hervorgebracht. Er zeigt nun mehr von sich selbst als sein Äußeres und sein Kostüm, mehr als seine Hülle und seine Maske. Er zeigt sich selbst – das Authentische, das Natürliche, das Originelle, das Besondere, das Subjektive, das ihm eigen ist, das ihn einzigartig macht. Uncle Sams „tote Seele"³³ – siehe die zuvor erwähnte Metapher Christa Wolfs – scheint zum Leben erwacht. Der Straßenkünstler ist nun ein glücklicher Mensch, von dem ein Leuchten ausgeht, und von Lebenskraft und Lebensfreude erfüllt. Seine äußerlich sichtbaren, freien und leichten Bewegungen sind Anzeichen seiner inneren Freiheit.

Um nochmals auf Sigmund Freud zurück zu kommen, dessen Ideen Christa Wolf in *Stadt der Engel* kritisch reflektiert: Als freier Mensch beansprucht Uncle Sam, „der Wahrhaftigkeit mehr Raum zu geben"³⁴ und er lebt Bedürfnisse und Werte, die durch die Kultur und die Erziehung in ihm unterdrückt wurden, die sich der Kulturmensch selbst versagte. Uncle Sam emanzipiert sich, findet zu sich selbst, entdeckt seine Lebenskräfte wieder, die „als subjektivistisch verdächtigt, mit einem Verdikt belegt, zurückgedrängt, narkotisiert, gefesselt und lahmgelegt

---

29 Vgl. Wolf: Stadt der Engel, 277: „Überlebende. Nicht Lebende, [...]."
30 Vgl. Wolf: Stadt der Engel, 138.
31 Freud, Sigmund: Das Unbehagen in der Kultur. In: Dörfler Verlag (Hrsg.): Sigmund Freud. Die Traumdeutung und andere Schriften. Eggolsheim 2013, 985–1046; hier: 1004.
32 Wolf: Zeitschichten, 357.
33 Wolf: Einiges über meine Arbeit als Schriftsteller, 12.
34 Freud, Sigmund: Die Widerstände gegen die Psychoanalyse. In: Werke aus den Jahren 1925–1931. Frankfurt/Main 1955, 97–110; hier: 107.

wurden",[35] wie Christa Wolf in *Warum schreiben Sie?* mit Blick auf die Bedeutung des Schreibens und die Kunst als Medium des Sich-Befreiens reflektierte.

Die ‚Simulation von Präsenz' im Sinne von fingierter situativer Anwesenheit im erzählten Geschehen trägt zur Evidenz der Erzählung bei. Lausberg nennt den Dichter einen „mimetischem Künstler", der als Betrachter die Realität beobachtet und erfasst – und diese dem reflektierenden Leser, der ebenso Beobachter der Realität ist, auf künstlerisch-ästhetische Weise literarisch vermittelt:

> [D]er mimetische Künstler [befindet sich] am Anfang in der Lage des *spectator*, der auf Grund seines angeborenen und kultivierten Erfahrungswissens *(ars in inspectione rerum posita)* vermittels *inspectio* die Lebenswirklichkeit *(natura, res)* erkennt *(cognitio)* und wertet *(aestimatio)*, aber hierbei nicht stehen bleibt, sondern die erkannte und gewertete Lebenswirklichkeit, die von außen an den Dichter herantreten oder auch nur eine geistige, intellektuell-ästhetisch-affektische Wirklichkeit sein kann, vermittels des mimetischen Konzentrationsprozesses und vermittels einer geeigneten *ars in effectu posita* zu einem *opus* gestaltet. Das Publikum steht als *spectator* in der Haltung der *inspectio (cognitio et aestimatio)* sowohl der Lebenswirklichkeit *(natura)* selbst wie dem die Lebenswirklichkeit mimetisch darstellenden *opus* gegenüber und erfreut sich […] an dieser Gegenüberstellung von Wirklichkeit und μίμησις [Nachahmung].[36]

Christa Wolf macht den Leser zum Augenzeugen und bindet ihn in die Monologe bzw. in die Denkwelt der Ich-Erzählerin und in die (in dieser Szene) knappen Dialoge mit Peter Gutman (der einen sprechenden Namen trägt) ein. Sie beschränkt sich in der hier genauer betrachteten, kommunikativen Szene ‚Begegnung Third Street' auf wesentliche Informationen hinsichtlich Zeit, Ort und Thema. Mit dieser affektiv aufgeladenen Szene spricht Christa Wolf die Sinne des Lesers an und weckt seine Gefühle. Sie regt den Leser an, Fragen zu stellen, Situationen zu hinterfragen, Verknüpfungen herzustellen, um die Wirklichkeit und das wirkliche Leben zu sehen.

In den Romanen Christa Wolfs fallen Figuren, die glücklich sind, wie beispielsweise Uncle Sam, durch einen besonderen Gefühlsausdruck von Lebensfreude auf. In dem folgenden Dialog zwischen der Italienerin Valentina und der Ich-Erzählerin wird der Wert des Lebens anders, aber ebenso originell und prägnant wie in ‚Begegnung Third Street' vermittelt. Hier wählt die Ich-Erzählerin die direkte Rede als Mittel, um den Kontakt zwischen Menschen evident zu machen.

---

35 Wolf, Christa: Warum schreiben Sie? [Februar 1985]. In: Wolf, Christa: Die Dimension des Autors. Essays und Aufsätze, Reden und Gespräche. 1959–1985 Bd. 1. Frankfurt/Main 1990, 75–76; hier: 75.
36 Lausberg, Heinrich: Handbuch der literarischen Rhetorik. Eine Grundlegung der Literaturwissenschaft. Stuttgart 2008, 43.

Elliptische Sätze und ein Ausrufesatz lassen Valentinas starkes Lebensgefühl sichtbar werden. Durch die Übersetzung des Wortes ‚Leben' in andere Sprachen, ins Italienische, Französische und Englische, wird dieses besonders betont. Die Wiederholung des Gedankens von der Genialität des Lebens verleiht dessen Bedeutung Nachdruck:

> Sie sprühte vor Leben. Vor Liebe zum Leben. Sie war in einer Art von Entzücken auf mich zugekommen, die mich entwaffnet hatte. [...] C'est génial! konnte sie ausrufen. Was denn, Valentina? – La vita, sagte sie. La vie. Life. Das Leben. Und sofort befanden wir uns auf der nüchternen Third Street mitten in einem ganzen Kosmos von genialem Leben. Valentina war eine Zauberin, aber sie wußte es nicht.[37]

Unter anderem in dieser Szene, welche die Wirklichkeit spiegelt, wird eine märchentypische Figur bzw. ein ebensolches Motiv verarbeitet: die Romanfigur Valentina, der die Ich-Erzählerin eine magische Fähigkeit zuschreibt, sowie das Symbol der Verwandlung. Ebenso wie der freundliche Uncle Sam stärken die Worte und Lebenseinstellung Valentinas die Ich-Erzählerin, dieses Gespräch „entwaffnet" sie, deren innere Wirklichkeit sich in der äußeren Lebenswelt spiegelt. Die Worte Valentinas geben den Anstoß, die nüchterne Third Street anders zu sehen und die durch Menschen belebte Straße zu erkennen. Eine Änderung der Sichtweise macht aus der nüchternen augenblicklich eine belebte Third Street.

4 Die Symbolik der Freiheit und der Verwandlung

Eine Verrücktheit wird zugespitzt, indem die Wahrnehmung der Ich-Erzählerin nach der Begegnung mit dem als Uncle Sam kostümierten Mann dargestellt wird: Nicht die erstarrte Kunstfigur, die mit großem Können einen Zauber auf das Publikum ausübte, irritierte sie. Paradoxerweise überfiel sie ein Schauder, nachdem sich die Kunstfigur in einen Menschen verwandelt hatte. Diese Reaktion wirft die Frage auf, ob der Mensch derart an unmenschliche Zustände gewöhnt ist, dass ihn das Natürliche und Menschliche auf den ersten Blick befremdet.

In ‚Begegnung Third Street' bezieht sich Christa Wolf auf Uncle Sam als amerikanisches Symbol der Freiheit und Unabhängigkeit. Im Gegensatz zu Uncle Sam, der ursprünglich ein weißer Mann ist, zeichnet sie diesen in ihrem Roman als schwarzen Mann und verfremdet also das vorherrschende Bild. Christa Wolf

---

37 Wolf: Stadt der Engel, 109.

veranschaulicht mit dem Bild die Emanzipation und Gleichberechtigung der Schwarzen, denen Bürgerrechte zuerkannt wurden. Diesbezüglich formuliert sie Zeichen, die auf diese Befreiung verweisen: Uncle Sam trägt den Zylinder, der einst als Symbol des Bürgers galt. Zunächst trifft die Ich-Erzählerin auf Uncle Sam, der auf einem Podest steht, sich also in ungleicher Position befindet. Gleichberechtigt findet dann eine menschliche Begegnung statt – zwei Menschen, die in verschiedenen Kulturen beheimatet sind, begegnen sich. Diese *Ich-Du-Begegnung* im Sinne Martin Bubers unterscheidet sich von der erstarrten Begegnung der „Maschinenmenschen"[38]. Sie zeichnet sich durch Ungezwungenheit, Leichtigkeit und echte Freude aus. Mit dieser menschlichen Art der Begegnung gibt Christa Wolf ein Beispiel für gelebtes Leben.

Die Ich-Erzählerin und Peter Gutman essen „warme Waffeln mit Akazienhonig"[39] – den vom Bienenvolk verwandelten süßen Nektar, das süße Gold, das als Lebensmittel geschätzt wird. Dieser kostbare Honig, der sich durch seine flüssige Qualität auszeichnet, scheint als Metapher mit dem Motiv der Verwandlung verwoben, bzw. auch mit dem „Point of no return"[40]: Die Rückkehr zu einem Anfangspunkt, im geschilderten Kontext etwa zur Selbstunterdrückung des Menschen, ist unmöglich.

Die Ich-Erzählerin schreibt von der „Verwandlung [...] in einen Menschen"[41]. Etymologisch gesehen bedeutet das verwandte Wort „wandeln" (ahd. *wantōn* „wenden"), auf das im Duden-Herkunftswörterbuch zu „verwandeln" verwiesen wird, im Mittelhochdeutschen „wiederholt wenden", im Althochdeutschen „[sich] ändern". Im Gegensatz dazu wurden dem Wort „verwandeln" (mdh. *verwandeln*, ahd. *farwantalōn*) Bedeutungen mit einer mächtigeren Wirkung zugeschrieben: Dieses Wort heißt „völlig verändern, anders erscheinen lassen; umformen, umwandeln".[42] Christa Wolf lenkt in ‚Begegnung Third Street' den Blick des Lesers auf den Menschen, der sich ganz und von Grund auf verändert, der sich verwandelt, weg von der Kunstfigur, hin zum Menschen, der Lebenskraft und das innere Gleichgewicht gewinnt.

Christa Wolf zeigt in ‚Begegnung Third Street', wie sich körperliche Anspannung sowie Entspannung auf den Anderen auswirken können. Der Zauber, der vom augenblicklich verwandelten Uncle Sam ausgeht, nimmt die Ich-Erzählerin

---

38 Wolf: Stadt der Engel, 92.
39 Ebd.
40 Ebd., 91.
41 Ebd., 92.
42 Eintrag ‚wandeln'. In: Dudenredaktion (Hrsg.): Herkunftswörterbuch. Etymologie der deutschen Sprache. 3. Aufl. Bd. 7. Mannheim u.a. 2001, 914.

gefangen. Dies ist ein produktiver Anstoß. Der Künstler, der sein Licht leuchten lässt, beeinflusst die Ich-Erzählerin durch seine befreite Existenz in positiver Weise und führt sie zur Begegnung mit sich selbst. „Als hätte es dieses Anstoßes bedurft, fühlte ich, etwas war geschehen, [...]"[43], schreibt die Ich-Erzählerin, die sich an diese bemerkenswerte Begegnung inmitten der belebten Third Street in Santa Monica erinnert.

Die Verwandlung des Straßenkünstlers erinnert an einen märchenhaften und geheimnisvollen Zauber. Wie durch ein Wunder befreit sich Uncle Sam plötzlich. Hier lässt Christa Wolf eine Leerstelle: Wie aber befreit und verwandelt sich der „schwarze Mann"? Welches Heilmittel bewirkt die Verwandlung? Ein Grundgedanke Christa Wolfs ist die ursächliche (nicht die symptomatische) Heilkunst. Der Leser kann Verbindungen zu anderen Szenen in *Stadt der Engel* suchen oder selbst diese Frage beantworten. Erzählfäden im Gewebe korrespondieren nicht nur mit dieser plötzlichen Verwandlung, etwa mit einem Wunder oder einer spontanen Heilung[44]. Christa Wolf vermittelt Möglichkeiten der Veränderung, nicht nur durch die Kunst, sondern auch durch die Religion, etwa durch einen lebendigen und fröhlichen Gottesdienst in der First African Methodist Episcopal Church,[45] den die Ich-Erzählerin miterlebt. Andere Beispiele stammen aus dem Bereich der Körperschulung und Medizin: Eine Feldenkrais-Therapeutin erklärt der Ich-Erzählerin, dass bereits kleine Bewegungen große Veränderungen bewirken können. Die Ich-Erzählerin vertraut einem Arzt, der das Wissen der chinesischen Medizin anwendet: Er versucht, Symptome auf körperlicher Ebene als Zeichen innerer Disharmonie zu deuten, durch Akupunktur auf natürliche Weise Blockaden zu lösen und so „das freie Fließen der Energieströme"[46] anzuregen.

Mit dem Phänomen der Täuschung, der trügerischen Hoffnung der Ich-Erzählerin in jungen Jahren oder etwa auch dem besonderen Akazienhonig, der aus der falschen Akazie oder Schein-Akazie gewonnen wird, sind die Gaukler als Maskenträger verwoben, wie die Ich-Erzählerin die Straßenkünstler auch nennt. Diese kleiden sich in die schönsten Gewänder, zeigen ihr Ich von seiner besten Seite und machen auf sich aufmerksam. Bringen sie wirklich ihr Selbst hervor? Oder gaukeln sie dem Publikum nur etwas vor? Mehrmals stellt die Ich-Erzählerin in *Stadt der Engel* die Freiheit des Menschen heraus, sich zu zeigen und sein Leben auf seine eigene, einzigartige Weise zu gestalten.

---

43 Wolf: Stadt der Engel, 92.
44 Vgl. ebd., 375.
45 Vgl. ebd., 320.
46 Ebd., 69.

Christa Wolf wünscht sich den Zauberstab als Hilfs- oder (Natur)Heilmittel, das einen Menschen aus einem Schockzustand, einer Krise etc. befreien soll. Sie gibt demgegenüber zu bedenken, dass der Zauberstab vom Menschen missbraucht werden und eine Kälte entfalten kann. Explizit taucht in *Stadt der Engel* der „Zauberstab", „mit [dem man damals] eine Vereisung der normalen menschlichen Gefühle bewirkt [habe]",[47] auf. Leuchtet man die Szene ‚Begegnung Third Street' genauer aus, werden subtile Alternativen sichtbar. Die Ich-Erzählerin sieht immer beide Seiten der Medaille: das Lächeln, das „maskenhaft" sein kann, und das strahlen kann, oder Bewegungen, die sich frei entfalten oder ruckhaft-einengend wirken können. – Christa Wolf zeigt, dass ein und dieselbe Denk- und Verhaltensweise das Leben beeinträchtigen oder aber dem Leben einen hilfreichen Dienst erweisen kann. Der Anstoß erscheint als Zeichen der Inhumanität, das durch falsche Rhetorik missbraucht werden kann. Er erweist sich als Zeichen der Humanität, das die Selbstaufklärung des Menschen in Gang setzt. Ein unbekanntes Triebwerk treibt den erstarrten Uncle Sam an, der imstande ist, sich zu befreien. Im Gegensatz dazu sieht sich die Ich-Erzählerin „wie unter Diktat"[48] angetrieben, nach ihrem beeindruckenden Ausflug in die Third Street eilig eine hilfreiche Selbsterkenntnis in ihrem Tagebuch zu notieren.

Literatur

Claus, Carlfriedrich: Für Christa zum 18.3.79 [1979]. In: Wolf, Christa; Wolf, Gerhard: Malerfreunde. Leben mit Bildern. Essays. Reden. Hrsg. v. Manfred Jendryschik und Reinhardt O. Cornelius-Hahn. Halle 2010.
Freud, Sigmund: Die Widerstände gegen die Psychoanalyse. In: Werke aus den Jahren 1925–1931. Frankfurt/Main 1955, 97–110 (= Gesammelte Werke 14).
Freud, Sigmund: Das Unbehagen in der Kultur. In: Freud, Sigmund: Die Traumdeutung und andere Schriften. Eggolsheim 2013, 985–1046.
Lausberg, Heinrich: Handbuch der literarischen Rhetorik. Eine Grundlegung der Literaturwissenschaft. Stuttgart 2008.
Neuhaus, Stefan: Märchen. Tübingen 2005.
Schadewaldt, Wolfgang: Humanitas Romana. In: Temporini, Hildegard; Haase, Wolfgang (Hrsg.): Aufstieg und Niedergang der römischen Welt. Bd 1.4. Berlin, New York 1973, 43–62.
Wolf, Christa: Stadt der Engel oder The Overcoat of Dr. Freud. Berlin 2011.
Wolf, Christa: Buchpremiere. 16. Juni 2010. Tonbandaufnahme im Lesesaal der Akademie der Künste in Berlin.

---

47 Wolf: Stadt der Engel, 377.
48 Ebd., 92.

Wolf, Christa: Nachdenken über den blinden Fleck [2007]. In: Wolf, Christa: Rede, daß ich dich sehe. Berlin 2012, 72–95.

Wolf, Christa: Begegnungen Third Street. In: Wolf, Christa: Mit anderem Blick. Erzählungen. Frankfurt/Main 2007, 43–79.

Wolf, Christa: Kindheitsmuster. Frankfurt/Main 2007.

Wolf, Christa: Assoziationen in Blau [2003]. In: Wolf, Christa: Mit anderem Blick. Erzählungen. Frankfurt/Main 2007, 35–39 (Erstveröffentlichung in: Pommerin-Götze, Gabriele [Hrsg.]: Neruda Blau. Ein poetisches Spiel mit der „schönsten aller Farben". Gräfelfing 2003).

Wolf, Christa: Warum schreiben Sie? [Februar 1985]. In: Wolf, Christa: Die Dimension des Autors. Essays und Aufsätze, Reden und Gespräche. 1959–1985 Bd. 1. Frankfurt/Main 1990, 75–76.

Wolf, Christa: Zeitschichten [Mai 1983]. In: Wolf, Christa: Die Dimension des Autors. Essays und Aufsätze, Reden und Gespräche. 1959–1985. Bd. 1. Frankfurt/Main 1990, 353–363.

Wolf, Christa: Bei Anna Seghers [November 1970]. In: Wolf, Christa: Die Dimension des Autors. Essays und Aufsätze, Reden und Gespräche. 1959–1985. Bd. 1. Frankfurt/Main 1990, 332–338.

Wolf, Christa: Glauben an Irdisches [Februar 1968]. In: Wolf, Christa: Die Dimension des Autors. Essays und Aufsätze, Reden und Gespräche. 1959–1985. Bd. 1. Frankfurt/Main 1990, 293–322.

Wolf, Christa: Das siebte Kreuz [1963]. In: Wolf, Christa: Die Dimension des Autors. Essays und Aufsätze, Reden und Gespräche. 1959–1985. Bd. 1. Frankfurt/Main 1990, 263–278.

Wolf, Christa: Einiges über meine Arbeit als Schriftsteller [Anfang 1965]. In: Wolf, Christa: Die Dimension des Autors. Essays und Aufsätze, Reden und Gespräche. 1959–1985. Bd. 1. Frankfurt/Main 1990, 7–12.

Wolf, Christa: Tagebuch – Arbeitsmittel und Gedächtnis [Dezember 1964]. In: Wolf, Christa: Die Dimension des Autors. Essays und Aufsätze, Reden und Gespräche. 1959–1985. Bd. 1. Frankfurt/Main 1990, 13–27.

Sarah Bärtschi und Fabienne Kilchör
Wie veranschaulicht man ein Corpus? Alexander von Humboldts Schriften als Paradigma bildlicher Evidenz

> Ich hätte gewünscht, daß ein geschickter Mahler den Augenblick hätte auffassen können, als die Scene am belebtesten war. Die Gruppen der Indianer, welche den Sumpf umringten, die Pferde mit zu Berge stehender Mähne, Schrecken und Schmerz im Auge, welche dem Ungewitter, das sie überfällt, entfliehen wollen; die gelblichen und schlüpfrigen Aale, welche großen Wasserschlangen ähnlich an der Oberfläche schwimmen, und ihre Feinde verfolgen: alles das gab ein höchst mahlerisches Ganzes.[1]

Alexander von Humboldt (1769–1859) schreibt in dieser wissenschaftlichen Abhandlung über elektrische Zitteraale in einer dichten und affektiv angereicherten Sprache. Durch Ausdrücke wie „mit zu Berge stehender Mähne", „Schrecken und Schmerz", „gelbliche und schlüpfrige Aale" und „mahlerisches Ganzes" fühlen sich die Leserinnen und Leser emotional involviert. Die Szene, die sich an einem Sumpf neben dem Orinoko abspielt, wird zwischen den Zeilen sichtbar und auf diese Weise gegenwärtig. Ein solcher visueller Schreibstil erzeugt Bilder vor dem inneren Auge; und er kann sogar zur Ausführung von Gemälden inspirieren: In einem Artikel über die Höhle des Guácharo beschreibt Humboldt deren Eingang so plastisch, dass der Maler Ferdinand Bellermann die Szene 1843 in ein Bild übersetzte. Humboldt veranschaulichte seine Texte auch selber mit Hilfe von Bildern: So bestehen die aus seiner Amerikareise (1799–1804) hervorgegangenen *Vues des Cordillères* aus Bildtafeln, denen jeweils Essays zugeordnet sind. Weder sind die Texte bloße Bildbeschreibungen noch sind die Bilder bloße Illustration der Texte. Beide Darstellungsformen gehorchen eigenen Gesetzen, und sie komplementieren einander. Insgesamt ist Humboldts Gesamtwerk mit über 1500 Abbildungen versehen: Stiche von Landschaften, Vulkanen, Tieren, Pflanzen, den Einwohnern Lateinamerikas und deren Kulturgütern, Querschnitte von Gebirgszügen und Küstenabschnitten, taxonomische Klassifikationsschemata, Liniendiagramme und Karten.

Diese textlichen und graphischen Darstellungsmethoden reflektiert Humboldt theoretisch. So benennt er im *Kosmos* die zwei Mittel, die Natur anschaulich darzustellen: „die Sprache (das begeisterte Wort) und die graphische

---

[1] Humboldt, Alexander von: Jagd und Kampf der electrischen Aale mit Pferden. In: Annalen der Physik 25.1 (1807), 34–43; hier: 38–39.

https://doi.org/10.1515/9783110563399-009

Nachbildung."[2] Am Beispiel der Landschaftsmalerei führt er aus, dass Kunst nicht nur eine ästhetische Form, sondern zugleich ein Erkenntnismodell sei. Wie die Sprache diene auch das Bild dazu, die Wirklichkeit wiederzugeben und zu erforschen. Darüber hinaus entwirft Humboldt Visionen, wie die Vergegenwärtigung ferner Welten in der Zukunft perfektioniert werden könnte: Wenn man Naturszenen in Panoramen nachbilde, würde dies besonders einnehmend wirken, „weil der Beschauer, wie in einen magischen Kreis gebannt und aller störenden Realität entzogen, sich von der fremden Natur selbst umgeben wähnt."[3] Humboldt entwickelte so sowohl auf praktischer als auch auf theoretischer Ebene Methoden zu einer anschaulichen Darstellung von Wissen und Erkenntnis.

Mit Blick auf solche Strategien und Techniken, die den Zuhörern etwas eindeutig und unmissverständlich vor Augen führen, prägten die antiken Rhetoriker erste theoretische Überlegungen zur *Evidenz*.[4] Quintilian etwa verwies auf „die ἐνάργεια (Verdeutlichung), die Cicero ‚illustratio' (Ins-Licht-Rücken) und ‚evidentia' (Anschaulichkeit) nennt" – und deren Kennzeichen insbesondere darin bestehe, „nicht mehr in erster Linie zu reden, sondern vielmehr das Geschehen anschaulich vorzuführen". Hierdurch entstehe der Eindruck „als wären wir bei den Vorgängen selbst zugegen."[5] Die Schilderung von Einzelheiten macht die Zuhörer und Zuhörerinnen selber zu Augenzeugen. Diese „offenkundige Präsenz"[6] führt zu unmittelbarer Gewissheit und transportiert so Wahrheit – durch sprachliche Visualisierungen, die in reale Bilder übergehen können.

Was Quintilian also für die Rede konzeptualisiert, setzte Humboldt multimedial um. Durch seine Experimente mit verschiedenen Darstellungsformen ist ein umfangreiches Gesamtwerk entstanden: Es umfasst zwei Dutzend Bücher in 50 Bänden und 1000 verstreut erschienene Aufsätze, Artikel und Essays, die mit Nachdrucken, Bearbeitungen und Übersetzungen zu Lebzeiten des Autors mehr als 3600 mal publiziert wurden. Es entstand ein Werk, das kaum umfassend zu überblicken ist.

Doch genau dazu möchte die hier vorgestellte Pilotstudie einen Beitrag leisten: Um übergreifende Entwicklungen und Zusammenhänge zu erfassen,

---

2 Humboldt, Alexander von: Landschaftsmalerei in ihrem Einfluß auf die Belebung des Naturstudiums. In: Kosmos. Entwurf einer physischen Weltbeschreibung. Bd. 2. Stuttgart, Tübingen 1847, 76–94; hier 79f. Siehe auch die Anmerkungen auf S. 126–132 ebendort.
3 Ebd., 233.
4 Vgl. Kemmann, Ansgar: Evidentia, Evidenz. In: Ueding, Gert (Hrsg.): Historisches Wörterbuch der Rhetorik. Bd. 3. Tübingen 1996, 33–47; hier: 40.
5 Quint. VI 2, 32. Übers. zitiert nach Quintilianus, Marcus Fabius: Ausbildung des Redners. Zwölf Bücher, zwei Teile. Hrsg. u. übers. v. Helmut Rahn. 2. Aufl. Darmstadt 1988.
6 Kemmann: Evidentia, 33.

untersucht sie einen Teil von Humboldts Gesamtwerk – das Corpus der unselbständig erschienenen Schriften. Die Aufsätze, Artikel und Essays, die zu Humboldts Lebzeiten publiziert wurden, werden 2019 erstmals in der ‚Berner Ausgabe' seiner *Schriften* gesammelt herausgegeben.[7] Sie erschienen während eines Zeitraums von 70 Jahren – von Humboldts erster Publikation im Revolutionsjahr 1789 bis zu seinem Tod 1859 – in über 700 periodischen Publikationsorganen. Das Spektrum dieser Periodica reicht von politischen Tageszeitungen bis zu schöngeistigen Unterhaltungsblättern, von allgemeinwissenschaftlichen Journalen über spezialisierte Fachzeitschriften bis zu Sitzungsberichten von Akademien und Vereinen. Humboldt verfasste diese Texte auf Deutsch, Französisch und Lateinisch, übersetzt wurden sie in ein Dutzend weitere Sprachen, darunter Spanisch, Englisch, Italienisch, Niederländisch, Russisch oder Ungarisch. Die Vielfalt an Sprachen weist auf die räumliche Verbreitung der Periodica hin: Die Herausgeberorte sind nicht nur über den gesamten europäischen Raum verteilt; auch auf allen anderen Kontinenten wurden Humboldts Schriften publiziert, in den Vereinigten Staaten, Südamerika, Südafrika, Indien, Russland, Australien. Inhaltlich ist dieses Corpus vielseitig: Humboldt bewegte sich durch zahlreiche Forschungsfelder und Disziplinen, vertiefte sie im Einzelnen und führte sie auf eine Weise zusammen, die *avant la lettre* als inter-, multi- oder transdisziplinär bezeichnet werden kann.[8] Wie erhält man eine Übersicht über das vielfältige Corpus von Humboldts verstreuten Schriften? Wie ist es zu fassen? Wie lässt es sich beschreiben, chronologisch, in seiner geographischen Verbreitung, sprachlich und disziplinär? Mit welchen Methoden kann man einem solchen Reichtum an Themen und Diskursen gerecht werden? In einer Pilostudie werden in diesem Beitrag 420 Texte aus dem Sammelgebiet der ‚Berner Ausgabe' untersucht, die mit Nachdrucken und Übersetzungen eine Gesamtzahl von 680 Drucken ergeben.[9]

---

[7] Humboldt, Alexander von: Sämtliche Schriften: Aufsätze, Artikel, Essays (Berner Ausgabe). 7 Textbände mit 3 Apparatbänden. Hrsg. v. Oliver Lubrich und Thomas Nehrlich. München 2019. Mitarbeit: Sarah Bärtschi, Michael Strobl, Mitherausgeber: Yvonne Wübben (Band I: Texte 1789–1799), Rex Clark (Band II: Texte 1800–1809), Jobst Welge (Band III: Texte 1810–1819), Norbert Wernicke (Band IV: Texte 1820–1829), Bernhard Metz (Band V: Texte 1830–1839), Jutta Müller-Tamm (Band VI: Texte 1840–1849), Joachim Eibach (Band VII: Texte 1850–1859); Redakteure: Norbert Wernicke (Apparatband), Johannes Görbert (Forschungsband), Corinna Fiedler (Übersetzungsband), Beirat: Michael Hagner (Zürich), Eberhard Knobloch (Berlin), Alexander Košenina (Hannover), Hinrich C. Seeba (Berkeley). Projekt-Website: www.humboldt.unibe.ch.
[8] In Abschnitt 2.3 dieses Beitrages wird näher auf die Problematik des Begriffs der ‚Disziplinen' eingegangen.
[9] Eine quantitative Analyse des Gesamtcorpus wird durch folgende Studie vorbereitet: Bärtschi, Sarah: Layered Reading: Wie kann man das Gesamtwerk eines Autors lesen? Quantitative und qualitative Methoden am Beispiel der unselbständigen Schriften Alexander von Humboldts.

1 Distant reading

Der Komparatist Franco Moretti hat Methoden entwickelt, mit denen große Textmengen auf einen Blick gesehen werden können. Er fragt sich in *Maps, Graphs and Trees* (2005), welche neuen Zugänge zu Literatur geschaffen werden, wenn wir Texte nicht auf herkömmliche Weise lesen, sondern sie in abstrakte Bildmodelle übersetzen. Kann man Literaturwissenschaft betreiben, ohne einen einzigen Text komplett zu lesen? Um dieser Frage nachzugehen, adaptiert Moretti Darstellungsmethoden aus den Sozialwissenschaften, der Geographie und der Evolutionsbiologie: Die Entwicklung des Buchmarktes im 18. und 19. Jahrhundert stellt er mittels Graphen dar, Schauplätze von Romanen trägt er in Karten ein, die Herausbildung von Genres erklärt er mit Hilfe von Stammbäumen,[10] und Shakespeares *Hamlet* übersetzt er in ein Figuren-Netzwerk.[11] Aus der Distanz sieht Moretti den Text auf eine andere Weise:

> „Seen" is the keyword here. What I took from network theory were less concepts than visualization: the possibility of extracting characters and interactions from a dramatic structure, and turning them into a set of signs that I could see at a glance, in a two-dimensional space.[12]

Der Gewinn dieser Methode ist also das Abbilden von Strukturen auf einen Blick, etwas, das die Literaturwissenschaft mit herkömmlichen Methoden nicht erreicht. Diesen Wechsel von Nah- auf Fernsicht verdeutlicht Moretti mit dem Begriff *Distant reading*. Durch die neue Perspektive gelangt Moretti zu Interpretationen, die durch konventionelles Lesen so nicht möglich sind: Anhand der Visualisierungen kann er historische Entwicklungsbedingungen von Genres, Bewegung und Statik in den Handlungsräumen sowie Interaktionen und Relationen zwischen Figuren beschreiben und seine Erkenntnisse anschaulich darstellen und vermitteln.

Dissertation. Bern 2018. Mit besonderem Dank an Oliver Lubrich, Thomas Nehrlich und Michael Strobl. Zum Corpus der ‚Berner Ausgabe' vgl. u. a.: Lubrich, Oliver; Nehrlich, Thomas: Alexander von Humboldt als internationaler Publizist. In: Iberoamerikanisches Jahrbuch für Germanistik 9 (2015), 71–88; Lubrich, Oliver: Von der ersten bis zur letzten Veröffentlichung. Alexander von Humboldts „Sämtliche Schriften" in der ‚Berner Ausgabe'. In: Zeitschrift für Germanistik, Neue Folge 28.1 (2018), 119–130.

10 Vgl. Moretti, Franco: Graphs, Maps, Trees. Abstract Models for Literary History. London, New York 2005, 67–92.
11 Vgl. Moretti, Franco: Distant Reading. London, New York 2013, 211–228.
12 Moretti, Franco: Network Theory, Plot Analysis (= Literary Lab, Pamphlet 2). https://litlab.stanford.edu/LiteraryLabPamphlet2.pdf. Stanford 2011 (11. September 2018), 11.

Obwohl Erkenntnis schon seit Jahrhunderten durch Bilder wie durch Texte kommuniziert wurde, findet erst seit den 90er-Jahren eine bewusste theoretische Reflexion über Bilderwissen statt. William J. T. Mitchell[13] und Gottfried Boehm[14] prägten dafür den Begriff *iconic turn* in Analogie zum *linguistic turn*. Konsequenterweise werden die Überlegungen, wie Wissen durch Text generiert und tradiert wird, auch auf die Bilderwelt übertragen. Die Erforschung der sinnstiftenden und wissensvermittelnden Funktion der Bilder verbindet laut Boehm Disziplinen, „die sich bis vor kurzem wechselseitig kaum beachtet haben", und nähert Natur- und Geisteswissenschaften einander an.[15] Methoden wie Franco Morettis *Distant reading*, die Experimente mit verschiedenen Bildformaten zum Inhalt haben, lassen die Literaturwissenschaft – eine textzentrierte Wissenschaft – in diesen *turn* eintreten.

Durch das Abbilden von Texten und ganzen Textcorpora kann die Literaturwissenschaft zudem mit umfangreichen Datensätzen umgehen. Matthew L. Jockers beschreibt in *Macroanalysis: Digital Methods and Literary History*, wie die immer größer werdenden Datenmengen in den letzten Jahren zu einem Umdenken in den Geisteswissenschaften geführt haben.[16] Als neues Feld sind dabei die *Digital Humanities* entstanden, die mit computergesteuerten Analysevorgängen den Herausforderungen von großen Datensätzen – *big data* – begegnen.[17] Verwahrungsorte wie *google books* oder das *Projekt Gutenberg* stellen Werkzeuge zur Verfügung, die Corpus-übergreifende Analysen ermöglichen. Jockers schreibt, dass durch solche neuen Analysemethoden neue Formen der Evidenz-Erzeugung entstehen.[18] Wenn Literatur nicht nur stichprobenartig untersucht wird und sich der Blick vom spezifischen Einzelfall löst, kann dies zu neuen Sichtweisen auf den Buchmarkt, auf Literatur und auf die Arbeitsweisen und Publikationsstrategien von Autorinnen und Autoren führen.

---

13 Vgl. Mitchell, William John Thomas: Der Pictorial Turn. In: Kravagna, Christian (Hrsg.): Privileg Blick. Kritik der visuellen Kultur. Berlin 1997, 15–40 [engl. Original: The Pictorial Turn. In: Artforum (März 1992), 89–94].
14 Vgl. Boehm, Gottfried: Die Wiederkehr der Bilder. In: Boehm, Gottfried (Hrsg.): Was ist ein Bild? München 1994, 11–38,
15 Boehm, Gottfried: Zwischen Auge und Hand. Bilder als Instrumente der Erkenntnis. In: Mit dem Auge denken: Strategien der Sichtbarmachung in wissenschaftlichen und virtuellen Welten. Zürich 2001, 215–227; hier: 215.
16 Jockers, Matthew Lee: Macroanalysis. Digital Methods and Literary History. Urbana 2013.
17 Vgl. ebd., 3–4.
18 Vgl. ebd., 10.

2 Veranschaulichung des Corpus

Um im Folgenden Humboldts Schriften evident darzustellen, werden sie also nicht als Einzelfälle behandelt; vielmehr wird das zu untersuchende Corpus aus der Distanz gelesen. Dabei möchte die Studie zweierlei tun: Einerseits zeigt sie, wie das Corpus zum Gegenstand bildlicher Untersuchung werden kann, andererseits analysiert sie exemplarisch Humboldts Forschungsstil und seine Publikationsstrategien. Dabei bilden die Graphiken den Kernpunkt der gesamten Arbeit: Weder sind sie eine von Anfang an vorhandene Grundlage, von der aus Interpretationen festgehalten werden, noch sind sie das fertige Ergebnis. Die vorliegende Studie ist so ein Werkstattbericht, der die einzelnen Arbeitsschritte und die Überlegungen zu den Visualisierungen dokumentiert. Sie gewährt Einblick in ein Labor der besonderen Art, in dem Texte klassifiziert und erforscht werden.

Nach Ben Shneiderman beginnt Klassifizierung von Datentypen („Data Type Taxonomy"[19]) mit den Arbeitsschritten *Overview*, *Zoom* und *Filter*: Der Gesamtüberblick (*overview of the entire collection*[20]) muss ganz am Anfang stehen und hilft bei der Entscheidung, welche Aspekte des Corpus besonders beleuchtet werden sollen. Danach wird an die gewählten Interessensbereiche herangezoomt (*zoom in on items of interest*[21]), um Fragestellungen dazu zu entwickeln. Alle weiteren Informationen, die zu deren Beantwortung nicht relevant sind, werden herausgefiltert (*filter out uninteresting items*[22]).

Im vorliegenden Beitrag werden die drei folgenden Bereiche untersucht und dabei jeweils im Einzelnen bildlich veranschaulicht:
1) Erstdrucke / Nachdrucke
2) Orte
3) Disziplinen

---

19 Shneiderman, Ben: The Eyes Have It: A Task by Data Type Taxonomy for Information Visualisations. In: IEEE Computer Society (Hrsg.): IEEE Symposium on Visual Languages. September 3–6, 1996, Boulder, Colorado. Los Alamitos, CA 1996, 336–343; hier: 337.
20 Vgl. ebd.
21 Vgl. ebd.
22 Vgl. ebd.

2.1 Erstdrucke und Nachdrucke

Zur quantitativen Verteilung der Texte lassen sich insbesondere die folgenden Fragen stellen:
- Wie entwickelt sich Humboldts *publizistische Präsenz*, die an der Gesamtzahl der Veröffentlichungen in Periodica ablesbar ist?
- Wie entwickelt sich Humboldts *Produktivität*, die aus der Anzahl Erstdrucke pro Jahr hervorgeht? War er lückenlos publizistisch tätig oder gab es Unterbrechungen? Lassen sich besonders produktive Phasen ausmachen?
- Wie verhält sich die Anzahl der Erstdrucke zur Anzahl der Nachdrucke, d. h. wie wandelte sich Humboldts *publizistische Bedeutung*, die an der Zahl der Nachdrucke messbar ist und in welchem Verhältnis stand sie zu seiner Produktivität?
- Mit welchem *zeitlichen Abstand* wurden die Texte nachgedruckt? Gibt es Phasen, in denen wenig Zeit zwischen Erstdrucken und Nachdrucken verging, und solche, in denen die Abstände größer sind, also Texte aus weit zurückliegenden Jahren wieder präsent wurden?

Sobald die Anzahl der Erst- und Nachdrucke pro Jahrgang ermittelt ist, kann ausgehend von den genannten Fragestellungen eine Datenarchitektur entwickelt werden: Mit welcher graphischen Darstellungsform werden bestmöglich Größenverhältnisse ausgedrückt? Durch welche Visualisierungsstrategien werden einzelne Jahrgänge miteinander vergleichbar? Wie lässt sich die chronologische Entwicklung der Textverteilung am besten zeigen? Wie können Abhängigkeiten zwischen zwei Elementen – hier Erstdrucke und Nachdrucke – gezeigt werden?

Das eigens für diese Pilotstudie entwickelte Modell stellt jeden publizierten Artikel durch einen Ring dar. Je mehr Artikel pro Jahr erschienen sind, desto größer ist der Kreis. Die Kreisgröße veranschaulicht somit die Anzahl Drucke in einem Jahr:

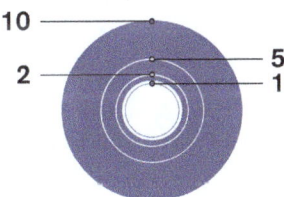

Abb. 1: Anzahl der Drucke.

Die Summe der Publikationen wird durch zwei Farbtöne in Erst- und Nachdrucke differenziert: Die blauen Kreis-Anteile stehen für die Erstdrucke pro Jahr, die grauen Kreis-Anteile für die Nachdrucke. Wenn die Texte im selben Jahr nachgedruckt wurden, ist der Kreis hellgrau eingefärbt, bei Nachdrucken von Publikationen aus früheren Jahren dunkelgrau. Die Anzahl der Publikationen verhält sich proportional zur Konturdicke:

Abb. 2: Farbliche Differenzierung der Erstdrucke (blau) und Nachdrucke (grau).

Alle untersuchten Jahrgänge zusammen bilden eine Kette mit 71 Gliedern (vgl. Gesamtübersicht in Abb. 5).

Wenn große Kreise aufeinander folgen, dann berühren sich in der zur Darstellung gewählten Skalierung die Glieder, was eine größere publizistische Präsenz anzeigt. Im Gegensatz dazu signalisieren weit voneinander entfernt stehende Teile der Kette eine geringere Präsenz von Humboldts Schriften in Periodica:

Abb. 3: Beispiele für Veranschaulichungen größerer (oben) und eher geringerer (unten) publizistischer Präsenz.

Mit Hilfe dieser Analyseinstrumente lassen sich von links nach rechts Beobachtungen anstellen:

In den Jugendjahren wurden nur vereinzelt Texte nachgedruckt (vgl. den Zeitraum zwischen 1789 und 1796 in Abb. 5). Ab 1797 wird die Textmenge pro Jahr durch Nachdrucke vergrößert (vgl. den Zeitraum zwischen 1797 und 1800 in Abb. 5). Während Humboldts Amerika-Reise verfasst Humboldt weniger Texte als in den Jahren zuvor, durch Nachdrucke verdoppelt sich jedoch die Gesamtzahl der Texte (vgl. den Zeitraum zwischen 1799 und 1804 in Abb. 5). In den 1810er-Jahren sind nur wenige Texte erschienen (vgl. den Zeitraum zwischen 1810 und 1816 in Abb. 5). Ebenso ist in der zweiten Hälfte der 1840er-Jahre eine geringe Publikationsdichte zu sehen, bevor sie in den letzten Jahren vor Humboldts Tod wieder zunimmt (vgl. den Zeitraum zwischen 1844 und 1859 in Abb. 5).

Insgesamt sieht man an den sich farblich verändernden Kreisen, wie sich das Verhältnis von Erst- und Nachdrucken im Verlauf von Humboldts Leben verändert hat und in welchen Lebensphasen dieses Verhältnis besondere Ausprägung annahm: Der Anteil an nachgedruckten Texten ist in den Jugendjahren geringer und wird ab der Amerika-Reise parallel zu Humboldts zunehmender Berühmtheit größer.

Um zusätzlich den zeitlichen Abstand zwischen Erstdruck und Nachdruck anzeigen, werden die Kreise durch Bögen miteinander verbunden.

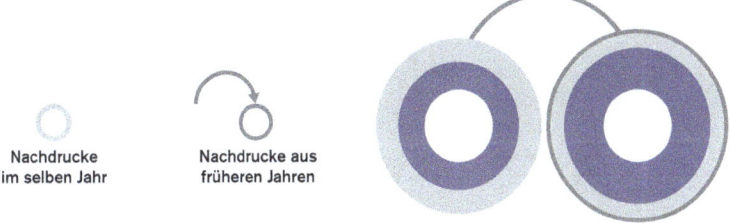

Abb. 4: Markierung des zeitlichen Abstands zwischen Erst- und Nachdrucken.

Die Strichdicke der Bögen verhält sich proportional zur Menge an nachgedruckten Artikeln und lehnt sich damit an den Darstellungsweisen der Sankey-Diagramme an, die aus mengenproportional dicken Bögen bestehen.[23] Je größer der Radius der Bögen ist, desto mehr Jahre liegen zwischen Erstdruck und Nachdruck.

---

23 Vgl. Phineas: Sankey Diagrams. http://www.sankey-diagrams.com (20. August 2018).

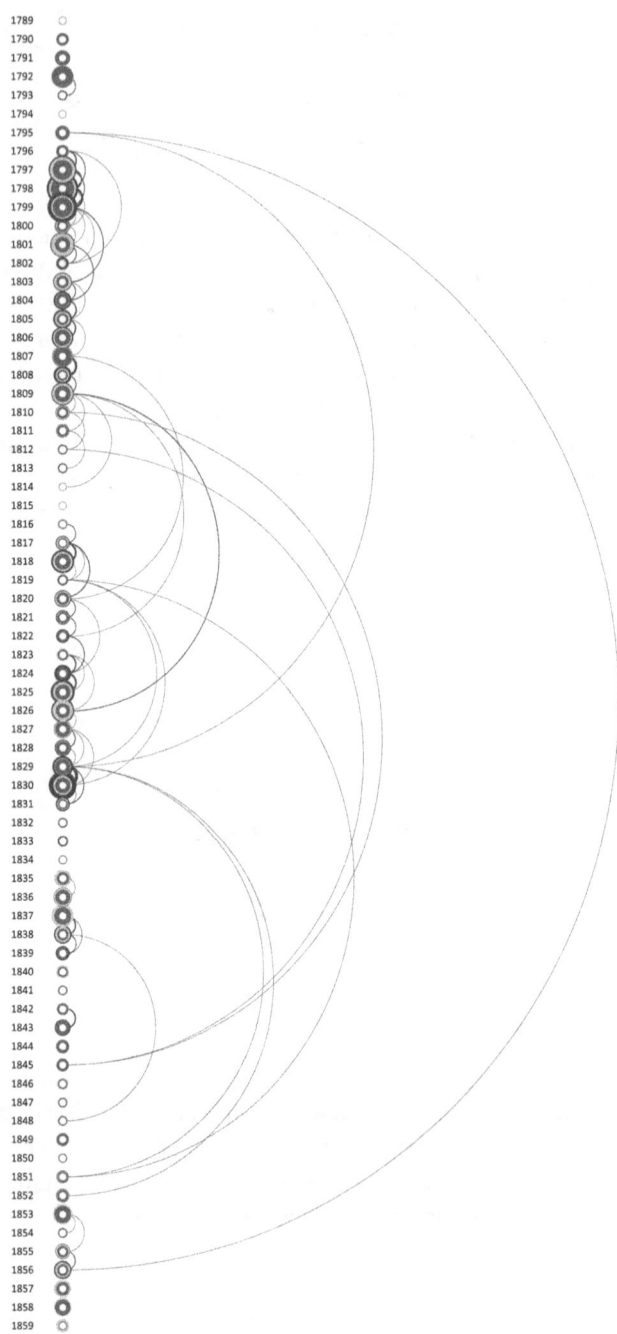

Abb. 5: Gesamtübersicht über das Corpus (zur größeren Abbildung um 90 Grad gedreht).

Analysiert man nun die Größe der Bögen, so sieht man in der linken Hälfte der Graphik viele Bögen mit kleinem Radius, die Nachdrucke mit geringem zeitlichen Abstand zum Erstdruck anzeigen. In die rechte Hälfte münden Bögen mit großem Radius; es werden also vorwiegend Texte aus weiter zurückliegenden Jahren nachgedruckt. Größere zeitliche Abstände zwischen Erst- und Nachdruck deuten auf einen zeitloseren Umgang mit Texten hin: Texte bleiben länger im kulturellen Gedächtnis erhalten oder werden plötzlich (wieder) interessant. An der Darstellung ist abzulesen, dass mit Humboldts zunehmender Berühmtheit vermehrt Rückgriffe auf ältere Erstdrucke stattfanden, besonders in den letzten zehn Lebensjahren. Hingegen erschienen die Nachdrucke insbesondere während Humboldts Amerika- und Zentralasien-Reise in kleinen Abständen, was auf ein kurzfristigeres und somit unmittelbareres Interesse hindeutet.

An der Visualisierung der Druckzeugnisse, die zu Humboldts Lebezeiten in Periodica abgedruckt wurden, kann beispielhaft gezeigt werden, wie sich die Produktionsphasen eines Wissenschaftlers wandelten und mit wie hoher Regelmäßigkeit Texte nachgedruckt wurden. Ausgehend von diesem Modell können Korrelationen zwischen der Wissens- und Kulturgeschichte hergestellt werden. Die Produktivität und Publizität von Autoren und Wissenschaftlern ist natürlich genauso historischen Ereignissen ausgesetzt und wandelt sich auch durch biographische Bedingungen. Das vorliegende Modell kann um diese zusätzlichen Variablen erweitert werden.

2.2 Erscheinungsorte

Franco Moretti hat mit seinem erstmals 1998 erschienen *Atlas of the European Novel* einen einflussreichen Vorschlag zur Visualisierung der räumlichen Verortung von Literatur vorgelegt: Einerseits trägt er Handlungsräume in Romanen auf Karten ein – und stellt so Raum in der Literatur dar; andererseits markiert er Orte, die Literatur verwahren, verlegen, verkaufen und verbreiten – und bildet so Literatur im Raum ab.[24] Beispielsweise stellte er demographische Karten für Balzacs *Comédie Humaine*[25] her oder trug wechselnde Standorte von Bibliotheken im England des 19. Jahrhunderts ein.[26]

An Humboldts Schriften wird nachfolgend analog zu Morettis Vorgehen eine mediensoziologische Studie über Schauplätze des Zeitschriften- und

---

24 Vgl. Moretti, Franco: Atlas of the European Novel. 1800–1900. London, New York 1998, 3.
25 Vgl. ebd., 87–89.
26 Vgl. ebd., 144–145.

Zeitungswesens im 18./19. Jahrhunderts durchgeführt. Der erste untersuchte Zeitraum betrifft die Jahre 1799 bis 1804, also Humboldts Amerika-Reise:
- An welchen Orten werden Humboldts Artikel publiziert?
- Wie verteilen sich die Herausgeberorte der Periodica über die Landkarte? Entstehen Zentren? Fehlen bestimmte Orte, an denen Publikationen Humboldts zu erwarten wären?
- Wie verteilt sich die Menge an publizierten Artikeln über die einzelnen Orte? Wo werden die meisten Artikel herausgegeben, wo die wenigsten?

An jeden Erscheinungsort wird eine Blase gesetzt. Je mehr Artikel an einem Ort erschienen sind, desto größer sind die Blasen:

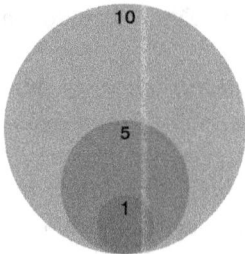

Abb. 6: Anzahl der Drucke pro Erscheinungsort.

Auf den Landkarten verknüpfen die Blasen so zwei Informationen miteinander: Durch ihren Standort markieren sie den Herausgeberort und durch ihre Größe die Anzahl der am jeweiligen Ort erschienenen Artikel:

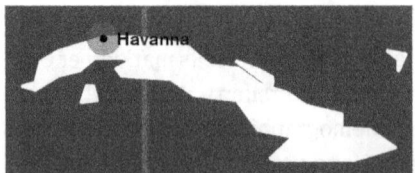

Abb. 7: Verknüpfung der Blasen mit Landkarten.

Im Gegensatz zu einer Visualisierung mittels Balken gewähren die Blasen zudem eine Darstellungsform, die in Kombination mit Karten besonders geeignet ist: Ihre Mittelpunkte lassen sich auf die jeweils betreffenden Orte zentrieren, was dem Betrachter die Zuordnung erleichtert. Darüber hinaus können sie einander in transparenter Darstellung überschneiden, wenn Orte auf der Karte nahe zusammenstehen – was wiederum Regionen mit größerer publizistischer Präsenz von Humboldt-Schriften intuitiver identifizierbar macht (vgl. Abb. 8). Der Detaillierungsgrad der Karten wird den Fragestellungen angepasst, nur relevante Informationen sollen sichtbar sein – so etwa im unten abgebildeten Ausschnitt von Europa mit den wichtigsten politischen Grenzen. Zusatzkarten können daneben Ausschnitte anderer Kontinente zeigen:

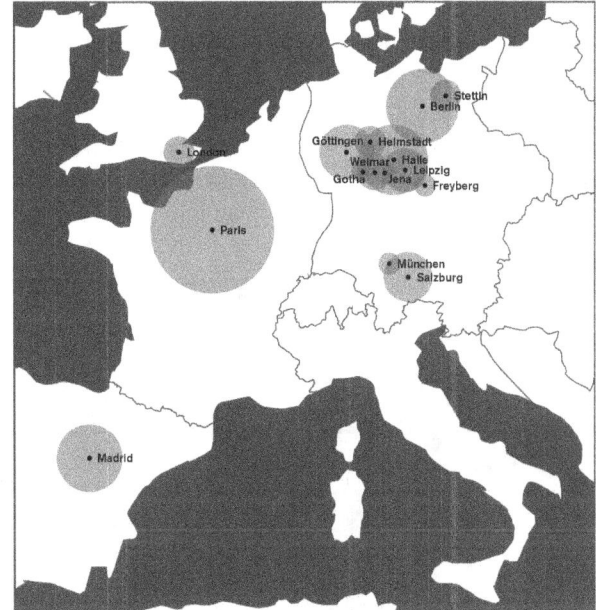
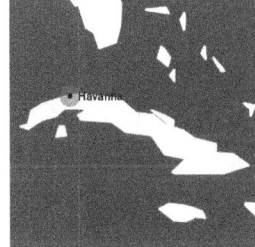

Abb. 8: Räumliche Verteilung von Humboldt-Drucken für den Zeitraum zwischen 1799 und 1804.

Auf der obigen Karte ist zu sehen, dass Paris während Humboldts Amerika-Reise der Ort mit den meisten Publikationen war. Im deutschsprachigen Raum zeichnet sich eine Region ab, die die Städte Gotha, Weimar, Jena, Halle, Leipzig, Göttingen, Helmstädt und Freyberg umfasste. Als einziger außereuropäischer Ort war Havanna vertreten.

Die Verteilung der Herausgeberorte in diesem Zeitraum spiegelt die „dezentrale Organisation der deutschen Wissenschaft"[27] im Gegensatz zu Paris wieder: Die Herausgabe der Zeitschriften und Zeitungen, die Artikel Humboldts enthalten,

---

27 Stichweh, Rudolf: Zur Entstehung des modernen Systems wissenschaftlicher Disziplinen. Physik in Deutschland. 1740–1890. Frankfurt/Main 1984, 405.

war in Frankreich auf Paris zentriert, während im deutschsprachigen Gebiet eine ähnlich große Anzahl von Artikeln auf mehrere Orte verteilt ist.

Wenn die jeweiligen Verteilungen mit Blick auf verschiedene Zeitfenster verzeichnet werden sollen, können diese in separaten Abbildungen gegenübergestellt werden. Neben den beiden Informationen ‚Ort' und ‚Anzahl der Drucke' – also *Raum* und *Quantität* – werden so auch Verschiebungen der räumlichen Veröffentlichungsschwerpunkte im *zeitlichen Verlauf* sichtbar.

Als zweiter Zeitraum werden weiter unten (Abb. 9) die Jahre von 1815 bis 1824 gewählt, während denen Humboldt seinen Lebens- und Forschungsmittelpunkt in Paris hatte. Da in den 1810er-Jahren weniger Artikel erschienen sind als während der Amerikareise, wird die Zeitspanne im Vergleich zur ersten Karte auf 10 Jahre ausgeweitet; so kann eine gleiche Menge an Artikeln untersucht werden. Verschieben sich die Herausgeberorte im Vergleich zum ersten Zeitraum? Sind Orte von der publizistischen Landkarte verschwunden und durch neue ersetzt worden?

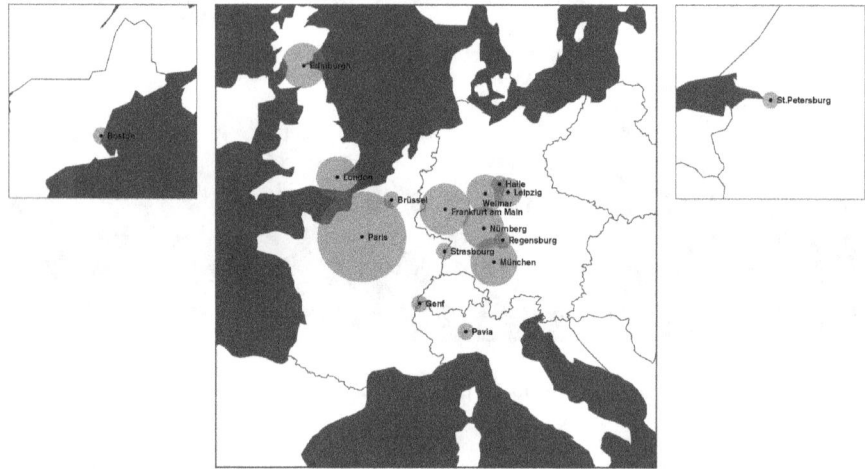

Abb. 9: Räumliche Verteilung von Humboldt-Drucken für den Zeitraum zwischen 1815 und 1824.

Die Karte zeigt, dass sich die vorherrschenden Herausgeberorte von Humboldt-Drucken im deutschsprachigen Raum nach Süden verschoben haben: Insgesamt vergrößert sich die Streuung über den europäischen Raum im Vergleich mit dem ersten Zeitfenster (vgl. Abb. 8): Im Norden bis Edinburgh, im Süden bis Pavia. In Paris werden ungefähr gleich viele Artikel herausgegeben wie im ersten Zeitraum. Je ein Artikel erscheint in Boston und St. Petersburg. Dagegen verschwindet Berlin von dieser publizistischen Landkarte: In zehn Jahren wird kein einziger Artikel Humboldts in Berlin veröffentlicht.

Warum wurde in diesem intellektuellen Zentrum Deutschlands in einer Zeitspanne von zehn Jahren kein einziger Artikel Humboldts veröffentlicht? Mehrere praktische Faktoren mögen dies beeinflusst haben: Humboldt wohnte nicht in Berlin, sondern in Paris, und gelangte womöglich weniger direkt an Berliner Zeitschriften und Zeitungen. Auch umgekehrt wurden die Herausgeber aufgrund der Distanz weniger auf sein Schaffen und Publizieren aufmerksam. Andererseits hatten sich aber auch einige der relevanten Organe, in denen Humboldt um 1800 publiziert hatte, in der Zwischenzeit aufgelöst: Beispiele dafür sind die *Neue Berlinische Monatsschrift* (aufgelöst im Jahr 1811)[28] und die *Neue Allgemeine Deutsche Bibliothek* (aufgelöst im Jahr 1805)[29]. Zu untersuchen wäre ausgehend hiervon, inwiefern politische und wirtschaftliche Gründe den Transfer von Artikeln zusätzlich beeinflusst haben könnten.

Um die Entwicklung der deutschsprachigen Herausgeberorte weiter zu beobachten, werden als drittes Zeitfenster die letzten zehn Lebensjahre Humboldts untersucht (1849–1859, vgl. Abb. 10), während denen Humboldt vorwiegend in Berlin lebte und wirkte: Wie veränderte sich Humboldts publizistische Präsenz im europäischen Raum in der zweiten Hälfte des 19. Jahrhunderts?

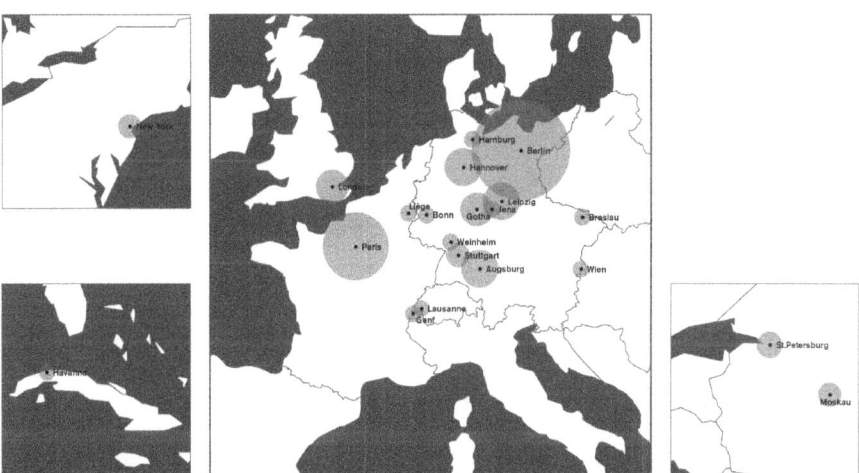

Abb. 10: Räumliche Verteilung von Humboldt-Drucken für den Zeitraum zwischen 1849 und 1859.

---

28 Vgl. Hocks, Paul; Schmidt, Peter: Literarische und politische Zeitschriften 1789–1805, Stuttgart 1975, 81.
29 Vgl. Hettner, Hermann: Literaturgeschichte des achtzehnten Jahrhunderts. Bd. 3. 2. Aufl. Braunschweig 1872, 198.

Auf dieser Karte verschiebt sich die Präsenz von Humboldts Publikationen deutlich von Paris nach Berlin. Als außereuropäische Herausgabeorte sind Moskau und New York sichtbar, auf dem europäischen Kontinent tauchen unter anderem Hamburg, Hannover und Wien auf.

Vergleicht man abschließend die Karten für alle drei Zeiträume (Abb. 8–10) miteinander, so sind einige Städte konstant sichtbar: London, Paris, Gotha, Jena und Leipzig. Zudem sieht man eine Verschiebung der Herausgabezentren für Humboldt-Drucke im deutschsprachigen Raum; die Orte lösen sich über die drei Karten aus einer Verdichtung auf und verteilen sich in weiteren Entfernungen über die Landkarte. Obwohl sich die publizistische Präsenz – unter anderem durch Humboldts Umzug bedingt – im Verlauf des Betrachtungszeitraums von Paris nach Berlin verschoben hat, ist auch im letztem Zeitfenster immer noch eine Dezentralisierung der deutschen Herausgeberorte zu beobachten. Tatsächlich ist es auch generell so, dass sich der Wechsel der Wissenschaftszentren nicht einfach als Überführung von Paris nach Berlin beschreiben ließe.[30]

Insgesamt visualisieren die Karten drei Variablen. Edward Tufte bezeichnet das Visualisieren von mehr als zwei Variablen als „Multivariate Analysis" und fasst hierzu in seinem Aufsatz ‚The Fundamental Principles of Analytical Design' zusammen: „Strategies of design should make multivariateness routine, nothing out of the ordinary. [...] Show multivariate data; that is, show more than 1 or 2 variables."[31] Mit zunehmender Variablenzahl nähert sich die Analyse immer mehr der Komplexität der Wirklichkeit an – und daher sind *so viele Variablen wie möglich* zu betrachten.

Ausgehend von den oben geschilderten Grundlagen können die drei Variablen Druckort, Anzahl der Drucke, und Zeitraum der Veröffentlichung um weitere ergänzt werden; als zusätzliche räumliche Kategorien eignen sich beispielsweise die Verkaufs- und Absatzgebiete der Zeitschriften und ihre Verbreitungsgebiete.

2.3 Wissens- und Forschungsfelder / Disziplinen

Die Daten für die bisher vorgestellten Diagramme konnten aus paratextuellen Informationen gewonnen werden: Druckjahr und Herausgeberort stehen auf den Titeleien der Periodica – der Umgang mit den Texten war *distanziert*. Eine dritte Visualisierung nähert sich nun einer Erschließung der in Humboldts Schriften behandelten Wissensfelder an. Die dafür erforderliche Analyse inhaltlicher und

---

30 Vgl. Stichweh: Zur Entstehung des neuen Systems, 40.
31 Tufte, Edward: Beautiful Evidence. Cheshire, CT 2006, 130.

argumentativer Strukturen kann nur durch eine sehr *nahe* Beschäftigung mit den Texten stattfinden. Die Ausgangsfrage ist:
- Wie kann eine Übersicht über die Wissens- und Forschungsfelder in Humboldts Schriften gewonnen werden? Wie lassen sich diese bestimmen?

Weitere Fragen eröffnen sich in Anbetracht der Tatsache, dass Humboldts Artikel über eine Zeitspanne von mehr als 70 Jahren erschienen sind, die disziplingeschichtlich keine statische Momentaufnahme darstellen. Die meisten der heute bekannten Disziplinen begannen sich erst ab 1800 herauszubilden, waren teilweise bereits an Lehrstühlen etabliert, teilweise noch nicht benannt, trennten sich in komplexen Entstehungsprozessen voneinander, schlossen sich mit anderen zusammen und wechselten ihre Forschungsinhalte.[32] Die ‚Physik' etwa befasste sich um 1800 mit Inhalten, die Mitte des 19. Jahrhunderts an die Astronomie, Geologie, Mineralogie, Physiologie oder Anatomie übergingen.[33] Die Biologie war bis weit ins 19. Jahrhundert mit den Begriffen ‚Naturgeschichte' und ‚Naturlehre' präsent, wobei diese selbst von den beteiligten Forschern unterschiedlich verwendet wurden.[34] Die bloßen Namen sagen also wenig über die tatsächlichen Forschungsinhalte aus und garantieren keine einheitliche Beschreibung über den langen Zeitraum. Deshalb stellen sich Fragen nach einer sinnvollen Benennung:
- Mit welchen Maßstäben kann das Corpus disziplinär gemessen und beschrieben werden?
- Wie geht man mit den komplexen Entwicklungssträngen einzelner Forschungsfelder um?
- Wie kann disziplinengeschichtlicher Wandel überhaupt vergleichend erfasst und darstellbar gemacht werden?

Es ist nicht nur schwierig oder gar unmöglich, Bezeichnungen für die Fächer in Humboldts Schriften festzulegen. Sie lassen sich auch nicht zweifelsfrei und ohne Kompromisse zu einzelnen Artikeln zuordnen. Es reicht nicht aus, Experte

---
32 Vgl. insb. Stichweh: Zur Entstehung des neuen Systems; sowie Lepenies, Wolf: Das Ende der Naturgeschichte. Wandel kultureller Selbstverständlichkeiten in den Wissenschaften des 18. und 19. Jahrhunderts. München 1978.
33 Vgl. Boskstade, Paul: Mathematik und exakte Naturwissenschaften. In: Vom 19. Jahrhundert zum Zweiten Weltkrieg (1800 – 1945). München 2004, 407–426; hier: 408.
34 Vgl. Kanz, Kai Torsten: Die disziplinäre Entwicklung der Biologie im 19. Jahrhundert und die biologischen Disziplinen an der Universität Rostock. In: Boeck, Gisela; Lammel, Hans-Uwe (Hrsg.): Wissen im Wandel – Disziplinengeschichte im 19. Jahrhundert. Rostock 2011, 7–24; hier: 7 und 10.

oder Expertin in einer einzelnen Disziplin zu sein. Nur ein fach- und diskursübergreifendes Wissen, wie Humboldt es hatte, könnte der Analyse seines Corpus gerecht werden. Was vermag hier die Philologie zu leisten? Vielleicht ist gerade diese Wissenschaft besonders geeignet, zwischen den Disziplinen zu denken, da sie mit der Komplexität und Unbeständigkeit von Begriffen und Bezeichnungen vertraut ist. Die Philologie kann die verschiedenen Ebenen eines jeden Textes analysieren:

– Wie lautet der Zeitschriftentitel, in dem der Artikel abgedruckt ist? Wenn eine Zeitschrift *Annalen der Botanik* heißt, kann davon ausgegangen werden, dass darin Texte aufgenommen sind, die für die Vertreter dieser Forschungsrichtung in irgendeiner Form relevant waren. Dasselbe gilt für die *Annalen der Physik*, *Bulletin de la Société de Géographie* etc.
– Welche Themen oder Begriffe werden im Titel des Textes genannt? „Ueber den Manati des Orinoko"[35] weist auf Tierforschung bzw. Zoologie hin, „Versuch über die astronomische Strahlenbrechung in der heißen Zone"[36] kündigt Inhalte aus der damaligen Astronomie an.
– Unter welcher Rubrik ist Humboldts Text abgedruckt? Teilweise benennen die Rubriken in Zeitschriften und Zeitungen explizit Forschungsrichtungen: Ist Humboldts Text unter ‚Astronomie' abgedruckt? Unter ‚Geologie' oder ‚Chemie'? Oder unter ‚Kosmographie'?
– Welche Vertreter welcher Forschungsrichtungen adressiert Humboldt direkt? Welche erwähnt und zitiert er?
– Welche Forschungsfragen und -themen stellt und behandelt Humboldt in seinen Artikeln?
– Welche Messinstrumente erwähnt er? In welchen Bereichen wird mit ihnen gearbeitet?
– Welches Wissen aus welchen Feldern enthalten eingefügte Tabellen und Skizzen?

Jeder dieser Bereiche für sich ist zu ungenau: Disziplinär abgesteckte Zeitschriftentitel und Rubriken garantieren nicht für Gültigkeit; die einzelnen Begriffe sind dehn- und wandelbar. Genauso kann der Titel eines Artikels täuschen: Gerade bei langen Texten wurden – teilweise von Humboldt selber, teilweise durch die Herausgeber – verallgemeinernde Titel angegeben, die nur wenig über den

---

[35] Humboldt, Alexander von: Ueber den Manati des Orinoko. In: Archiv für Naturgeschichte 4.1 (1838), 1–10.
[36] Humboldt, Alexander von: Versuch über die astronomische Strahlenbrechung in der heißen Zone. In: Annalen der Physik 31.4 (1809), 337–397.

tatsächlichen Inhalt eines Textes aussagen. So finden sich im Text ‚Gelehrte Reisen' zuerst zwar tatsächlich allgemeinere Reisebeschreibungen, gefolgt aber von geologischen Details.[37] Erwähnte Forscher und verwendete Messinstrumente können oft nicht eindeutig einer Disziplin zugewiesen werden.

Durch diese verschiedenen paratextuellen und textuellen Informationen kann also nicht eindeutig die Forschungsrichtung oder Disziplin eines Textes festgelegt werden. Die einzelnen Parameter stellen in ihrer Summe und Ergänzung vielmehr eine Annäherung dar. Beim Querlesen aller Texte werden die Wissensfelder in einem zirkulären Verfahren herausgearbeitet: Wenn ein Text besonders viele der oben genannten Parameter erfüllt, dann wird er vorsichtig einer Richtung zugewiesen, was wiederum neue disziplinspezifische Themen und Schlüsselwörter für die Bestimmung weiterer Texte generiert. So stützt das erworbene Wissen aus einem Text die Analyse des nächsten. Allen aus dem Corpus erschlossenen Feldern wird eine Farbe zugewiesen, benachbarte Forschungsrichtungen sind in ähnlichen Farbtönen gehalten.

Die Farbpalette enthält von links nach rechts Lila-, Blau-, Grau-, Braun-, Grün- Rot- und Gelbtöne (vgl. Abb. 11): Lila umfasst die Bereiche Physik, Astronomie und Physiologie; Blau signalisiert Chemie, Medizin, Pharmazie; Grau steht für Disziplinen, die Gesteine und Metalle behandeln; Brauntöne weisen auf Klima und Erdvermessung hin; Grün symbolisiert naturkundliche Fächer wie Zoologie und Botanik; Rottöne stehen für Diskurse, die den Menschen behandeln, nämlich ökonomische, politische, ethnologische und demographische; Gelbtöne repräsentieren Themen im künstlerischen, sprachlichen oder literarischen Bereich. Hellgrau ganz rechts auf der Skala wird bei Texten verwendet, die keine konkreten Forschungsthemen enthalten, sondern öffentliche Stellungnahmen zu nichtwissenschaftlichen Themen.

Abb. 11: Farbpalette zur Veranschaulichung der Wissens- und Forschungsfelder.

Nachdem die Farbfelder festgelegt sind, werden sie angeordnet und gruppiert: Jedem Text werden je nach Anzahl vorkommender Wissensfelder eine oder mehrere Farbflächen zugeordnet. So entstehen Balken mit unterschiedlichen Höhen,

---

37 Humboldt, Alexander von: Gelehrte Reisen. In: Intelligenzblatt der Allgemeinen Literatur-Zeitung 163 (21.12.1799), 1323–1324.

die jeweils für einen Text stehen. Je mehr Felder ein Text behandelt, desto höher ist der Balken (vgl. auch Abb. 13). Die Texte werden chronologisch von links nach rechts gereiht:

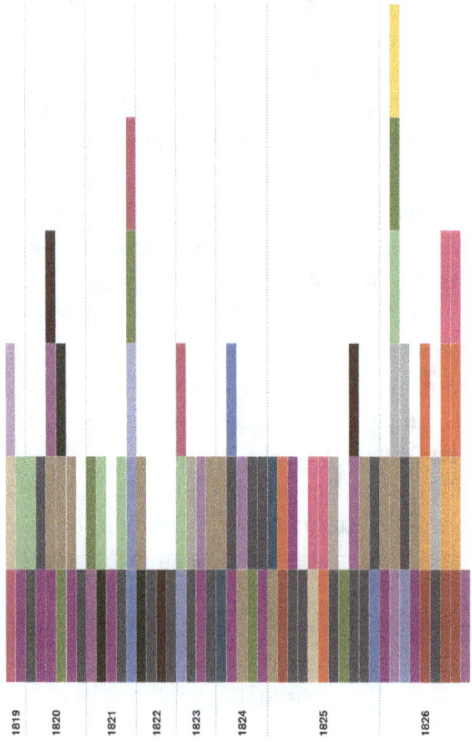

Abb. 12: Art und Anzahl der Wissens- und Forschungsfelder in den einzelnen Artikeln eines Betrachtungszeitraums.

Durch diese Anordnung werden die Balken untereinander vergleichbar, sowohl in ihrer Farbe als auch in ihrer Höhe:
– Wie entwickelte sich im Verlauf von Humboldts Leben die Vielfalt an Forschungsfeldern, die an der Entwicklung des *Farbspektrums* auf dem Zeitstrahl von links nach rechts abzulesen ist?
– Wie entwickelte sich die Anzahl an Forschungsfeldern in einzelnen Artikeln, die an der Entwicklung der *Balkenhöhen* auf dem Zeitstrahl abzulesen ist? In welchen Phasen seines Lebens forschte Humboldt eher *mono*disziplinär, wann stärker *multi*disziplinär?

Farbspektrum

Die Graphik wird in ihrer Gesamtentwicklung immer bunter, was auf eine immer größere Vielfalt an Disziplinen hinweist (vgl. Abb. 13). Themen im Bereich der Physik/Astronomie/Mathematik (Lilatöne) ziehen sich durch das gesamte Corpus. Sozialwissenschaftliche Themen (Rottöne) treten in der Lebensmitte gehäufter auf, geisteswissenschaftliche (Gelbtöne) vor allem im letzten Drittel. Die Farben auf der linken Seite sind insgesamt geordneter, gegen rechts wird die Graphik bunter: Es summieren sich also kontinuierlich neue Forschungsfelder hinzu. In den Jugendjahren behandelte Humboldt auffällig oft botanische Themen (grün) und erarbeitete sich somit ein festes Fundament in diesem Bereich.

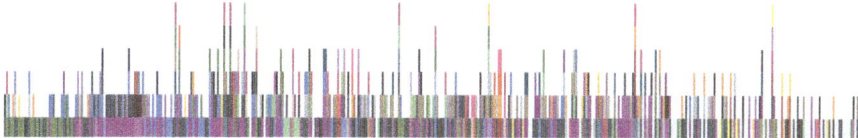

Abb. 13: Gesamtübersicht der Wissens- und Forschungsfelder in Humboldts Schriften zwischen 1789 und 1859.

Balkenhöhe

In Humboldts Jugendjahren bleiben die Balken noch vergleichsweise tief, zu Beginn seiner Amerika-Reise werden sie dann vermehrt höher – ehe sie schließlich zu Humboldts Lebensende hin mit einigen Ausnahmen wieder an Höhe verlieren (vgl. Abb. 14). Insgesamt gibt es keine Phase, in der Humboldts Forschungsstil als *mono*disziplinär bezeichnet werden könnte. Es ist vielmehr eine sehr rasche Entwicklung zu einem *multi*disziplinären Stil erkennbar, der erst gegen Ende seiner Lebenszeit wieder etwas weniger *poly*disziplinär wird. Die Anordnung der Balken auf dem Zeitstrahl visualisiert neben der Menge an Forschungsfeldern auch Humboldts Produktivität pro Jahrgang; so sind etwa die Jahre 1791 und 1792 breiter als die Jahre 1858 und 1859 kurz vor Humboldts Tod. Auf diese Weise lassen sich auch Verknüpfungen zwischen Produktivität und Menge an Fächern pro Jahrgang ablesen.

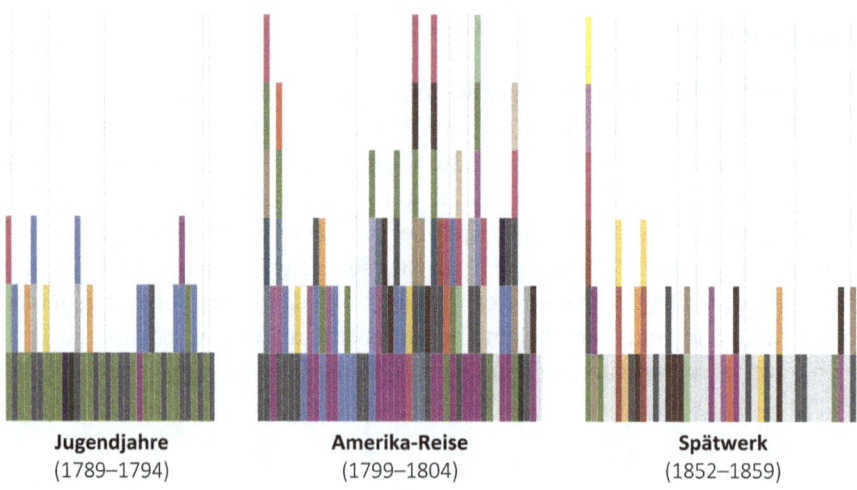

Abb. 14: Vergrößerte Detaildarstellung der Wissens- und Forschungsfelder in Humboldts Texten in drei ausgewählten Zeiträumen.

Die Visualisierung von Humboldts Forschungsspektrum strebt insgesamt keine absolute Gültigkeit an; es ist ein heuristisches Verfahren und als methodologischer Beitrag zu verstehen. Als erster Zugang und Anhaltspunkt bildet sie beispielhaft die (inter)disziplinäre Entwicklung eines Wissenschaftlers des 18./19. Jahrhunderts ab und öffnet die Diskussion für weitere Möglichkeiten, das Corpus zu beschreiben:

– In Humboldts Texten ist neben der Anzahl an behandelten Themen und Diskursen insbesondere die Art und Weise, wie er diese verknüpft, von Interesse. Aus heutiger Sicht könnte man Humboldts Forschungsstil als inter- oder teilweise auch transdisziplinär bezeichnen: Er handelt die Forschungsfelder in seinen Texten nicht getrennt und der Reihe nach ab, sondern führt sie immer dann zusammen, wenn ihm dies zur Beantwortung einer Forschungsfrage sinnvoll scheint; sein Vorgehen ist also problem- und nicht fächerorientiert. So fragte Humboldt 1798 danach, wie man die Höhen für topographische Karten am präzisesten messen könne[38] und verwendete dazu physikalische und astronomische Methoden. 1816 stellt er die Frage, was die Verteilung der Pflanzenformen über die Höhen und Distanzen auf

---

[38] Vgl. Humboldt, Alexander von: Auszug aus einem Par Briefen des königl. preussischen Ober-Bergraths Hrn. von Humbold an den Herausgeber. In: Allgemeine Geographische Ephemeriden 1.3 (1798), 357–360.

der Erde verrate und was sie über klimatische und meteorologische Phänomene aussage.[39] Er vernetzte dazu botanische mit geodätischen und meteorologischen Forschungsansätzen. Daraus konnten mitunter neue Verbindungen entstehen: Humboldt führte beispielsweise botanische und geographische Methoden zusammen und half so mit, die neue Disziplin ‚Pflanzengeographie' zu begründen.[40] Solche Verknüpfungen könnten graphisch dargestellt werden, indem man die einzelnen Farbfelder nicht nur aneinanderreiht, sondern die Farben miteinander vermischt. So würde auf der Infographik zusätzlich sichtbar, welche Felder Humboldt in welchen Phasen seines Lebens zusammenführte.

– Nicht in jedem Artikel behandelt Humboldt seine Forschungsthemen gleichermaßen spezialisiert: Wenn er in einem Reisebericht ein Tier erwähnt, so sind dies freilich noch keine zoologischen Studien. Aus erstem Kontakt zu fremden Tieren und Kulturen kann sich aber das Interesse an neuen Disziplinen entwickeln. Um solche Entwicklungen sichtbar zu machen, könnten unterschiedliche Spezialisierungstiefen durch hellere und dunklere Farben angezeigt werden: Dunkle Farbfelder stünden für einen hohen Grad an Spezialisierung, hellere für einen niedrigeren.

– Zusätzlich zur Balkenhöhe könnte die Balkenbreite einbezogen werden: Breitere Balken würden dabei auf längere Texte hinweisen. Handelt Humboldt auf kleinem Raum weniger Forschungsfelder ab als auf großem oder ist es genau umgekehrt? Wie geht die Textlänge mit der Spezialisierungstiefe in einzelnen Fächern einher?

Indem die oben (Abb. 11–14) vorgestellte Diagrammform also räumlich und farblich verändert wird, kann sie erweiterten Fragestellungen angepasst werden. Sybille Krämer schreibt zur Neuentdeckung der räumlichen Ausdehnung von Diagrammen:

> Worauf es uns nun ankommt, ist ein spezifischer Aspekt dieser Wiederentdeckung des Raumes: Er besteht darin, dass das Räumliche zu einem *Medium* und *Darstellungspotenzial*

---

[39] Vgl. Humboldt, Alexander von: Ueber die Gesetze, welche man in der Vertheilung der Pflanzenformen beobachtet. In: Journal für Chemie und Physik 18.2 (1816), 129–145.
[40] 1816 beschreibt Humboldt, wie die Dokumentation über Wachstumsorte und Verbreitung von Pflanzen einen Beitrag zur physischen Erdbeschreibung leisten kann und benennt dieses Verfahren explizit mit ‚Pflanzengeographie'. Vgl. Humboldt, Alexander von: Ueber die Gesetze, welche man in der Vertheilung der Pflanzenformen beobachtet. – Auszug aus einer am 5. Febr. 1816. In der Sitzung des Par. Instituts vorgelesenen Abhandlung. Von A. von Humboldt. In: Journal für Chemie und Physik 18.2 (1816), 129–145; hier: 129–130.

avanciert und als ein Ordnungsprinzip unserer symbolischen Welten und unserer Wissensfelder zum Einsatz kommt.[41]

Visuelle Darstellungen – insb. auch unter Verwendung farblicher Markierungen – können Untersuchungsaspekte auf eine für die Adressaten intuitiv evidente Weise anzeigen und ordnen, die durch rein sprachliche Darstellung oft nicht (bzw. nur sehr bedingt) zu erreichen wäre. Boehm schreibt hier gerade auch mit Blick auf visuelle Farbinformationen von einer „Fülle der Nuancen"[42], die durch sprachliche Beschreibungen meist nicht einzuholen sei. Daher kann ein Farbspektrum die Nuancen und Abstufungen zwischen den oben untersuchten Forschungsfeldern Humboldts im vorliegenden Fall auch effektiver darstellen als sprachliche Beschreibungen.

3 Fazit und abschließende Bemerkungen

Die im Rahmen dieses Beitrags vorgenommene Festlegung der Datenarchitektur und die Wahl der einzelnen Visualisierungselemente richten sich jeweils nach dem zugrundliegenden Erkenntnisinteresse: Die abgebildeten Infographiken reagieren auf Fragestellungen und Hypothesen. So sind die Konzeption der Graphiken und ihr finales Aussehen als visuelle Antworten zur Informationsvermittlung zu verstehen. Jede der drei vorgestellten Infographik-Arten erfüllt spezifische epistemische Funktionen:
– Die Infographiken zu den Erstdrucken/Nachdrucken (vgl. Abschnitt 2.1) sind auf drei Ebenen zu lesen: Chronologisch von links nach rechts (Zeitstrahl), quantitativ (Größenverhältnisse) und relational (Verbindungsbögen zwischen den Kreisen).
– Die Infographiken zu den Orten (vgl. Abschnitt 2.2) machen ebenfalls drei Variablen sichtbar: Herausgeberort, Menge an publizierten Drucken und Zeitraum. Geographische Karten liefern eine räumliche Verortung und zeigen Informationen zur Entfernung der Orte voneinander sowie zum Entstehen von (mit Blick auf das untersuchte Corpus) publizistisch besonders

---

41 Krämer, Sybille: Operative Bildlichkeit. Von der ‚Grammatologie' zu einer ‚Diagrammatologie'? Reflexionen über erkennendes ‚Sehen'. In: Heßler, Martina; Mersch, Dieter (Hrsg.): Logik des Bildlichen. Zur Kritik der ikonischen Vernunft. Bielefeld 2009, 94–122; hier: 96.
42 Boehm, Gottfried: Das Zeigen der Bilder. In: Boehm, Gottfried; Spies, Christian; Eigenhofer, Sebastian (Hrsg.): Zeigen. Die Rhetorik des Sichtbaren. München 2010, 18–53; hier: 20.

hervortretenden Regionen an. So können aus ihnen auch politische und soziostrukturelle Entwicklungen abgelesen werden.
- Die Graphiken zu den Wissens- und Forschungsfeldern und Disziplinen (vgl. Abschnitt 2.3) enthalten das größte Spektrum an Informationen, was sich in ihrer Farbgebung veranschaulicht. Die breite Palette an Farben erlaubt eine besonders effektive und evidente Darstellung und eignet sich zudem als Metapher für Multidisziplinarität.

Jede der drei Visualisierungsarten speichert und transportiert Wissen und ist jeweils ein Beispiel für ein visuelles Analysewerkzeug. Die Übersetzung von Textcorpora in Bilder schafft Möglichkeiten, die Grenzen zwischen Sprache und Bild auszuloten. Was kann durch Bilder dargestellt werden, das mit Text nicht (oder nur bedingt) darstellbar ist? Was leistet Bildwissen im Vergleich zu Textwissen? Humboldts Schriften als Bilder und aus der Distanz zu lesen, löst eine genaue Lektüre nicht ab. Vielmehr sind die hier vorgestellten Graphiken eine erweiterte Darstellungsform, die in gewissen Bereichen mehr leisten kann als bloßer sprachlicher Text: So ermöglichen sie eine Orientierung in großen Datenmengen; alle drei Graphikarten komprimieren eine Textmasse, die über mehrere tausend Seiten verstreut ist, und repräsentieren sie auf einen Blick. Durch *Distant reading* wird eine gleichzeitige Darstellung von Daten möglich, die auf der Auswertung umfangreicher Textbestände basieren. Für die Beantwortung der hier gestellten Fragen lösen Farbe und Raum in ihrer kommunikativen Effektivität und Effizient die Sprache ab.

Sprache und Bild sind somit keine abgeschlossenen Entitäten, die getrennt voneinander funktionieren, sondern sie befinden sich oftmals in engem Austausch – so wie dies Humboldt mit seinen eigenen intermedialen Evidenz-Strategien zeigte: Ein Beispiel für die Überlagerung von Bild- und Textelementen ist sein berühmtes *Tableau physique des Andes*, das er 1803 in Amerika entwarf. Die Tafel zeigt in ihrem Zentrum einen kolorierten Gebirgsquerschnitt, der links und rechts von Tabellen ergänzt wird, die Messungen und Informationen zum untersuchten Lebensraum enthalten. An verschiedenen Stellen sind sprachliche Hinweise zudem direkt ins Bild eingefügt, um Phänomene an Ort und Stelle zu beschreiben: So geben Pflanzennamen die auf den jeweiligen Höhenstufen vorkommenden Pflanzenarten an, gleichzeitig bildet ihre Schrift das Wuchern einer Pflanzendecke ab.[43] So kann das Bild einerseits ästhetisch genossen werden,

---

43 Vgl. zum *Tableau physique* Lubrich, Oliver: Humboldts Bilder: Naturwissenschaft, Anthropologie, Kunst. In: Humboldt, Alexander: Das graphische Gesamtwerk. Hrsg. v. Oliver Lubrich unter Mitarbeit v. Sarah Bärtschi. Darmstadt 2014, 7–28; hier: 21f.

andererseits haben die eingefügten Textelemente eine informative Funktion. Die Betrachterinnen und Betrachter können so selber wählen, aus welcher Perspektive sie das Bild lesen wollen – und auf welche Stellen sie ihre Aufmerksamkeit besonders fokussieren wollen.

Diese Vereinigung von Übersicht und Detailtreue würde auch eine interaktive Darstellung von Humboldts Schriften bieten, die den Ergebnissen dieser Studie folgen könnte: Wenn die hier entstandenen Diagramme und Infographiken digital mit den entsprechenden Textstellen verlinkt würden, könnte zwischen Text und Bild hin- und hergeschaltet werden. Die Bilder würden dabei die Übersicht und Orientierung unterstützen, während schriftliche Erläuterungen bei Wunsch nach mehr Details zusätzlich herangezogen werden könnten. Das betreffende Textcorpus könnte so anschaulich präsentiert und interaktiv untersucht werden.

Zudem ließe sich das hier vorgestellte Modell auf die Corpora anderer Wissenschaftler und Autoren, wie etwa Goethe oder Darwin, übertragen. Deren Publikationsstrategien, publizistischen Verbreitungsgebiete und Forschungsstile könnten miteinander in Bezug gesetzt und so verglichen werden. Die Pilotstudie mit einem Teilcorpus von Humboldts Schriften ist somit ein Modell und soll zur Veranschaulichung und quantitativen Auswertung anderer Werke anregen.

Literatur

Bärtschi, Sarah: Layered Reading: Wie kann man das Gesamtwerk eines Autors lesen? Quantitative und qualitative Methoden am Beispiel der unselbständigen Schriften Alexander von Humboldts. Dissertation. Bern 2018.

Boehm, Gottfried: Zwischen Auge und Hand. Bilder als Instrumente der Erkenntnis. In: Mit dem Auge denken: Strategien der Sichtbarmachung in wissenschaftlichen und virtuellen Welten. Zürich 2001, 215–227.

Boehm, Gottfried: Die Wiederkehr der Bilder. In: Boehm, Gottfried (Hrsg.): Was ist ein Bild? München 1994, 11–38.

Boehm, Gottfried: Das Zeigen der Bilder. In: Boehm, Gottfried; Spies, Christian; Eigenhofer, Sebastian (Hrsg.): Zeigen. Die Rhetorik des Sichtbaren. München 2010, 18–53.

Boskstade, Paul: Mathematik und exakte Naturwissenschaften. In: Vom 19. Jahrhundert zum Zweiten Weltkrieg (1800–1945). München 2004, 407–426 (= Geschichte der Universität in Europa 3).

Hettner, Hermann: Literaturgeschichte des achtzehnten Jahrhunderts. Bd. 3. 2. Aufl. Braunschweig 1872.

Hocks, Paul; Schmidt, Peter: Literarische und politische Zeitschriften 1789–1805. Stuttgart 1975.

Humboldt, Alexander von: Sämtliche Schriften: Aufsätze, Artikel, Essays (Berner Ausgabe). 7 Textbände mit 3 Apparatbänden. Hrsg. v. Oliver Lubrich und Thomas Nehrlich. München 2019.

Humboldt, Alexander von: Landschaftmalerei in ihrem Einfluß auf die Belebung des Naturstudiums. In: Kosmos. Entwurf einer physischen Weltbeschreibung. Bd 2. Stuttgart, Tübingen 1847, 76–94 (Neuausg. hrsg. v. Ottmar Ette und Oliver Lubrich. Frankfurt 2004, 225–234).
Humboldt, Alexander von: Ueber den Manati des Orinoko. In: Archiv für Naturgeschichte 4.1 (1838), 1–10.
Humboldt, Alexander von: Ueber die Gesetze, welche man in der Vertheilung der Pflanzenformen beobachtet. – Auszug aus einer am 5. Febr. 1816. In der Sitzung des Par. Instituts vorgelesenen Abhandlung. Von A. von Humboldt. In: Journal für Chemie und Physik 18.2 (1816), 129–145.
Humboldt, Alexander von: Versuch über die astronomische Strahlenbrechung in der heißen Zone. In: Annalen der Physik 31.4 (1809), 337–397.
Humboldt, Alexander von: Jagd und Kampf der electrischen Aale mit Pferden. In: Annalen der Physik 25,1 (1807), 34–43.
Humboldt, Alexander von: Gelehrte Reisen. In: Intelligenzblatt der Allgemeinen Literatur-Zeitung 163 (21.12.1799), 1323–1324.
Humboldt, Alexander von: Auszug aus einem Par Briefen des königl. preussischen Ober-Bergraths Hrn. von Humbold an den Herausgeber. In: Allgemeine Geographische Ephemeriden 1.3 (1798), 357–360.
Jockers, Matthew Lee: Macroanalysis. Digital Methods and Literary History. Urbana 2013.
Kanz, Kai Torsten: Die disziplinäre Entwicklung der Biologie im 19. Jahrhundert und die biologischen Disziplinen an der Universität Rostock. In: Boeck, Gisela; Lammel, Hans-Uwe (Hrsg.): Wissen im Wandel – Disziplinengeschichte im 19. Jahrhundert. Rostock 2011, 7–24.
Kemmann, Ansgar: Evidentia, Evidenz. In: Ueding, Gert (Hrsg.): Historisches Wörterbuch der Rhetorik. Bd. 3. Tübingen 1996, 33–47.
Krämer, Sybille: Operative Bildlichkeit. Von der ‚Grammatologie' zu einer ‚Diagrammatologie'? Reflexionen über erkennendes ‚Sehen'. In: Heßler, Martina; Mersch, Dieter (Hrsg.): Logik des Bildlichen. Zur Kritik der ikonischen Vernunft. Bielefeld 2009, 94–122.
Lepenies, Wolf: Das Ende der Naturgeschichte. Wandel kultureller Selbstverständlichkeiten in den Wissenschaften des 18. und 19. Jahrhunderts. München 1978.
Lubrich, Oliver: Von der ersten bis zur letzten Veröffentlichung. Alexander von Humboldts „Sämtliche Schriften" in der ‚Berner Ausgabe'. In: Zeitschrift für Germanistik. Neue Folge 28.1 (2018), 119–130.
Lubrich, Oliver, Nehrlich, Thomas: Alexander von Humboldt als internationaler Publizist. In: Iberoamerikanisches Jahrbuch für Germanistik 9 (2015), 71–88.
Lubrich, Oliver: Humboldts Bilder: Naturwissenschaft, Anthropologie, Kunst. In: Humboldt, Alexander: Das graphische Gesamtwerk. Hrsg. v. Oliver Lubrich unter Mitarbeit v. Sarah Bärtschi. Darmstadt 2014, 7–28.
Mitchell, William John Thomas: Der Pictorial Turn. In: Kravagna, Christian (Hrsg.): Privileg Blick. Kritik der visuellen Kultur. Berlin 1997, 15–40 [engl. Orig.: The Pictorial Turn. In: Artforum (März 1992), 89–94].
Moretti, Franco: Distant Reading. London, New York 2013.
Moretti, Franco: Network Theory, Plot Analysis (= Literary Lab, Pamphlet 2). https://litlab.stanford.edu/LiteraryLabPamphlet2.pdf. Stanford 2011 (11. September 2018).
Moretti, Franco: Graphs, Maps, Trees. Abstract Models for Literary History. London, New York 2005.
Moretti, Franco: Atlas of the European Novel. 1800–1900. London, New York 1998.
Phineas: Sankey Diagrams. http://www.sankey-diagrams.com (19.07.2018).

Quintilianus, Marcus Fabius: Ausbildung des Redners. Zwölf Bücher, zwei Teile. Hrsg. u. übers. v. Helmut Rahn. 2. Aufl. Darmstadt 1988.

Shneiderman, Ben: The Eyes Have It: A Task by Data Type Taxonomy for Information Visualisations. In: IEEE Computer Society (Hrsg.): IEEE Symposium on Visual Languages. September 3–6, 1996, Boulder, Colorado. Los Alamitos, CA 1996, 336–343

Stichweh, Rudolf: Zur Entstehung des modernen Systems wissenschaftlicher Disziplinen. Physik in Deutschland. 1740–1890. Frankfurt/Main 1984.

Tufte, Edward: Beautiful Evidence. Cheshire, CT 2006.

Stephanie Heimgartner
Ästhetische Evidenz als Konzept für die Literaturwissenschaft?

1 Vorbemerkung

Der folgende Versuch einer – stark verkürzten – historischen Semantik des Evidenz-Begriffs, wie er aus der antiken Philosophie und Rhetorik herrührt, zielt darauf ab, den Terminus und die dahinter liegenden Konzepte im Hinblick auf ihre heutige Nutzbarkeit für die Kulturwissenschaften, speziell die Literaturwissenschaft, zu überprüfen.[1] In jüngerer Zeit ist *Evidenz* gemeinsam mit verwandten Begriffen erneut häufig in ähnlicher Hinsicht reflektiert worden, rezent v. a. in Bezug auf Verfahren der bildenden Kunst. Dies zeigen zahlreiche Forschungsvorhaben wie z. B. prominent das Kolleg *BildEvidenz*.[2] Ambivalent scheint der rhetorisch verstandene Terminus Evidenz von Beginn an, weil er sowohl der Seite der (Text-)Produktion ('Wie Evidenz herzustellen ist') als auch derjenigen der Rezeption ('Wie Evidenz wirkt') zugeordnet wird. Doch der Versuch des Redners, Evidenz produktionsseitig zu verankern, ist nicht notwendig erfolgreich; das Eintreten von Evidenz beim Hörer bleibt letztlich unverfügbar.[3] Schon das Bestreben einer Herstellung von Evidenz steht dem philosophischen Begriff entgegen, wie ihn die hellenistische Philosophie entwickelt hat und wie ihn Cicero in seinem Dialog *Lucullus* in die lateinische Sprache einführt.[4] Er greift dabei möglicherweise auf Zenon von Kition zurück, der eine sinnlich verursachte Sicherheit der Erkenntnis (κατάληψις) annimmt, die sich aus den „unverwechselbaren,

---

[1] Zur gelegentlich fatalen Abhängigkeit literaturwissenschaftlicher Paradigmen von der philosophischen Ästhetik siehe Kablitz, Andreas: Kunst des Möglichen, Theorie der Literatur. Freiburg/Breisgau 2013, 19–64.
[2] Siehe die Literatur in den einleitenden Überlegungen in Cuntz, Michael; Nitsche, Barbara; Otto, Isabell; Spaniol, Marc (Hrsg.): Die Listen der Evidenz. Köln 2006, 10–13; vgl. dazu z.B. Küpper, Joachim: Sagen, Zeigen und energeia: Kursorische Bemerkungen zur 'Bildwissenschaft'. In: Scientia Poetica: Jahrbuch für Geschichte der Literatur und der Wissenschaften 18 (2014), 277–293.
[3] Eine ähnliche Ambivalenz zeichnet auch schon den philosophischen Begriff aus, vgl. Halbfass, Wilhelm; Held, Klaus: Evidenz. In: Ritter, Joachim; Gründer, Karlfried; Gabriel, Gottfried (Hrsg.): Historisches Wörterbuch der Philosophie. Bd. 2. Darmstadt 1972, 829–834; hier 830.
[4] Vgl. Cic. Academici Libri 2 (= Lucullus), 17.

unverkennbaren individuellen Charakteristika eines jeden Dings"[5] ergibt. Als evident wird eine Erkenntnis also dann bezeichnet, wenn sie sich infolge von Sinneseindrücken *einstellt*, welche anhand der Eigenschaften des Phänomens als wahr oder falsch bestätigt werden, sich diese Erkenntnis aber nicht durch logische Argumentation *herstellen* lässt. Außer im *Lucullus* verwendet Cicero in seinen rhetorischen Schriften den Begriff der Evidenz nur ein einziges Mal in der *Topik*, dort im Sinne einer erwünschten Eigenschaft (*virtus*) der Rede;[6] Quintilian adaptiert ihn für die *Ausbildung des Redners*.[7] Sicherlich war Quintilian der Unterschied zwischen epistemologischen und rhetorischen Anliegen bewusst: Was sich beim einzelnen Erkenntnissuchenden spontan einstellt, das Urteil über den in Frage stehenden Gegenstand, muss für den Zuhörer, der davon zu überzeugen ist, durch die Geschicklichkeit des Redners gewährleistet werden.[8] Doch auch der lebensweltliche Kontext ist in der *Institutio* ein anderer, denn schließlich geht es hier nicht um die Erkenntnis der Phänomene und das Urteil darüber, ob sie richtig oder falsch erkannt sind, sondern ein Auditorium muss in Fragen des Rechts oder der Politik überzeugt werden, das (nach dem Dafürhalten des Redners) richtige Urteil zu fällen. Interessanterweise setzt die institutionalisierte Ausbildung zum professionellen Redner in Rom etwa in dem Moment ein, als die akademische Skepsis in Ciceros Nachfolge rezipiert wird und sich damit Möglichkeiten einer grundsätzlichen Erkenntniskritik eröffnen; auch von dieser Entwicklung gibt die Umwidmung des philosophischen Evidenzbegriffs in der Redekunst Zeugnis. Rhetorische Persuasion wird notwendig, sobald epistemische Evidenz unerreichbar scheint. „Evidenzmangel und Handlungszwang", so fasst Hans Blumenberg bekanntermaßen zusammen, „bilden [...] die Voraussetzungen der rhetorischen Situation".[9] Doch wie die epistemische Evidenz bleibt auch der Erfolg rhetorischer Strategien der Evidenzsicherung bis zu einem gewissen Grade unsicher.

---

5 Graeser, Andreas: Zenon von Kition, Positionen und Probleme. Berlin 1975, 58.
6 Vgl. Cic. Top. 26, 97.
7 Vgl. Quint. IV, 2, 63.
8 Dass ein solches Vorgehen im Hinblick auf die Vermittlung von Wahrheit vor philosophischem Hintergrund problematisch ist, reflektiert schon Aristoteles in seiner *Rhetorik* (vgl. Aristoteles: Rhetorik. Übers. u. erl. v. Christof Rapp. 2 Halbbände. Berlin 2002, Kommentar im 2. Halbband, 341–342).
9 Blumenberg, Hans: Anthropologische Annäherung an die Rhetorik: In: Blumenberg, Hans: Wirklichkeiten, in denen wir leben, Aufsätze und eine Rede, Stuttgart 1981, 104–136; hier 117.

2 Quintilian und das Erbe der Rhetorik

Quintilian greift, wie oben bereits erwähnt, mit der Übersetzung *evidentia* den aristotelischen Begriff der ἐνάργεια[10] und Ciceros Latinisierung davon auf. Cicero hatte in der *Topik*, die in enger zeitlicher Nähe zum *Lucullus* und in Auseinandersetzung mit der gleichnamigen Schrift des Aristoteles entstanden war, den Begriff bereits ins Rhetorische gewendet; mit dieser Prägung führt ihn Quintilian als Vorzug der *narratio* in der Gerichtsrede ein,[11] wo die Evidenz die traditionellen *virtutes* Deutlichkeit, Kürze und Glaubhaftigkeit ergänzt, und diskutiert sie im Zusammenhang der Affekterzeugung, zu der sie verhilft. Ein zweites Mal greift er sie im Kontext des *ornatus* auf.[12] Aristoteles hatte in seiner Rhetorik mit *enárgeia* (ἐνάργεια) eine Figur der detaillierenden Häufung,[13] mit *enérgeia* (ἐνέργεια) einen Tropus des „Vor-Augen-Führens" bezeichnet, die Darstellung eines bewegten Lebewesens oder Gegenstands:

> Es muss noch gesagt werden, was wir unter „vor Augen führen" verstehen und was man tun muss, damit dies zustande kommt. Ich sage nämlich von allem dem, dass es vor Augen führt, was etwas in einer Aktivität Befindliches bezeichnet.[14]

In Aristoteles' Argumentation ist das Vor-Augen-Führen eine besondere Qualität der Metapher, wenn sie mit einer Handlung oder einem Vorgang verknüpft ist. Eine Analogie zu der Aussage der *Poetik,* die das für den Zuschauer glaubhafte Nachahmen menschlicher Handlungen als Gegenstand der Tragödie bezeichnet,[15] lässt einen Zusammenhang zwischen lebendiger Bewegtheit als Eigenschaft der Metapher auf der einen und Merkmal der Handlung in der *narratio* auf der anderen Seite entstehen.[16] Die aus Homer stammenden Beispielmetaphern

---

10 Zur Einordnung siehe Campe, Rüdiger: Vor Augen Stellen. Über den Rahmen rhetorischer Bildgebung. In: Neumann, Gerhard (Hrsg.): Poststrukturalismus. Herausforderung an die Literaturwissenschaft. Stuttgart 1997, 208–225.
11 Vgl. Quint. IV, 2, 63ff. u. VI, 2, 32. Auch Cicero bezieht sich bei seiner Verwendung des Begriffs in der *Topik* auf narrative, d.h. referierende Texte oder Textteile.
12 Vgl. Quint. VIII, 3, 61.
13 Vgl. Arist. Rhet. 1365a.
14 Arist. Rhet. 1411b. Übers. hier und im Folgenden zitiert nach Aristoteles: Rhetorik. Übers. u. erl. v. Christof Rapp. Berlin 2002.
15 Vgl. Arist. Poet. 1450b–1451a.
16 Vgl. Campe: Vor Augen stellen; 119; vgl. auch Aristoteles: Rhetorik. Kommentar von Christof Rapp im 2. Halbband, 906. „Evidenz und Hypotypose sind einander zugekehrte Spiegel", schreibt Campe: „Sie zeigen dasselbe Bild des Wirklichen, aber einmal in der deskriptiven

der *Rhetorik* enthalten entsprechend narrative Sequenzen oder zumindest handlungsartige Abläufe. Dies scheint der Grund zu sein, warum Quintilian die ἐνάργεια wie Aristoteles als Trope bezeichnet. Die *evidentia*/ἐνάργεια ist in der *Institutio* beides: Einerseits ist sie ein Stilmerkmal des erläuternden Vortrags, das sogar höher zu werten ist als die zentrale Vorgabe der *perspicuitas* („itaque ἐνάργειαν, cuius in praeceptis narrationis feci mentionem, quia plus est evidentia vel, ut alii dicunt, repraesentatio quam perspicuitas"). Andererseits ist sie aber auch eine Technik des *ornatus*, die „sich selbst zur Schau stellt" („se quodam modo ostendit"), also außer persuasiven auch Züge der ostentativen Selbstpräsentation und -reflexion trägt.[17] Die *Institutio* verlässt hier den Bereich der bloßen technischen Beschreibung und nimmt rezipientenorientierte Überlegungen mit auf. Die erhoffte Wirkung auf den Hörer soll die ἐνάργεια ausüben, indem sie den höherwertigen, weil stärker mit der Erkenntnis assoziierten Gesichtssinn affiziert: Der Hörer soll die Geschehnisse vor dem inneren Auge ablaufen sehen. Unverkennbar ist auch der detaillierende Wortschmuck bei Quintilian in erster Linie ein Element der *narratio*:[18] Solange der Richter sich noch gewahr ist, dass ihm gerade etwas erzählt wird, hat die Rede ihre volle Macht nicht entfaltet; erst wenn die inneren Bilder in der Vorstellung des Hörers über die Wirklichkeit der Redesituation dominieren, ist das Ziel des Redners erreicht. *Persuasio* besteht hier also zunächst einmal in der Überwältigung durch Kunstmittel. Diese Art von Anschaulichkeit bezeichnet Quintilian denn auch als „summa virtus".[19] Dahinter tritt der Begriff der ἐνέργεια in der *Institutio* deutlich zurück und bezeichnet lediglich diejenige Qualität der Rede, die sie nicht redundant oder langweilig erscheinen lässt.[20] Diese Hervorhebung der Veranschaulichung als *virtus* führt in

---

Qualität der Narration und das andere Mal als figurative Narrativierung der Deskription" (Campe: Vor Augen Stellen, 127).
17 Alle vorausgehenden Zitate: Quint. VIII, 3, 61.
18 Vgl. Quint. VIII, 3, 62.
19 Quint. VIII, 3, 71. Verschiedene Arten der ἐνάργεια sind: „in Worten ein Gesamtbild der Dinge abzuzeichnen" (Quint. VIII, 3, 63); „mehrere Züge wirken zusammen zu der Gesamterscheinung" (Quint. VIII, 3, 66); „das entfalte[n], was alles das eine Wort [Zerstörung] enthielt" (Quint. VIII, 3, 68), sogar wenn es nicht den historischen Gegebenheiten entspricht, „die Verwendung beiläufiger Einzelheiten" (Quint. VIII, 3, 70). Der Redner muss ein guter Beobachter der Natur sein und aus der eigenen Lebenserfahrung schöpfen, um ἐνάργεια in seine Rede einzubringen (vgl. Quint. VIII, 3, 70). In der früheren *Rhetorica ad Herennium* IV wird unter dem Stichwort „demonstratio" bereits der gleiche Sachverhalt dargestellt (vgl. Auct. ad Her. IV, 68–69).
20 Quint. VIII, 3, 89: „ἐνέργεια confinis his (est enim ab agendo ducta) et cuius propria sit uirtus, non esse, quae dicuntur, otiosa." Hier zitiert nach: Marcus Fabius Quintilianus: Ausbildung des Redners. Bd. 2. Hrsg. u. übers. v. Helmut Rahn. Darmstadt 1988. Vgl. zum Bedeutungsverlust

der Zeit nach Quintilian dazu, dass sich die ἐνάργεια zunehmend aus dem technischen Kontext der *elocutio* löst und bereits von Pseudo-Longin als „Vergegenwärtigung"[21] gar nicht mehr unter den *ornatus* gefasst, sondern nur noch als *virtus* des rhetorischen Textes formuliert wird,[22] während zum Wirkungsziel des dichterischen Textes die Erschütterung (ἔκπληξις) wird.

3 Neuzeitliche Begriffsbestimmungen

Mit der cartesianischen Beobachtung des Auseinanderfallens von Wesen und Namen der Dinge wird die Rhetorik im 17. Jahrhundert zu einer Wissenschaft davon, wie Affekte hervorzurufen sind, und ergänzt als solche das Wissen der Philosophie und der Medizin über die menschlichen Affektregungen. Zugleich erhält der Begriff der *Evidenz* in der frühen Neuzeit durch naturwissenschaftliche Forschungen und Darstellungsweisen einen neuen Bedeutungszusammenhang, den heutige Besetzungen des Begriffs mit aufnehmen.[23]

Seit Ende des 17. Jahrhunderts löst sich die Literatur zunehmend von ihrer Bindung an rhetorische Verfahrensweisen. An die Stelle der Affekterregung bzw. -lösung, die sich beim Leser ereignen soll, tritt der Anspruch auf Verständigung, auf die Möglichkeit einer Kommunikation der innersten Bewegungen.[24] Im Rahmen einer sensualistisch geprägten Wirkungsästhetik, die darauf besteht, dass das vom Künstler oder Dichter Empfundene sich durch das Kunstwerk auf den Betrachter bzw. Leser übertragen müsse, wird das Potenzial des Evidenz-

---

der ἐνέργεια in der römischen Antike: Kemmann, Ansgar: Evidentia, Evidenz. In: Ueding, Gert (Hrsg.): Historisches Wörterbuch der Rhetorik. Bd. 3. Tübingen 1996, 33–47; hier: 45.
21 Ps.-Long. Subl. 15, 12 (φαντασίας, Phantasie).
22 Vgl. Ps.-Long. Subl. 15, 2; siehe auch Ps.-Long. Subl. 1, 4.
23 Vgl. Campe, Rüdiger: Affekt und Ausdruck. Zur Umwandlung der literarischen Rede im 17. und 18. Jahrhundert. Tübingen 1990, 119–136. Zu einer „Epoche der Evidenz" zwischen Descartes und Kant siehe Campes gleichnamigen Aufsatz: Campe, Rüdiger: Affekt und Ausdruck. Zur Umwandlung der literarischen Rede im 17. und 18. Jahrhundert. In: Peters, Sibylle; Schäfer, Martin Jörg (Hrsg.): Intellektuelle Anschauung, Figurationen von Evidenz zwischen Kunst und Wissen. Bielefeld 2006, 25–43. Wie sich das Evidenz-Konzept in mittelalterlichen und frühneuzeitlichen Poetiken und Rhetoriken ausprägt, kann leider an dieser Stelle nicht erörtert werden. Siehe dazu etwa Müller, Jan-Dirk: Evidentia und Medialität, Zur Ausdifferenzierung von Evidenz in der Frühen Neuzeit. In: Wimböck, Gabriele; Leonhard, Karin; Friedrich, Markus (Hrsg.): Evidentia. Reichweiten visueller Wahrnehmung in der Frühen Neuzeit. Berlin 2007, 57–84.
24 Vgl. etwa Locke, John: Versuch über den menschlichen Verstand. Hrsg. v. Karl-Maria Guth, übers. v. Julius Heinrich von Kirchmann. Berlin 2016, Buch III, 1. Kapitel, §§ 1–2; dazu auch Campe: Affekt und Ausdruck, 496.

Begriffs nach beiden Seiten, der produktions- wie der wirkungsästhetischen, wieder sichtbar. So kann der ursprünglich rhetorische Begriff der Evidenz im engeren Sinne zum Terminus der Wirkungsästhetik, im weiteren zum Gegenstand der philosophischen Ästhetik werden.

Für Alexander Gottlieb Baumgarten (1714–62) entspricht die *evidentia* auf ästhetischem Gebiet dem Beweis auf rationalem.[25] Mit dieser Argumentation versucht Baumgarten, den Widerspruch des antiken Konzepts von Evidenz zu lösen, das in der stoischen Philosophie ja gerade von einer Nichtbeweisbarkeit des Evidenten, in der Rhetorik dagegen von der Notwendigkeit einer Herbeiführung des richtigen Urteils ausging. Baumgarten ordnet, indem er Erkenntnis als vielfältiges Phänomen beschreibt, dessen rationale und sinnliche Ausprägungen verschiedenen Fähigkeiten zu. Das ästhetisch Evidente erscheint gerade aufgrund seines sinnlichen Charakters zwingend schlüssig und keiner argumentativen Beweise bedürftig. Dass der Begriff in Baumgartens Prägung zur Gelenkstelle einer sich nun entwickelnden philosophischen Ästhetik werden kann, liegt wiederum dennoch an der charakteristischen Ambivalenz, die seine Semantik von Beginn an bestimmt: „Im Sinne des ‚unmittelbar Gegebenen' bezeichnet *evidentia*, was der ästhetischen Wahrnehmung als Gegenstand unterliegen kann; im Sinne des ‚zur-Anschauung-Bringens' und ‚vor-Augen-Stellens' bezeichnet *evidentia* Verfahrensweisen, die einen Schauraum für die *cognitio sensitiva* aufbauen."[26] Evidenz existiert damit einerseits als für die Augen des Betrachters Ausgestelltes, andererseits als Bündel rhetorischer Taktiken, die eine spezielle Form der Erkenntnis befördern sollen.[27] Weil Baumgarten die Evidenz zu einem Orientierungspunkt in einer Ästhetik gestaltet, der wir in Grundzügen noch heute verpflichtet sind, „stellt sich [an ihr] die Frage, wie der Ort des Ästhetischen zwischen Gegenstands- und Verfahrenshinsichten zu bestimmen wäre".[28] Rüdiger Campe, dessen Beiträge zur Ästhetik des 18. Jahrhunderts den Terminus Evidenz häufig zum Ausgangspunkt nahmen, hält diese Frage nicht nur im Kontext einer Erörterung von Baumgartens *Ästhetik* für aktuell, wie sein Aufsatz ‚Evidenz als Verfahren' belegt, in dem er auf der Grundlage des *Neuen Organons* des Mathematikers und Physikers J. H. Lambert Evidenz als Verfahren für die Kulturwissenschaften vorschlägt.[29] Lambert

---

25 Vgl. Baumgarten, Alexander Gottlieb: Ästhetik. Lat.-deutsch. Hrsg. u. übers. v. Dagmar Mirbach. 2 Bde. (fortlaufend paginiert). Hamburg 2007, 868–875 (= § 847–854).
26 Campe, Rüdiger: Bella evidentia. In: Deutsche Zeitschrift für Philosophie 49 (2001), 243–255; hier: 244. Die Hervorhebungen entstammen dem Originaltext.
27 Vgl. ebd., 245.
28 Ebd., 244.
29 Vgl. Campe, Rüdiger: Evidenz als Verfahren. Skizze eines kulturwissenschaftlichen Konzepts. In: Vorträge aus dem Warburg-Haus. Bd. 8. Berlin 2004, 107–133; hier 133.

hatte 1764 eine Theorie von der ‚Zeichnung des Scheins' entwickelt.[30] Ausgehend von der Optik und auf deren Basis operierender Künste wie der perspektivischen Malerei und der Guckkastenbühne entfaltet er darin eine Vorstellung von künstlerischen Verfahren der Evidenz. Sie schließt eine Lehre vom Schein mit ein und lässt sich daher schließlich auf alle Künste ausdehnen. „Der Dichter", so gibt Campe Lambert wieder, „umschreibt in seinem Werk also gleichsam eine Versuchsanordnung, und der Leser entziffert in seinem Werk die unter dieser Perspektive möglichen Beobachtungen. Die Evidenz der Lektüre liegt dann in der Rekonstruktion von perspektivierter Beobachtung."[31]

4 Ästhetische Evidenz und ästhetische Erfahrung

Im Gegensatz zu diesem sachlich-methodischen Vorschlag bestimmt die Rede von der Erfahrung viele Bestimmungen oder Annäherungen an die Evidenz in jüngerer Zeit. In der Philosophie gewinnt die ‚Erfahrung' seit Kant an Bedeutung, der damit nicht nur eine empirisch induzierte Form der Erkenntnis bezeichnet, sondern andernorts den Begriff auch im Sinne von ‚Wahrnehmung' verwendet,[32] jedoch nicht in Bezug auf ästhetische Objekte: Diese können zwar Gegenstand der Betrachtung sein, sind für Kant aber nicht im Sinne einer positiv empfundenen Unmittelbarkeit erfahrbar, sondern im Sinne einer subjektiven empirischen Erkenntnis beurteilbar.[33] Ein Konzept der Erfahrung als Lebenssteigerung unter den Vorbedingungen einer gegenseitigen Durchdringung von Subjekt und Objekt beschreibt dann der amerikanische Philosoph John Dewey in seinem einflussreichen Werk *Kunst als Erfahrung* als anthropologische Konstante:

> In dem Maße, in dem Erfahrung eine Erfahrung ist, bedeutet sie erhöhte Vitalität. Statt einen Zustand anzuzeigen, in dem man mit den eigenen Gefühlen und Empfindungen eingeschlossen ist, bedeutet sie den aktiven und aufgeweckten Umgang mit der Welt. Auf ihrem Höhepunkt bedeutet sie die vollständige gegenseitige Durchdringung des Ich und der Welt

---

30 Vgl. Lambert, Johann Heinrich: Neues Organon oder Gedanken über die Erforschung und Bezeichnung des Wahren und dessen Unterscheidung vom Irrtum und Schein. Band 2. Leipzig 1764, 421–435 (= 6. Hauptstück).
31 Campe: Evidenz als Verfahren, 114.
32 Vgl. Kambartel, Friedrich: Erfahrung. In: Ritter, Joachim; Gründer, Karlfried; Gabriel, Gottfried (Hrsg.): Historisches Wörterbuch der Philosophie. Bd. 2. Darmstadt 1972, 609–617; hier: 614.
33 Vgl. Kant, Immanuel: Kritik der Urteilskraft. Hrsg. v. Wilhelm Weischedel. Frankfurt/Main 1974, § 1–2; vgl. dazu Jauß, Hans Robert: Kleine Apologie der ästhetischen Erfahrung. Mit kunstgeschichtlichen Bemerkungen von Max Imdahl. Konstanz 1972, 12.

der Dinge und Ereignisse. Sie bedeutet keine Niederlage gegenüber der Willkür und Unordnung, sondern sie verschafft uns die einzig mögliche Demonstration einer Stabilität, die nicht Stagnation, sondern rhythmisch fortschreitende Entwicklung ist. Weil Erfahrung jede Erfüllung bedeutet, zu der ein Organismus in einer Welt der Dinge in seinen Kämpfen und Errungenschaften gelangt, ist sie die Keimzelle der Kunst. Selbst in ihren rudimentären Formen enthält sie das Versprechen jener genußvollen Perzeption, die wir als ästhetische Erfahrung bezeichnen.[34]

Eine ästhetische Erfahrung ist für Dewey nicht an den in künstlerischer Absicht hergestellten Gegenstand gebunden, sondern, wenn auch nur bruchstückhaft, Teil jeder gelingenden Vorstellung von Einheit zwischen Ich und Welt.[35] Ästhetische Erfahrung so zu standardisieren setzt eine Anthropologie voraus, die den Menschen und seine Umwelt in einem Spannungsverhältnis sieht, das Momente der Integration und der Desintegration kennt und annimmt, dass erstere für das erlebende Subjekt Befriedigung mit sich bringen[36]. Solche Momente sind zwar individuell, doch nicht notwendigerweise ihrem Wesen nach originell.

Die in der Moderne paradigmatisch gewordene Erklärung setzt dagegen als essentielle Voraussetzung der ästhetischen Erfahrung die Neuartigkeit des Gegenstandes, also des Kunstwerks, an.[37] Der Germanist Stefan Scherer sieht einen engen Zusammenhang zwischen der Epoche der Genieästhetik und dem Konzept der ästhetischen Evidenz: „Ästhetische Evidenz ist [...] ein historisches Konzept, das aus der neuartigen ‚Ganzheit' ‚schöner' und ‚origineller' Einzelwerke resultiert, die sich auf genuin poetische Weise selbstorganisieren (bzw. ‚autonom' werden)."[38] Die Metapher vom ‚Bruch' mit dem bisherigen Eigenen, der mit der Öffnung hin zum ‚Anderen' einhergeht, verweist auf eine historische Entwicklung der modernen Ästhetik, die ästhetische Erfahrungen als Ausnahmeerfahrungen klassifiziert, als Phänomene der Transzendenz oder Transgression des Alltagslebens, also gerade nicht (wie noch bei Dewey) als harmonisches Erleben der Einheit zwischen Ich und Welt. Den letzten lange nachwirkenden Beitrag zu dieser Ästhetik der Moderne hat Theodor W. Adorno geleistet, der vom Kunstwerk nicht nur den Bruch mit der es bedingenden Tradition und mit den

---

34 Dewey, John: Kunst als Erfahrung. Übers. v. Christa Velten, Gerhard vom Hofe u. Dieter Sulzer. Frankfurt/Main 1980, 28.
35 Vgl. ebd., 55.
36 Vgl. ebd., 23.
37 Vgl. dazu Schlegel, Friedrich: Über das Studium der griechischen Poesie. München, Paderborn u.a. 1979, 251–254.
38 Scherer, Stefan: Die Evidenz der Literaturwissenschaft. In: Internationales Archiv der Sozialgeschichte der deutschen Literatur 30 (2006), 136–155; hier: 137; vgl. auch Campe: Epoche der Evidenz, 26–32.

Harmonieerwartungen des Rezipienten fordert, sondern es auch als „apparition"[39] beschreibt, die sich in bewussten Gegensatz zur Realität der Gegenwart stellt.

> Zu Erscheinungen im prägnanten Verstande, denen eines Anderen, werden Kunstwerke, wo der Akzent auf das Unwirkliche ihrer eigenen Wirklichkeit fällt. Der ihnen immanente Charakter des Akts verleiht ihnen, mögen sie noch so sehr in ihren Materialien als Dauerndes realisiert sein, etwas Momentanes, Plötzliches. Das Gefühl des Überfallen-Werdens im Angesicht jedes bedeutenden Werks registriert das.[40]

Der sich auf den Betrachter übertragende Eindruck des Plötzlichen rührt daher, dass Kunstwerke „wahrhaft Nachbilder des vorweltlichen Schauers im Zeitalter der Vergegenständlichung"[41] sind, in sich also den Widerhall des Schocks über den χωρισμός tragen, über die von Platon behauptete Trennung zwischen der Welt der Ideen und der sinnlichen Welt.[42] Doch betrachtet Adorno Kunstwerke nicht als Epiphanien im eigentlichen Sinne, sondern als „neutralisierte und dadurch qualitativ veränderte Epiphanien",[43] die jedoch aktualisiert werden können.

Bei Hans-Robert Jauß findet Adornos negative Ästhetik eine positive Wendung. Mit Adorno bestimmt Jauß die ästhetische Erfahrung als Entrückung aus dem Alltag;[44] gegen Adorno behauptet er das Genussmoment als Voraussetzung:

> Ästhetisch genießendes Verhalten, in welchem sich das imaginierende Bewußtsein aus dem Zwang der Gewohnheiten und Interessen löst, ermöglicht eben dadurch, den in seinem alltäglichen Tun befangenen Menschen für andere Erfahrung freizusetzen.
> Freisetzung durch ästhetische Erfahrung kann sich auf drei Ebenen vollziehen: für das produzierende Bewußtsein im Hervorbringen von Welt als seinem eigenen Werk, für das rezipierende Bewußtsein im Ergreifen der Möglichkeit, die Welt anders wahrzunehmen, und schließlich – damit öffnet sich die subjektive auf intersubjektive Erfahrung – in der Beipflichtung zu einem vom Werk geforderten Urteil oder in der Identifikation mit vorgezeichneten und weiterzubestimmenden Normen des Handelns.[45]

Die ästhetische Erfahrung nach Jauß hat damit etwas mit der Rede der Rhetorik gemeinsam, indem auch sie sich erst im zustimmenden Urteil oder gar im

---

39 Adorno, Theodor W.: Ästhetische Theorie. Frankfurt/Main 2003, 125.
40 Ebd., 123.
41 Ebd., 124.
42 Vgl. Arist. Metaph. 1078b.
43 Adorno: Ästhetische Theorie, 125.
44 Vgl. Jauß, Hans Robert: Ästhetische Erfahrung und literarische Hermeneutik. Frankfurt/Main 1991, 33.
45 Jauß: Kleine Apologie der ästhetischen Erfahrung, 13.

Handeln des Rezipienten bestätigt. Das Werk will eine ästhetische Erfahrung ermöglichen, die sich anhand ihrer Persuasionskraft als solche konstituiert.

5 Evidenz als Leitbegriff der Geisteswissenschaften

Jüngere Konzepte in den Geisteswissenschaften greifen den philosophisch-rhetorischen Terminus der Evidenz und das dahinterstehende Konzept wieder auf und versuchen, es in rezeptionstheoretischer oder phänomenologischer Absicht fruchtbar zu machen, oft unter – gelegentlich stillschweigender oder unexpliziter – Einbeziehung des Phänomens „ästhetische Erfahrung". So forderte der Germanist Stefan Scherer 2005

> Ansätze einer Beschreibbarkeit der literarischen Evidenz, insofern diese durch eine Textur ausgelöst wird. Es stellt sich dann die Aufgabe, das Offenkundige im Funktionieren des ästhetischen Erlebens an der Struktur und Prozeduralität eines literarischen Textes auszuweisen.[46]

Der bekannteste unter den neueren Ansätzen ist wohl der Versuch Hans Ulrich Gumbrechts, das hermeneutische Paradigma, das ihm zufolge einen die Dinge überschreitenden metaphysischen Sinn jenseits der Materialität künstlerischer Produkte und Darbietungsformen behauptet, abzulösen durch eine Wahrnehmung und Beschreibung der als materiell bzw. physiologisch erachteten Seiten der Auseinandersetzung mit Artefakten und mit der Welt überhaupt.[47] Ausgehend von der Frage, wie ästhetische Erfahrung möglich und kommunizierbar wird, geht es Gumbrecht dabei um nichts Geringeres als um eine Neubestimmung der Geisteswissenschaften aus einer auf *„Epiphanie, Präsentifikation* und *Deixis"* ausgerichteten Praxis,[48] wobei die auf Adorno zurückgehende *Epiphanie* in Verbindung mit der ästhetischen Erfahrung erlebt wird, die *Präsentifikation* die Vergegenwärtigung historischer Kontexte meint und unter *Deixis* ein Hinweis auf komplexe Werke und Zusammenhänge in didaktischer Absicht zu verstehen ist. Solch im Grunde pädagogisches Tun soll übrigens nicht allein an die Gegenstände des idealistischen, maßgeblich hegelianischen ästhetischen Katalogs

---

46 Scherer: Die Evidenz der Literaturwissenschaft, 145.
47 Vgl. Gumbrecht, Hans Ulrich: Diesseits der Hermeneutik. Die Produktion von Präsenz. Übers. v. Joachim Schulte. Frankfurt/Main 2004, 12.
48 Gumbrecht: Diesseits der Hermeneutik, 115; Hervorhebungen entstammen dem Originaltext.

anknüpfen, sondern Schönheit in einem umfassenderen Sinn zu erfassen trachten und dabei die weitestgehende Autonomie der ästhetischen Erfahrung behaupten, „in der sich uns die Spannung und Simultanität von Sinneffekten und Präsenzeffekten auferlegt".[49] Solche Erfahrungen sind physiologisch, in der Sinneserfahrung, grundiert, ereignen sich in der Aktualität des Augenblicks und können außer durch „die empirische Gewissheit derer, die sie erfahren"[50], nicht nachgewiesen werden. Die Forderung, Erfahrungen von ‚Präsenz' herzustellen oder herbeizuführen, anstatt Sinnzuschreibungen vorzunehmen oder Verfahren der Sinngebung zu dokumentieren, ist damit einer der neueren Vorschläge zur Reform des literaturwissenschaftlichen Methodenkanons.[51]

Erstaunlich ist dabei, dass Gumbrecht die Rhetorik als Quelle für Effekte, wie er sie erzeugen will, nicht anspricht. Möglicherweise steht das seiner Auffassung der notwendigen Autonomie und Unmittelbarkeit der ästhetischen Erfahrung entgegen – er leugnet aber damit auch jegliche Historizität von Affekterfahrungen, ihrer Erzeugung, ihrer Beschreibung und Kategorisierung und damit auch die Geschichtlichkeit der eigenen Forderung nach der Ermöglichung von Präsenzerlebnissen – die ja nur angesichts der Zeitdiagnose gestellt werden kann, dass solche Erlebnisse (z. B. aufgrund der Digitalisierung und Virtualisierung von Vorstellungswelten) seltener geworden sind.

Martin Seel hat in seiner *Ästhetik des Erscheinens* das Verfahren Gumbrechts, das sich auf künstlerische wie nicht-künstlerische Gegenstände (u.a. den Mannschaftssport) erstreckt, genauer beschrieben als Gumbrecht selbst, indem er konstatiert, nur das könne als ästhetisch gelten, was unwillkürlich zum Gegenstand der ästhetischen Anschauung werde, oder, wie er in Anlehnung an Adorno formuliert, als ein solcher erscheine.[52] Seel verbindet in seinem Konzept der ästhetischen Erfahrung die aus der Romantik herrührende Vorstellung von deren notwendiger Unmittelbarkeit mit einem Aspekt aus der antiken philosophischen Bestimmung der Evidenz, der Merkmalsfülle des Phänomens: „In der Wahrnehmung der unfaßlichen Besonderheiten eines sinnlich Gegebenen gewinnen wir eine Anschauung der unverfügbaren Gegenwart unseres Lebens."[53] Die

---

49 Gumbrecht, Hans Ulrich: Stimmungen lesen. Über eine verdeckte Wirklichkeit der Literatur. München 2011, 15.
50 Ebd., 73.
51 Zum Zusammenhang von ‚Evidenz' und ‚Präsenz' vgl. Campe: Epoche der Evidenz, 26–32.
52 Vgl. Seel, Martin: Ästhetik des Erscheinens. Frankfurt/Main 2003, 65.
53 Seel: Ästhetik des Erscheinens, 9; weitere Gewährsleute seiner Theorie sind Baumgarten, Kant, Hegel, Schopenhauer, Valéry und Heidegger (vgl. Seel: Ästhetik des Erscheinens, 16–33). Außerdem bezieht sich Seel auf die ebenfalls aus Adorno schöpfende Ästhetik der Plötzlichkeit

unmittelbare Generalisierung der Erfahrung, wie diese Formulierung sie annimmt, behauptet das ästhetische Erleben als existenziell bedeutsamen Vorgang. Solchen Epiphanien gilt es sich aber nicht nur auszusetzen, sondern sich ihnen auslegend zu stellen;[54] bei Seel tritt dem Erscheinen des ästhetischen Objekts die ästhetische Wahrnehmung des Betrachters und deren Beobachtung komplementär gegenüber. Genuin künstlerische Gegenstände sind dadurch bestimmt, dass sie sich selbst ausstellen;[55] sie verfügen außerdem potenziell über die Fähigkeit, „ihre sinnenfällige Ordnung zu übersteigen oder zu unterlaufen"[56] durch das, was der Philosoph „ein Rauschen" nennt, eine sinnlich wahrnehmbare, kognitiv aber nicht einzuordnende Eigenschaft.[57]

Dieses Rauschen geht, so Seel, auch von der Sprache der Literatur aus, und zwar dann,

> wenn einige oder alle Phänomene dieses Rauschens für die Verfassung des Textes zentral sind, d.h. wenn sie immer wieder überhand nehmen oder sich hervordrängen. Im Rauschen werden Texte auf verschiedene Weise semantisch undurchsichtig. Dieses Bezuglos-Werden der literarischen Rede hat freilich in der Konstruktion der betreffenden Werke selber einen nachhaltigen Sinn – z. B. den einer Indikation allgemeiner oder spezieller Grenzen des oder eines (kommensurablen und kommunikativen) Sinns.[58]

Da sich die Wahrnehmung des Rauschens der Kognition verweigert, entzieht sie sich wohl auch weitgehend der wissenschaftlichen Bestimmung. Die *Ästhetik des Erscheinens* sucht Erfahrungen zu beschreiben, die eine solche Beschreibung nicht zuzulassen scheinen; Wissensbereiche wie die Rhetorik, die historisch einiges zu der Erfassung solcher ‚Erfahrungen' beigetragen haben, macht sie nur am Rande nutzbar. Erklärt man ästhetische Erfahrungen zu Epiphanien, dann entrückt man sie den Instrumenten einer sich als historisch und deskriptiv verstehenden Wissenschaft; der Prozess der Sinngebung wird erneut durch die Rede von einer kognitiv nicht erkundbaren Erfahrung verschleiert, und die wissenschaftliche Abhandlung verhält sich analog zum künstlerischen Text, indem sie die eigenen Verfahren der Evidentialisierung nicht offenlegt.

Ganz anders verfährt die Begriffsbestimmung von Ludwig Jäger. Evidenz ist darin im nicht-rhetorischen, nicht „metaphysischen", sondern empirisch

---

Karlheinz Bohrers (vgl. Seel: Ästhetik des Erscheinens, 62–63; siehe auch Bohrer, Karlheinz: Das absolute Präsens. Die Semantik ästhetischer Zeit. Frankfurt/Main 1994).
54 Vgl. ebd., 67.
55 Vgl. ebd., 176; vgl. auch Quint. VIII, 3, 61.
56 Seel: Ästhetik des Erscheinens, 226.
57 Ebd., 27.
58 Ebd., 241.

behauptbaren Sinne die „Evidenz von Sinn", wie sie, semiotisch-konstruktivistisch gedacht, in Zeichensystemen unterschiedlicher Art durch wechselseitige, auch intramediale Referenzen entsteht.[59] Eine Bezugnahme auf eine außerhalb solcher Systeme gedachte Welt ist in jedem Fall nicht Regel, sondern Ausnahme[60] und, so Jäger mit Peirce, nur durch indexikalische Zeichen möglich.[61] Evidenz ist dann als Effekt einer ungestörten Semiose zu sehen, der einzig deshalb ein Anschein des Ursprünglichen anhaftet, weil sie ihre Herstellungsverfahren verschleiert. In der überraschend erscheinenden, aber dennoch letztlich erklärbaren Selbstausstellung von ‚Sinn' erfüllt sich der Zweck des semiotischen Prozesses als Übereinstimmung von Erwartung und Erfüllung eines Sinnanspruchs.[62] Damit formuliert Jäger im Rahmen einer antihermeneutischen Zeichentheorie eine Absage an die idealistische Ästhetik und indiziert einmal mehr die Notwendigkeit einer Konzentration auf semiotische Verfahrensweisen, die an die Stelle der Auslegung von ‚Sinn' treten:

> Sinn bezieht seine Fundierung nun nicht mehr aus prädiskursiven Geltungsgründen, sondern vielmehr allein aus medialen Verfahren der Evidenzauszeichnung. Evidenzverfahren bringen als mediale Prozeduren gleichsam Schauplätze der Evidenz hervor, Aushandlungsbühnen, auf denen die kulturelle Semantik ihre Sinnzuschreibungen durchführt bzw. in ihren verschiedenen dispositiven Formaten Sinn unter den Bedingungen von Rhetoriken der Evidenz inszeniert.[63]

6 Fazit: Methodische Evidenz

Zur ursprünglichen Ambivalenz des rhetorischen Evidenzbegriffs, die sich aus Anschaulichkeit (ἐνάργεια) als wahrgenommener Eigenschaft der Rede und dem Vor-Augen-Stellen (ἐνέργεια) als produktseitiger Technik der Rede zusammensetzt, tritt seit Descartes ein Begriff von Evidenz hinzu, der ihre Entstehung nicht in den Phänomenen selbst annimmt, sondern sie als Resultat des Einsatzes empirisch basierter Verfahren ausgibt.[64] Diese Entwicklung spielt auch eine Rolle

---

59 Jäger, Ludwig: Indexikalität und Evidenz. Skizze zum Verhältnis von referentieller und inferentieller Bezugnahme. In: Wenzel, Horst; Jäger, Ludwig (Hrsg.): Deixis und Evidenz. Freiburg/Breisgau u.a. 2008, 289–315; hier: 290–291.
60 Vgl. ebd., 291.
61 Vgl. ebd., 293.
62 Vgl. ebd., 311; Jäger schließt dabei an Husserls Evidenzbestimmung an.
63 Jäger: Indexikalität und Evidenz, 312.
64 Vgl. Jäger: Indexikalität und Evidenz, 312; vgl. auch Campe: Epoche der Evidenz, 28.

bei der Entstehung der Rede von der ästhetischen Erfahrung, in der die subjektive empirische Wahrnehmung angesichts eines (möglicherweise künstlerisch geformten) Gegenstandes wissensdiskursiv behauptet und befestigt wird, die semiotisch-fakturiellen Verfahrensweisen des Gegenstands (und der Rede über ihn) aber verschleiert bleiben. Die Individualität solcher Erfahrung kann weder durch hermeneutische noch durch semiologische Methoden der Wissenschaft eingeholt werden,[65] wohl aber kann die Inszenierung von Evidenz als rhetorisch verursachtes Verfahren beobachtet und beschrieben werden. Zur Literaturwissenschaft hin gewendet bedeutet dies: Die Merkmalsfülle eines Textes und die ihr entsprechende ästhetische Erfahrung von Evidenz zu untersuchen, wird zur Aufgabe der philologischen Arbeit. Nach wie vor kann Evidenz methodisch nur im Sinne Peter Szondis disziplinär fruchtbar gemacht werden, als erfahrungsbasierte, doch subjektive Erkenntnis, die ihren Gegenstand zur Sprache bringt und ihn, perspektiviert durch seine Lektüren, in seiner Gemachtheit erneut vor Augen stellt:

> Evidenz aber ist das adäquate Kriterium, dem sich die philologische Erkenntnis zu unterwerfen hat. In der Evidenz wird die Sprache der Tatsachen weder überhört, noch in ihrer Verdinglichung mißverstanden, sondern als subjektiv bedingte und in der Erkenntnis subjektiv vermittelte vernommen, also allererst in ihrer wahren Objektivität.[66]

Literatur

Adorno, Theodor W.: Ästhetische Theorie. Frankfurt/Main 2003 (= Gesammelte Schriften 7).
Aristoteles: Poetik. Übers. u. erl. v. Arbogast Schmitt. Berlin 2008 (= Aristoteles, Werke in deutscher Übersetzung 5).
Aristoteles: Rhetorik. Übers. u. erl. v. Christof Rapp. 2 Halbbände. Berlin 2002 (= Aristoteles, Werke in deutscher Übersetzung 4.1–4.2).
Baumgarten, Alexander Gottlieb: Ästhetik. Lat.-dt. Übers., mit einer Einführung, Anmerkungen und Registern hrsg. v. Dagmar Mirbach. 2 Bde. (fortlaufend paginiert). Hamburg 2007.
Blumenberg, Hans: Anthropologische Annäherung an die Rhetorik. In: Blumenberg, Hans: Wirklichkeiten, in denen wir leben. Aufsätze und eine Rede. Stuttgart 1981, 104–136.
Bohrer, Karlheinz: Das absolute Präsens. Die Semantik ästhetischer Zeit. Frankfurt/Main 1994.
Campe, Rüdiger: Affekt und Ausdruck. Zur Umwandlung der literarischen Rede im 17. und 18. Jahrhundert. In: Peters, Sibylle; Schäfer, Martin Jörg (Hrsg.): Intellektuelle Anschauung. Figurationen von Evidenz zwischen Kunst und Wissen. Bielefeld 2006, 25–43.

---

65 Das 2013 gegründete Max-Planck-Institut für empirische Ästhetik in Frankfurt am Main untersucht Kunstwirkungen daher auch mit Hilfe von psychologischen, neurowissenschaftlichen und soziologischen Verfahren.
66 Szondi, Peter: Über philologische Erkenntnis. Frankfurt/Main 1978, 280.

Campe, Rüdiger: Evidenz als Verfahren. Skizze eines kulturwissenschaftlichen Konzepts. In: Vorträge aus dem Warburg-Haus. Bd. 8. Berlin 2004, 107–133.
Campe, Rüdiger: Bella evidentia. In: Deutsche Zeitschrift für Philosophie 49 (2001), 243–255.
Campe, Rüdiger: Vor Augen Stellen. Über den Rahmen rhetorischer Bildgebung. In: Neumann, Gerhard (Hrsg.): Poststrukturalismus. Herausforderung an die Literaturwissenschaft. Stuttgart 1997, 208–225.
Campe, Rüdiger: Affekt und Ausdruck. Zur Umwandlung der literarischen Rede im 17. und 18. Jahrhundert. Tübingen 1990.
Cicero, Marcus Tullius: Hortensius, Lucullus, Academici libri. Hrsg. u. übers. v. Laila Straume-Zimmermann. München 1997.
Cuntz, Michael; Nitsche, Barbara; Otto, Isabell; Spaniol, Marc (Hrsg.): Die Listen der Evidenz. Köln 2006.
Dewey, John: Kunst als Erfahrung. Übers. v. Christa Velten, Gerhard vom Hofe u. Dieter Sulzer. Frankfurt/Main 1980.
Graeser, Andreas: Zenon von Kition. Positionen und Probleme. Berlin 1975.
Gumbrecht, Hans Ulrich: Stimmungen lesen. Über eine verdeckte Wirklichkeit der Literatur. München 2011.
Gumbrecht, Hans Ulrich: Diesseits der Hermeneutik. Die Produktion von Präsenz. Übers. v. Joachim Schulte. Frankfurt/Main 2004.
Halbfass, Wilhelm; Held, Klaus: Evidenz. In: Ritter, Joachim; Gründer, Karlfried; Gabriel, Gottfried (Hrsg.): Historisches Wörterbuch der Philosophie. Bd. 2. Darmstadt 1972, 829–834.
Jäger, Ludwig: Indexikalität und Evidenz. Skizze zum Verhältnis von referentieller und inferentieller Bezugnahme. In: Wenzel, Horst; Jäger, Ludwig (Hrsg.): Deixis und Evidenz. Freiburg/Breisgau u.a. 2008, 289–315.
Jauß, Hans Robert: Kleine Apologie der ästhetischen Erfahrung. Mit kunstgeschichtlichen Bemerkungen von Max Imdahl. Konstanz 1972.
Jauß, Hans Robert: Ästhetische Erfahrung und literarische Hermeneutik. Frankfurt/Main 1991.
Kablitz, Andreas: Kunst des Möglichen. Theorie der Literatur. Freiburg/Breisgau 2013.
Kambartel, Friedrich: Erfahrung. In: Ritter, Joachim; Gründer, Karlfried; Gabriel, Gottfried (Hrsg.): Historisches Wörterbuch der Philosophie. Bd. 2. Darmstadt 1972, 609–617.
Kant, Immanuel: Kritik der Urteilskraft. Hrsg. v. Wilhelm Weischedel. Frankfurt/Main 1974 (= Werkausgabe 10).
Kemmann, Ansgar: Evidentia, Evidenz. In: Ueding, Gert (Hrsg.): Historisches Wörterbuch der Rhetorik. Bd. 3. Tübingen 1996, 33–47.
Küpper, Joachim: Sagen, Zeigen und energeia: Kursorische Bemerkungen zur ‚Bildwissenschaft'. In: Scientia Poetica: Jahrbuch für Geschichte der Literatur und der Wissenschaften 18 (2014), 277–293.
Lambert, Johann Heinrich: Neues Organon oder Gedanken über die Erforschung und Bezeichnung des Wahren und dessen Unterscheidung vom Irrtum und Schein. Bd. 2. Leipzig 1764.
Locke, John: Versuche über den menschlichen Verstand. Hrsg. v. Karl-Maria Guth, übers. v. Julius Heinrich von Kirchmann. Berlin 2016 (engl. Original: An Essay concerning Humane Understanding. London 1690).
Müller, Jan-Dirk: Evidentia und Medialität, Zur Ausdifferenzierung von Evidenz in der Frühen Neuzeit. In: Wimböck, Gabriele; Leonhard, Karin; Friedrich, Markus (Hrsg.): Evidentia. Reichweiten visueller Wahrnehmung in der Frühen Neuzeit. Berlin 2007, 57–84.
Quintilianus, Marcus Fabius: Ausbildung des Redners. Bd. 2. Hrsg. u. übers. v. Helmut Rahn. Darmstadt 1988.

Quintilianus, Marcus Fabius: Ausbildung des Redners. Bd. 2. Hrsg. u. übers. v. Helmut Rahn. Darmstadt 1988.
Scherer, Stefan: Die Evidenz der Literaturwissenschaft. In: Internationales Archiv für Sozialgeschichte der deutschen Literatur 30 (2006), 136–155.
Schlegel, Friedrich: Über das Studium der griechischen Poesie. München, Paderborn u.a. 1979 (= Kritische Friedrich-Schlegel-Ausgabe. Erste Abteilung: Kritische Neuausgabe 1).
Seel, Martin: Ästhetik des Erscheinens. Frankfurt/Main 2003.
Szondi, Peter: Über philologische Erkenntnis. Frankfurt/Main 1978 (= Schriften I).

Autorinnen und Autoren

Bernhard Asmuth, seit 1997 im Ruhestand, lehrte bis dahin Neugermanistik an der Ruhr-Universität Bochum. Nach seiner Dissertation über *Lohenstein und Tacitus* schrieb er Einführungen zu Lyrik, Stilistik und Dramenanalyse und war ständiger Mitarbeiter des *Historischen Wörterbuchs der Rhetorik*.

Sarah Bärtschi ist Komparatistin und forscht im Bereich der quantitativen Literaturwissenschaft und der Digital Humanities. An der Berner Ausgabe von Alexander von Humboldts *Sämtlichen Schriften* ist sie als Mitarbeiterin beteiligt und verfasst zu diesem Corpus die erste umfassende Studie.

Birgitta Fuchs ist Akademische Oberrätin an der Fakultät für Erziehungswissenschaft, Psychologie und Soziologie der TU Dortmund. Ihre Forschungen konzentrieren sich u.a. auf Theorien der Bildung mit einem Schwerpunkt auf bildungstheoretische und didaktische Ansätze in der Rhetorik unter historischer und systematischer Perspektive.

Jessica Güsken ist wissenschaftliche Mitarbeiterin am Institut für neuere deutsche Literatur und Medienwissenschaft an der FernUniversität Hagen sowie Mitarbeiterin im DFG-Forschungsprojekt „Das Beispiel im Wissen der Ästhetik (1750–1850). Erforschung und Erfassung einer Diskursiven Praxis". Sie ist Herausgeberin der Zeitschrift „z.B. Zeitschrift zum Beispiel", die online sowie als POD erscheint.

Stephanie Heimgartner ist Lehrkraft für besondere Aufgaben am Lehrstuhl für Komparatistik der Ruhr-Universität Bochum. Ihre aktuellen Forschungsschwerpunkte sind: Geschichte und Theorie der Lyrik, Beziehungen zwischen italienischer und deutscher Literatur, Inszenierungen von Weiblichkeit sowie „neue Weltliteratur" der afrikanischen Diaspora.

Fabienne Kilchör arbeitet als künstlerisch-wissenschaftliche Mitarbeiterin an der Hochschule der Künsten Bern in Kollaboration mit der Universität Bern (HKB) im Forschungsfeld Knowledge Visualization. Sie leitet die Weiterbildung CAS Data Visualization an der HKB und ist Mitgründern und Creative Director der Agentur für visuelle Gestaltung und Informationsdesign Emphase GmbH, Lausanne/Bern. Ihre Forschungsschwerpunkt umfassen die Bereiche Datenvisualisierung und Informationsgestaltung.

Joachim Knape ist seit 1991 Rhetorikprofessor am Seminar für Allgemeine Rhetorik der Eberhard Karls Universität Tübingen; seit 2018 hat er dort eine Seniorprofessur inne. Seine Forschungsgebiete umfassen die Theorie und Geschichte der Rhetorik, rhetorische Semiotik, Medienrhetorik, Textrhetorik, Rhetorik der Bilder, Poetik und Ästhetik sowie Renaissance Studien und Deutsche Sprache und Literatur.

Olaf Kramer ist Professor am Seminar für Allgemeine Rhetorik der Eberhard Karls Universität Tübingen, geschäftsführender Direktor des Instituts sowie Leiter der Forschungsstelle Präsentationskompetenz. Seine wichtigsten Forschungsgebiete umfassen Wissenschaftskommunikation, Kommunikative Kompetenz, Politische Kommunikation sowie Digitale Rhetorik und Virtualität.

Anna Kurz ist Doktorandin am Institut für Germanistik der Universität Innsbruck und schreibt eine Dissertation zum Thema *Christa Wolfs Poetik der Humanität*. Für dieses Dissertationsprojekt wurde ihr das Doktoratsstipendium aus der Nachwuchsförderung 2012 der Leopold-Franzens-Universität Innsbruck vom Vizerektorat für Forschung zuerkannt.

Michael Pelzer ist Akademischer Mitarbeiter am Seminar für Allgemeine Rhetorik der Eberhard Karls Universität Tübingen. Seine Forschungsschwerpunkte umfassen die Rhetorik öffentlicher Erinnerungskommunikation, die Rhetorik multimedialer Wissensvermittlung sowie rhetorische Analysen neuerer Kommunikationsphänomene.

Marc Petersdorff studierte Philosophie, Vergleichende Literaturwissenschaften und Neuere Deutsche Literatur in Bonn und Oxford. Danach Promotion am German Department der Yale University zur Rolle der Selbstdarstellung in der beratenden Rede bei vier Autoren der Rhetoriktheorie. Seine Forschungsgebiete sind Rhetoriktheorie- und Geschichte, Schnittstellen zwischen ästhetischer und politischer Theorie und Literatur des ausgehenden 20. Jahrhunderts.

Sachregister

Abstraktheit 25, 37, 40, 77, 83, 104, 132, 136, 149, 162
acris intentio 113
Adressatenkalkül 73, 78, 80, 84, 91
Affekt 49, 62, 73, 80, 84, 92, 95, 135f., 140, 201, 203
aísthēsis 68, 129
Alliteration 163
Analogie 77
Angemessenheit *siehe Aptum*
Anschaulichkeit 101ff., 108, 110, 114, 121
– didaktische 104
– grammatische 109
– nichtimaginäre 109
– sinnliche 108
Anthropologie 21f., 52f., 55, 58, 68, 160, 205f.
Antithese 162
Anziehungsgabe 122f., siehe auch Anziehungskraft
Anziehungskraft 121, 123, *siehe auch Attraktivität, siehe auch Anziehungsgabe*
– animalische *siehe Mesmerismus*
– physikalische *siehe Gravitation*
Appell 7
Aptum 6, 79, 88, 101
aretḗ 50ff., 56
argumentatio 120
Ästhetik 129ff., 140f., 143ff., 148f., 151f., 204, 206
ästhetische Erfahrung 150, 205ff., 212, siehe auch sinnliche Wahrnehmung, siehe auch sinnliche Erkenntnis
Attraktivität, sprachliche 10, 101f., 121
Aufmerksamkeit 113f., 116

Beispiel 10, 77, 104, 130, 133f., 137ff., 143, 145f., 148ff., 162, 168, siehe auch Einzelbeispiel, siehe auch *parádeigma*
Beispielinventar 144, 146f.
big data 175
Bildungsideal 79
Bildungstheorie 9, 67, 78
brevitas 89, 201

Charakter 49f., 63
cognitio intuitiva 103
cognitio sensitiva 204
cognitive narratology 87
consensus omnium 33, 72
Corpusvisualisierung 11, 171, 173ff.
– Disziplinen 186ff.
– Erscheinungsorte 181ff., 194f.
– Erst- und Nachdrucke 177ff., 194f.

Deixis 25, 208
Deutlichkeit 5, 25, 201, *siehe auch perspicuitas*
diḗgēsis 38, 88
Digital Humanities 175
distant reading 11, 174ff., 195
Drama 26, 34, 36f., 111, 113, 115ff.
dynamis 33

eídos 48f., 59
Einzelbeispiel 137, 139
emergence 40
Empathie 7, 78
enárgeia 4f., 9, 24, 37, 45, 105f., 108, 172, 201ff., 211
enérgeia 2, 5, 7, 9, 46, 93, 108, 201f., 211
Enthymem 61
Epiphanie 208, 210
Erkenntnistheorie 8f., 23, 26, 67, 142
éthos 49, 52

ḗthos 8f., 45ff., 59f., 62, 64, 90

eudaimonía 51f.
evidentia (stilistisch) 4, 83, 94f., 201f.
Evidenz
– ästhetische 2, 9, 11, 46, 60, 64, 71, 199, 205
– Beobachtungs- 30f., 34
– bildliche 11, 171
– deskriptive 5ff., 93
– dynamische 5, 7, 93, 108
– epistemische 2, 9, 64, 151, 200, *siehe auch Evidenz, szientifische*

- Erfahrungs- 68
- illustrative 37f.
- imaginative 73f.
- literarische 155, 162, 169
- logische 106ff., siehe auch Evidenz, Vernuft-
- methodische 211
- narrative 9, 83, 88
- rhetorische 67f., 74f., 77, 106, 108, 211
- Schrift- 30, 33
- sprachliche 162
- szientifische 34, 67, 72, siehe auch Evidenz, epistemische
- testimoniale 29f.
- ursprüngliche 22ff.
- Vernunft- siehe auch Evidenz, logische

Evidenzverfahren 24, 35, 39, 93f., 204f., 210ff.
extensive Klarheit 134ff., 139f., vgl. intensive Klarheit

Fiktion 47f., 86, 89, 91f., 95f., 156
frame 91
Freundschaft *siehe philía*

Gemeinschaft 51f., 54, 56ff., siehe auch *pólis*
genus deliberativum 46f., 50f., 62, 83, 89, siehe auch politische Kommunikation
genus demonstrativum 89
genus iudiciale 89
Glück *siehe eudaimonía*
Gravitation 121
Gute, das 51f., 54, 56f., 61

Hässliche, das 148, 150, 152
homo narrans 86
hypotýposis siehe enárgeia

iconic turn 175
Identifikation 84, 91
Immersion 91
Information 83f., 92
Informationsverarbeitung 87
ingenium 70, 76f.
intellectio 75
intensive Klarheit 134f., vgl. extensive Klarheit

Interpellation 47
Involvement 91

kínēsis 7, 25
Klarheit 5, 103, 106f., 159, siehe auch *perspicuitas*
Klugheit 50, 72, 79f., siehe auch *prudentia*
Kohärenz 89
Komplexitätsreduktion 85
Konversationsmaxime 92
Kulturmensch 164
Kunstfigur 155, 162, 166

latinitas 101
Lebendigkeit 25, *siehe auch Lebhaftigkeit*
Lebhaftigkeit 103, 108, 136, 138, 140
Leerstelle 93f.
linguistic turn 175
Lizenzkommunikation 20f., 40, vgl. Standardkommunikation
lógos 49

Märchen 155, 166, 168
Maxime 61
Mesmerismus 121
Mesothes-Theorie 57
Metapher 61, 74, 77f., 105, 110, 123, 161ff., 167, 201
mímēsis 18, 20, 38f., 62f., 165
mos, mores 50
multivariate analysis 186

narratio 83, 88ff., 120, 201f.
Narration 83ff., 110, 113, 158, 202
Natürlichkeit 101
noūs 59ff.
nova critica 69ff.

omnia perspicere 74f.
ornatus 101, 201ff.

Parabel 123
parádeigma 142, siehe auch Beispiel
partitio 120
páthos 49
Performanz 47f., 53
perspective taking 7

perspicuitas 101, 103, 106f., 159, 201f.
Persuasion 18, 83f., 90, 92, 96, 200
phantasía 4, 6f., 59, 62, 70, 74f., 77, 95f., 157
philía 58f., 62
pístis 50
Plausibilität 17, 30ff., 72
pólis 47, 51f., 54, 56ff.
politische Kommunikation 86, 88, 91f., siehe auch genus deliberativum
possible world 18, 29, 94
práttein 48, 51, 54, 64
principle of minimal departure 93f.
Proömium 120
prudentia 71, 79f.
psychagōgía 18

Realität 18, 21, 24, 165f., siehe auch Wahrheit
Redeschmuck *siehe ornatus*
repraesentationes sensitivae 132
rhetorical turn 110
Rhetorikkritik 17f., 67
rhetorische Situation 72, 200
rhetorischer Fall 20

schöne Denken, das 131ff., 140f.
Schöne, das 131
scientia critica 69
Seele 55f.
Selbstdarstellung 46, 73, *siehe éthos*
sensus communis 70, 72, 79ff.
Simulation 18, 20, 29, 39, 94, 165
sinnliche Erkenntnis 131ff., 135, 140, 142, siehe auch aísthēsis, siehe auch sinnliche Wahrnehmung
sinnliche Wahrnehmung 136, 138f., 141, 147, siehe auch aísthēsis, siehe auch sinnliche Erkenntnis
Sonderkommunikation *siehe Lizenzkommunikation*
Spannung 10, 101, 111, 115, 117, 120f.

– dramatische 117
– futurische 114, 116, 118f.
– physikalische 112, 117
– physiologische 112f.
– psychosoziale 113, 118
Sprachrichtigkeit *siehe latinitas*
Standardkommunikation 20, 40, *vgl. Lizenzkommunikation*
Stil 4f., 61, 94, 101ff., 111, 114, 202
Stiltugenden *siehe virtutes elocutionis*
Storytelling 83ff., 92, 94f.
Sturm und Drang 102
suspense 119, *siehe Spannung, futurische*

Tautologie, unvollständige 47, 63
télos 52, 57f.
Topik 9, 67, 72ff., 79, 147
Tragödie 116, 122, 201
Transzendenz 206
Tugend 22, 50ff., 56, siehe auch areté

Vergleich 105, 110
Vernunft 17, 67, 70, 72f., 76
virtutes elocutionis 101, 103, 107, 201
Visualisierungsform
– Balken 189ff.
– Bogen 179ff., 194f.
– Farbe 189ff.
– Karte 182ff.
– Kreis 177ff., 194f.
Volt *siehe Spannung, physikalische*

Wahrheit 19, 23, 33, 69, 106ff., 132, 140, 150, 161, 172, siehe auch Realität
Wahrscheinliche, das 33, 45, 72
Wissenschaftskommunikation 83, 85f., 88, 91f.
worldmaking 95

Zugangsrelationen 94

Personenregister

Abelson, Robert P. 87
Adelung, Johann Christoph 103, 105, 108ff.
Adorno, Theodor W. 206ff.
Agamben, Giorgio 142
Althusser, Louis 47
Apel, Friedmar 110
Aristoteles 1f., 5ff., 18ff., 23, 28ff., 33, 36, 45ff., 58f., 61ff., 77, 79, 89, 93, 105, 108, 120, 142, 201f.
Äsop 103
Austin, John Langshaw 20, 46

Bach, Johann Sebastian 109
Bacon, Francis 96
Bahr, Petra 107
Balzac, Honoré de 181
Baumgarten, Alexander Gottlieb 10f., 107, 109, 112ff., 118, 129ff., 152, 204, 209
Bellermann, Ferdinand 171
Berndt, Frauke 133, 141f.
Blettner, Elizabeth 56
Blumenberg, Hans 21ff., 35, 72f., 200
Boehm, Gottfried 175, 194
Bohrer, Karlheinz 210
Booth, Wayne C. 94
Brecht, Berthold 8, 17, 25f., 30f., 34, 36f., 39f., 118
Buber, Martin 167
Burke, Kenneth 38
Busch, Wilhelm 110

Campe, Rüdiger 5, 105f., 135f., 138, 201ff., 209, 211
Cassirer, Ernst 68
Cave, Terence 119
Celsus, Aulus Cornelius 119
Cicero, Marcus Tullius 2, 4ff., 19f., 37, 45f., 79, 90, 92f., 101, 105ff., 123f., 172, 199ff.
Claus, Carlfriedrich 159
Comenius, Johann Amos 2ff.

Darwin, Charles 196
Derrida, Jaques 151f.
Descartes, René 9, 67, 69f., 72ff., 203, 211

Dewey, John 205f.
Donatus, Aelius 118
Dryander, Johann 110

Elgin, Catherine Z. 25
Engel, Eduard 104f., 109
Eschenburg, Johann Joachim 129

Fichte, Johann Gottlieb 104
Fisher, Walter R. 86
Freud, Sigmund 160, 164
Freytag, Gustav 118

Gabriel, Gottfried 123
Galilei, Galileo 25ff., 39
Galvani, Luigi 112f., 117
Gatterer, Johann Christoph 108
Gelley, Alexander 142
Gersie, Aleida 83f.
Gianturcos, Elio 69
Goethe, Johann Wolfgang von 114, 117, 121ff., 196
Goodman, Nelson 94f.
Grice, H. Paul 92
Grimm, Jacob und Grimm, Wilhelm 103, 106, 112f., 115, 117, 121, 123
Gumbrecht, Hans Ulrich 102, 208f.

Haendel, Georg Friedrich 109
Haller, Albrecht von 112
Hegel, Georg Wilhelm Friedrich 25, 104, 121, 132, 148, 208f.
Heidegger, Martin 19f., 23, 209
Heliodor 120
Herder, Johann Gottfried 68, 102ff., 110, 123
Herman, David 87, 95
Hippias = Elis, Hippias von 61
Hitchcock, Alfred 111
Holert, Tom 25, 37
Homer 103, 117, 133, 138, 201
Hoops, Wiklef 86, 91
Horaz = Flaccus, Quintus Horatius 89, 103
Humboldt, Alexander von 11, 171ff., 176ff., 181ff.

Jäger, Ludwig 7f., 23f., 35, 210f.
James, Henry 38
Jauß, Hans-Robert 205, 207
Jean Paul = Richter, Johann Paul Friedrich 109, 148
Jockers, Matthew L. 175, 197
Johnstone, Christopher Lyle 56

Kant, Immanuel 7f., 33, 80f., 106ff., 121, 132, 148, 151, 203, 205, 209
Kennedy, John F. 17f., 24
Kepler, Johannes 36
King, Nancy 84
Kition, Zenon von 199f.
Kittler, Friedrich 139
Kliche, Dieter 148, 152
Klopstock, Friedrich Gottlieb 106, 109
Koch, Lutz 32f., 74
Koschorke, Albrecht 86
Koselleck, Reinhart 101
Kramer, Olaf 108
Krämer, Sybille 193
Kretschmer, Guido Maria 121
Kuhn, Thomas S. 30f.

Lambert, Johann Heinrich 204f.
Lämmert, Eberhard 115
Laughton, Charles 39
Lausberg, Heinrich 45f., 95, 165
Lee, John 84
Leibniz, Gottfried Wilhelm 103, 135, 139
Lessing, Gotthold Ephraim 10, 102, 130, 143, 145ff.
Lichtenberg, Georg Christoph 117
Lukrez = Carus, Titus Lucretius 133

MacIntyre, Alasdair 86
Mahlmann-Bauer, Barbara 110
May, Karl 116
Meier, Georg Friedrich 107, 112f., 115
Mendelssohn, Moses 10, 107f., 130, 143ff.
Mendelssohn-Bartholdy, Jakob Ludwig Felix 109
Mereau, Sophie 116
Mesmer, Franz Anton 121
Mitchell, William J. T. 175
Moretti, Franco 174f., 181

Müller, Günther 120

Newton, Isaac 121

O'Banion, John 90
Obama, Barack 85
Oesterle, Günter 152
Orpheus 122
Ovid = Naso, Publius Ovidius 137ff.

Paradis, Maria Theresia 122
Paul, Jean 109
Peirce, Charles Sanders 211
Perelman, Chaim 72
Peters, Sibylle 38
Platon 18, 22, 38, 106, 117, 207
Polletta, Francesca 84
Pseudo-Longin 115, 203
Pütz, Peter 111

Quintilian = Quintilianus, Marcus Fabius 4, 6f., 25, 35ff., 89f., 93, 95, 101, 105ff., 113, 118ff., 172, 200ff.

Rahn, Helmut 105, 113
Rapp, Christof 48, 56f.
Reiners, Ludwig 104f., 109
Riedel, Friedrich Just 115
Rosenkranz, Karl 10, 130, 148ff.
Rupp, Gerhard 102

Sanders, Willy 121
Scaliger, Julius Caesar 119f.
Schank, Roger C. 87
Schaub, Mirjam 130ff., 141
Scherer, Stefan 206, 208
Schiller, Friedrich 25, 113, 117, 148f., 151
Schlegel, August Wilhelm 115, 117f.
Schneider, Wolf 102, 105, 121
Schopenhauer, Arthur 104, 116
Searle, John 20
Seel, Martin 209f.
Seghers, Anna 155ff.
Shneiderman, Ben 176
Sokrates 61
Sommer, Manfred 22
Sowinski, Bernhard 109

Staiger, Emil 111
Stieler, Kaspar 106, 112
Strauss, Josef 121
Suerbaum, Ulrich 111
Sulzer, Johann Georg 115ff., 123
Szondi, Peter 212

Terenz = Afer, Publius Terentius 118
Theophrast = Eresos, Theophrastos von 101
Tufte, Edward 186

Vergil = Maro, Publius Vergilius 119f.

Vico, Giambatista 9, 67ff.
Viperano, Giovanni Antonio 120
Volta, Alessandro 112, 117
Voß, Johann Heinrich 116

Walser, Alissa 122
White, Hayden 86
Wieland, Christoph Martin 113, 120
Willer, Stefan 147
Wohlwill, Emil 36
Wolf, Christa 155ff.
Wolff, Christian 103, 134

www.ingramcontent.com/pod-product-compliance
Lightning Source LLC
Chambersburg PA
CBHW061938220426
43662CB00012B/1949